文献检索与知识发现指南

（第四版）

吉久明　孙济庆　主编

華東理工大學出版社
EAST CHINA UNIVERSITY OF SCIENCE AND TECHNOLOGY PRESS
·上海·

图书在版编目(CIP)数据

文献检索与知识发现指南 / 吉久明，孙济庆主编
. —4 版. —上海：华东理工大学出版社，2022.8(2025.1重印)
ISBN 978-7-5628-6861-3

Ⅰ. ①文… Ⅱ. ①吉…②孙… Ⅲ. ①信息检索—指南 Ⅳ. ①G254.9-62

中国版本图书馆 CIP 数据核字(2022)第 127515 号

内容提要

本版教材从基本概念开始，先理顺了文献检索、信息检索与知识检索的逻辑关系，进而介绍检索工具原理及检索效果评价方法，再介绍文献管理与分析方法；结合信息文化理念介绍文献检索、信息道德素养及创新思维培养等基本概念，基于智力知识观概念、元认知干预技术介绍职业发展等大学生文献检索的动因阐发文献检索课程的必要性；在具体阐述文献检索、管理、分析工具运用、创新入门、TRIZ 专利规避方法、学术论文的写作等内容时，先介绍流程，再介绍具体案例。通过人文社科、海事、财经、艺术设计、医学临床专题检索工具的案例介绍，本教材能覆盖更广泛的读者群体。本书可以作为教师、科研人员、大学生的文献检索教材，或学习检索与知识发现技能、提高信息文化素养的参考书。

项目统筹 / 左金萍
责任编辑 / 章斯纯
责任校对 / 张　云
装帧设计 / 徐　蓉
出版发行 / 华东理工大学出版社有限公司
地址：上海市梅陇路 130 号，200237
电话：021－64250306
网址：www.ecustpress.cn
邮箱：zongbianban@ecustpress.cn
印　刷 / 常熟市双乐彩印包装有限公司
开　本 / 787 mm×1092 mm　1/16
印　张 / 14.25
字　数 / 295 千字
版　次 / 2010 年 1 月第 1 版
2022 年 8 月第 4 版
印　次 / 2025 年 1 月第 4 次
定　价 / 49.00 元

编辑委员会

主　编　吉久明　孙济庆

编　者（以姓氏笔画为序）

王兴旺　朱世琴　刘　颖　严素梅　李　楠

杨　锋　张　红　陆曦凡　陈　荣　陈祥燕

房宝金　胡　琨　顾欣欣　曾　媛　谢亚南

谭丹丹　熊惠霖

课程建设委员会

委　员（以姓氏笔画为序）

吉久明　朱世琴　任福兵　刘　颖　孙济庆
严素梅　李　楠　汪人山　陈　荣　胡　琨
俞　璇　洪道广　曾　媛

王兴旺（上海交通大学图书馆）
张　红　杨　锋（同济大学图书馆）
陆曦凡（上海交通大学医学院图书馆）
陈祥燕（上海海事大学图书馆）
房宝金（上海视觉艺术学院图书馆）
聂园梅（广西民族大学化工学院）
顾欣欣（华东政法大学图书馆）
谢亚南（东北师大图书馆）
詹华清（上海大学图书馆）
谭丹丹（上海财经大学图书馆）
熊惠霖（上海大学图书馆）

前言 | Foreword

2018 年 8 月，《文献检索与知识发现指南》第 3 版出版。该版教材的出版使得“文献检索”MOOC 课程有了纸本配套教材。时隔四年，我们再次审视《文献检索与知识发现指南》第 1—3 版，发现随着认知科学领域知识分类思想的普及、文献检索工具的升级以及国家对于课程思政的要求，很有必要对部分内容做出修订。

在介绍“知识”这一概念时，本版教材运用了陈述性知识和程序性知识的分类，突出“知识”的学习与实践之间的关系。这种将“知识”分为陈述性知识和程序性知识的做法，对于学习文献检索与知识发现的方法与实践十分有利。因为，本教材所服务的“文献检索”课程就是讲授与“文献检索”“知识发现”相关的概念或理论知识，以及利用这些理论知识和相应的文献检索工具获取文献并实现知识发现及写作、交流的程序性知识。无论是陈述性知识还是程序性知识，都有“浅显易懂”和“抽象、晦涩难以理解”两类，而哪些“知识”属于前者、哪些“知识”属于后者，则与学习者自身的知识背景密切相关。但区分陈述性知识和程序性知识，更有助于学习者基于陈述性知识的学习理解程序性知识，能降低学习难度，提高学习效果。因此，第 1 章主要从陈述性知识、程序性知识两个方面介绍与文献需求相关的素养知识学习指南，并特别推荐素养学习书目。

在修订知识内容体系时，教材在第 1 章、第 2 章、第 5 章做了相应的调整和补充。第 1 章围绕文献检索的目的，实现了元素养、基本素养以及学术素养的知识和能力培养的融合；厘清阅读素养、文献素养、信息素养之间的关系，达到将数据素养、媒介素养、数字素养等随着社会信息化程度不断升级后产生的各种派生或关联素养概念融合到课程知识体系中的知识教学目标，并基于“文献检索”与“信息素养”之间的关系，提出了“元元素养”的概念，有利于理解使用“文献检索”作为课程名称的合理性；细化了文献检索的原理、检索工具的原理、检索技术、检索语言、知识发现方法等内容。在第 2 章中，从陈述性知识的完整性以及方便对照学习的角度出发，将第 3 版第 4 章的内容全部调整至第 2 章，并增加了文献代查代检服务、统计数据检索等内容。第 5 章增加了期刊或会议学术论文撰写的案例以及学术交流方法。

在课程思政方面，我们坚定地认为“人才必须是德才兼备的、具有家国情怀的”。“文献检索”课程所依托的载体是记录信息和知识的文献，这些信息和知识都是生动的，课程的根本目的是通过信息和知识的获取达到解决问题的目标。因此,第1章在介绍文献检索需求案例或场景选择方面,力求选择针对性强的有利于融入德育育人目标的素材。在第5章,为了凸显“学术诚信与学术规范”,将该部分内容作为该章第1节的内容。

本教材由吉久明编写教学大纲,第一章由吉久明、张红、熊惠霖、曾媛撰写,第二章由胡琨、朱世琴、曾媛、陈荣、严素梅、谢亚南、陈祥燕、谭丹丹、房宝金、顾欣欣、陆曦凡撰写,第三章由王兴旺、杨锋撰写,第四章由刘颖、李楠撰写,第五章由吉久明、刘颖共同撰写。

在教材编写过程中,编者参阅和引用了许多参考文献,这为本书的完成提供了帮助,也丰富了本书的素材,在此对有关作者表示真诚的谢意。衷心感谢东北师范大学、上海交通大学、同济大学、上海大学、上海海事大学、上海视觉艺术学院、华东政法学院、上海交通大学医学院图书馆领导给予本书的大力支持。因编者水平有限,疏漏之处在所难免,敬请使用本书的读者批评指正。

目录 | Contents

第1章 文献检索与知识发现概念及方法

1.1 概念、原理、技术和策略

通过全国科学技术名词审定委员会主持的术语在线，可以了解到“图书馆·情报与文献学”（以下简称“图书情报学”）等多个学科关于文献、信息、知识、文献检索、知识发现等概念的解释。本节对有关概念的解释主要引自图书情报学的定义，或者按照学科就近原则选择性地引入其他学科对特定概念的定义。

1.1.1 文献、信息、知识

文献是“记录有知识和信息的一切载体”。由4个要素组成：所记录的知识和信息、记录知识和信息的符号、用于记录知识和信息的物质载体、记录的方式或手段等。① 文献的英文是literature或document。被记录在“文献”上的“信息”“知识”的定义也能在术语在线上找到。

广义的“信息”是指客观事物存在、运动和变化的方式、特征、规律及其表现形式。狭义的“信息”是指用来消除随机不确定性的东西。尽管广义层面的信息具有客观性，但这并不否认现实生活中存在“主观臆造”或“人为篡改”的“虚假”信息，或“破损”了的“不完全”信息。在此基础上，信息可以分为重要信息、次要信息与无关信息，保密信息与公开信息，真实信息与虚假信息，完整信息（或完全信息）与缺损信息（或不完全信息），结构化信息、半结构化信息与非结构化信息，个人信息、企业/机构信息与国家信息②，隐私信息与非隐私信息，敏感信息与非敏感信息。

而对狭义层面的信息，可以做以下延伸：狭义信息的这种“能消除随机不确定性”的特性，使得人们产生“为解决各种问题（消除不确定性）时对信息的需要”即“信息需求”。“信息需求”也可以理解为“人们在实践活动中为解决各种实际问题而对信息产生的不满足感和必要感”，使得人们对信息的需求具备了“价值性”。

---

① 管理科学技术学科也对“文献”进行了定义，认为文献是“用文字、图形、符号、声频、视频等技术手段记录人类知识的一种载体。具有历史意义或研究价值”。

② 这里的国家信息主要指《中华人民共和国国家情报法》里面所规定的关系到国家政治、经济安全的高敏感和保密信息。

“知识”是与使用者的能力和经验结合在一起的信息，是通过学习、实践及探索所获得的认识、判断或技能。根据个体所从事的工作和生活场景，可以将知识分为科学知识和生活类知识，如用以指导预测气象的是科学知识，地方民俗、工作场所形成的人际关系习惯等是生活类知识。科学知识又可以分为专家知识、科普类知识，如医生所掌握的健康知识为专家知识，一般公众所掌握的健康知识为科普类知识，以及规范化知识与非规范化知识，自然科学知识、社会科学知识与人文艺术知识等。社会及技术进步，会导致某些知识过时甚至被证伪，可以将这类知识理解为暂时性知识，而有些知识因未获得证明或证伪而成为假说或假想知识。因此，知识也可以分为经实践证明正确的知识、假说等。

上述关于知识的分类都是从知识本身出发的，并不利于知识的学习。为了教会学生高效率地学习正确的“知识”，教育心理学的“元认知策略”①将正确的知识细分为陈述性知识、程序性知识和策略性知识。陈述性知识主要解释“为什么”“是什么”“应该包含哪些步骤”等，如“真相”“规律”“原理”。程序性知识主要解释“怎么做”“如何操作”等，如“操作方法”“流程”等。在学习程序性知识的时候，还伴随着“为什么这么做”“哪种方法更好”等策略性知识的学习。“元认知学习”理论认为，每个人的能力和经验都可以通过所习得的陈述性知识、程序性知识、策略性知识的熟练及灵活运用程度加以描述。“认识”“判断”“技能”都是学习者在学习和理解新的陈述性知识、程序性知识、策略性知识，结合自身已有的陈述性知识、程序性知识、策略性知识以及生理和心理素质条件辅以实践的基础上获得的。学习者对自己的学习过程进行计划、监控、调节和评价的各种策略的不同，直接导致学习效率和习得能力的不同，关键知识的缺失会严重影响“认识”“判断”的能力以及解决问题的“技能”，继而影响学习者的情绪，并进一步影响学习。比如，如果不能辨别非法或虚假期刊等出版物的“陈述性”和“程序性”知识，就容易上当受骗，并极有可能引发消极情绪。

基于知识在人们的思维决策中的重要性，结合前面所提到的信息是“有价值”的，但存在“不实”“虚假”信息，掌握更多关于“文献”“信息”“知识”的陈述性知识就显得十分必要了。

(1) 自文献诞生以来，人类累积了大量文献，有些记录的是信息，如司马迁编撰的《史记》；有些记录的是知识，如《中国大百科全书》；也有一些文献既记录了事实信息，也记录了知识。

(2) 没有信息意识，就不能产生“信息需求”。人们因为“信息需求”的价值性而刺激了获取信息的需求，形成了较为持久的稳定的重视信息“价值性”的习惯，称为“信息意识”，特指了解“问题能否得到解决与所拥有的相关信息量密切相关”“一些关键信息对于某些问题的解决起到关键作用”“多数信息可以通过某些途径获得”。满足“信息需求”的途径、手段和方法都必须遵守法律约束和道德规范。

(3) “信息需求”可能包括两类，一类是对记录了该信息的文献的需求。但凡信息被

① 元认知策略即学习者对自己的学习过程进行计划、监控、调节和评价的各种策略。

记录下来了，就产生了文献，人们对于被记录信息的需求自然就催生了“文献需求”。与之相对的另一类信息需求自然就是对未被记录在文献上的信息的需求了。也许有人认为确实存在未被记录的信息，因为生活中确实存在一些现象，比如，某些时候我们针对某件事寻求他人看法，对方就是即席发言或脱口而出，还有些人说完就忘记了。表面上看这类信息似乎未被记录，但实际上这类信息是在其脑神经系统中形成后被表达出来的，说话人获取的还是被记录了的信息，即便是说话人忘记了也不能改变信息被记录在脑神经系统中(可能是被意识到的，也可能是未被意识到的)这一事实。不但如此，还存在一些自然现象或者生物质的运动过程因为记录在人类未知的载体上而不为人知，人类从未放弃对这类信息的获取技术的探索和开发。

(4) 有多个角度对文献进行分类。根据文献的出版形式，将文献分为连续出版和非连续出版。连续出版文献用统一的名称和编号，由同一出版商，按一定周期连续出版，通常集成了多篇文献。不同的连续出版物的篇幅体量、出版频率、知识性、学术性等要素有很大不同，又可分为报纸、杂志、学术期刊、丛书等类型。非连续出版文献包括记录单篇文献或多篇文献两类。对于多篇非连续出版文献，根据文献的用途、体例等，将文献分为文集、科技报告、地方志等。对于单篇非连续出版文献，也根据文献的用途、体例等，将文献分为文章、学术论文、专利文献、标准文献、产品样本或说明书、建筑物、艺术品、法律法规文件、数据文件等。记录知识为主的文献即知识型文献，如教材、学术专著、百科全书、科普类文献、论文、专利、标准、产品说明书等，根据这类文献的出版或发表形式，可将其分为图书、期刊、专利、标准文献、会议文献、学位论文等类型，如表1.1所示。

表1.1　常见文献出版类型

名　称	简　　介
图　书	大多数图书是由著者对已发表的科学技术成果、生产技术知识和经验选择、鉴别、核对、组织而成的，论述系统全面，但出版周期较长，知识的新颖性不够。包括专著(Monograph)、丛书(Series of Monographs)、教科书(Textbook)、词典(Dictionary)、手册(Handbook)、百科全书(Encyclopedia)等。正式出版的图书必须具有ISBN号，英文全称为International Standard Book Number，中文名称是“国际标准书号”，如：987－7－5628－1950－5
期　刊	期刊又称杂志(Journal/Magazine)，出版周期短，报道文献速度快，内容新颖，发行及影响面广，能及时反映科学技术中的新成果、新水平、新动向。我国正式出版期刊的刊号是由国际标准连续出版物编号(International Standard Serial Number，ISSN)和国内统一刊号(CN)两部分组成，如：ISSN 1008－0821，CN 22－1182
专　利	专利是指一个国家授予创造发明人在一定时间内对指定发明创造的独占实施权，包括专利产品的生产、使用和销售。专利文献主要是指专利说明书，已成为情报的一个重要来源。每个国家都有自己的专利号码体系，国际上通用的专利分类号码为IPC(International Patent Classification)分类号，如：C01B31/08

续 表

名 称	简 介
学位论文	学位论文主要指高等学校、科研机构的研究生为获得学位,在进行科学研究后撰写的学术论文。学位论文的选题都是各学科的重要课题,是一种重要的文献来源
会议文献	会议文献主要指国际学术会议和各国国内重要学术会议上发表的论文和报告等,是了解国际及各国的科技水平、动态及发展趋势的重要情报来源。会议分为国际会议、全国会议、地区性会议三种
标准文献	标准文献主要指一种规范性的技术文件,它是在生产或科学研究活动中对产品、工程或其他技术项目的质量品种、检验方法及技术要求所做的统一规定。每一种技术标准都有统一的代号和编号,独自构成一个体系。技术标准是生产技术活动中经常使用的一种情报信息源,按使用范围可分为国际标准、区域性标准、国家标准、专业标准和企业标准五大类型

基于学术水平的高低,学术论文分为高水平学术论文与一般水平学术论文。基于学术影响力的大小,学术论文分为高影响力学术论文与一般影响力学术论文。基于学术创新性的角度,学术论文分为综述论文与研究性论文,其中综述性学术论文主要介绍和评论他人学术成果,而研究性论文则主要介绍作者本人的学术研究成果。相应地,有高水平学术期刊与一般水平学术期刊、高影响力学术期刊与一般影响力学术期刊、高水平学术会议与一般水平学术会议、高影响力学术会议与一般影响力学术会议、优秀学位论文与合格学位论文等分类。

记录事实信息而非知识为主的文献即非知识型文献,可以分为两类:一类是结构化的,如记录借还信息的记录本、记录文献来源数据的文献;另一类是非结构化的,如新闻类报纸或节目、非知识型文章等文献。尽管创建不同符号类型的文献需要使用不同的工具和技术,但所采用的符号体系类型主要有文本、音频、视频、图像等,因此可以分为文本型文献、音频文献、视频文献、图像文献以及综合了多种符号类型的融媒体类文献。①文献载体的材料包括电子材料和非电子材料,其中非电子材料包括树皮、竹简、动物皮等自然界的原始材料,以及纸张、磁性材料等人造材料,因而有手抄文献、印刷文献、缩微胶卷文献、磁带文献、电子文献或数字化文献等。记录信息的方式包括直接记录、间接记录,前者对应的是原始文献,后者对应的是综述文献。记录信息的方式也包括详细记录、摘要记录,前者对应的是全文文献,后者对应的是文摘类文献,也可理解为不同的"加工深度"。

同样知识和信息内容的文献可以有不同的物理载体。一本图书可以是印刷版的,也可以是由 MS Word 这样的计算机文字编辑软件生成的与印刷版排版完全相同的特殊格

① 随着"元宇宙"时代的到来,我们认为"元宇宙"类文献也将随之诞生。

式的文件，还可以是简单的文本文件，或是扫描后的图像文件，甚至是改编后的电影、戏剧。一本《中国大百科全书》也可以是一个可检索的“中国大百科全书数据库”[①]或者中国大百科全书网站，其中的每一条记录对应的是《中国大百科全书》中的一个词条。

不同文献所记录的知识和信息的类型可以大不相同。同样是图书，有的记录的是事实，有的记录的是知识，比如《中国大百科全书》《文献检索与知识发现指南》等以知识为主，《恒大公司年报》是财务报表，《人民日报》记录了新闻报道，《小石潭记》记录了旅途过程，《海底两万里》是虚构的故事。《大英百科全书》中的各条名词解释为陈述性知识，制氧实验手册、电水壶说明书为程序性知识，数学解题手册所包含的“解题分析”和“解题过程”分别属于策略性知识和程序性知识。而凡·高的《向日葵》等艺术作品所记录的信息是作者对客观世界的主观认识或判断，对于作者而言，是其自身知识的表达。

知识和信息可以存在于同一篇文献中。以《文献检索与知识发现指南(第三版)》为例，该教材主要介绍文献检索与知识发现的原理、方法和技术，其中所引用的“徐玉玉受害案”的经过是事实信息，不属于知识，但基于该案例所得出的关于重视信息安全的建议以及具体策略都是知识。

不同文献所记录的知识和信息的量不同。比如，一本学术著作或教材中的知识量远大于一篇新闻报道，关于某学者的某次获奖的新闻报道中的信息量远少于其学术简历中的信息量。不同读者对同一文献所记录的知识和信息的习得结果不同。一个不懂英文的读者阅读一本英文教材，能获得的知识量为零。一个不懂阅读方法的读者仅能通过阅读获得少量的知识。

(5) 需要采取措施保证“信息的安全”。首先，文献的物理载体可能被损坏、隐藏、销毁或篡改，而导致所记录的信息不可获得、不完全、不真实，也存在某些关键信息被不当利用而导致社会管理、人文精神、经济利益遭受重大损失的可能性；对某一篇文献记录的信息和知识进行载体迁移时，知识或信息会丢失或被错误记录，从而使得文献记录信息的持久保存存在“安全风险”。其次，除了使用不易损毁的载体外，还需要有必要的技术和制度措施做保障。我国保障信息安全的法律法规有《中华人民共和国国家情报法》(2018年修正)、《中华人民共和国保守国家秘密法》(2010年修订)及《中华人民共和国保守国家秘密法实施条例》(2014年修订)、《中国人民解放军保密条例》(2011年生效)、《科学技术保密规定》(2015年生效)、《中华人民共和国个人信息保护法》(2021年生效)、《中华人民共和国数据安全法》(2021年生效)、《中华人民共和国专利法》(2021年生效)，以及各个学校、科研院所、企事业单位的学术诚信规范和条例。在这些制度保障的前提下，我们还应该从技术角度对信息和知识加以保障，如异地备份、转存(防止载体变异)，申请专利授权，版权声明，防火墙，信息加密技术等。显然，所有这些制度或技术能否发挥

① “数据库”“网站”都是计算机学科的术语，是管理与发布信息的重要技术。

应有的作用,还是取决于人。因此,“工作人员”是把好文献所记录的信息安全的关键控制因素,必须建立严格的“人员资质核检审计”例行制度,不仅要审计其对岗位职责的技术胜任度,还要审计其对信息安全法规条例的敬畏程度,尤其必须制定有效措施防止工作人员因积怨、操作失误而导致的信息安全问题。此外,竞争对手、敌对势力甚至是有积怨的工作人员为了获取机密信息,有的时候会不惜一切代价。有关人员必须时刻准备着,做好充分的应急预案。

翻转案例 1.1 理解辨别信息真伪的要点

人们常说“有图有真相”,请结合生活中的案例,运用上述知识来阐述你的观点。

练习 1.1

请列举 2 个你亲身经历过或听说的涉及《中华人民共和国个人信息保护法》的事例。

1.1.2 文献检索及其原理

广义的“文献检索”是指将文献按一定的方式组织和存储在某种载体上,并根据用户的需要,利用适当的方法或手段查找出所需特定文献的过程。它包括文献加工整序和文献查寻两个部分。狭义的“文献检索”仅指文献查寻。同样地,我们在术语在线上也能找到图书情报学关于“信息检索”“知识检索”两个概念的定义。

信息检索又称“情报检索”。广义的信息检索指“信息存储与检索”,狭义的信息检索就是利用适当的方法或手段从信息集合中查出需要的信息的过程。知识检索是指在知识组织的基础上,从知识库中检索出知识的过程。它是一种基于知识组织体系、能够实现知识关联和语义检索的智能化的检索方式。从术语在线上我们可以了解到,图书情报学认为信息检索是“运用某种工具,按照一定的方法,从信息集合中查检、寻找所需信息的过程”。这里的工具就是“检索工具”。“检索工具”是用于报道、存储和查找信息线索的工具和设备的总称,前面提到的术语在线就是一个检索工具。

基于上述定义,补充以下陈述性知识。

(1) 上述广义“文献检索”中的“载体”不同于前述“文献”概念中的“载体”。此处的

“载体”是对文献加工、整理后储存的载体，包括供各类经格式转换的文献储存用的光盘、软盘、硬盘，也包括供各类未经格式转换的文献存储用的图书馆、博物馆、档案馆库房，还包括各类论文集的物理载体或者各类展览的物理载体等。

（2）广义的“文献检索”中的“将文献按一定的方式组织和存储在某种载体上”，实际上是对狭义的“文献检索”功能实现的基础条件准备的描述。但仅仅满足了这一基础条件是不够的，因为在“检索”的定义中有“运用某种工具”，无论是“文献检索”“信息检索”还是“知识检索”，没有适当的工具，将很难达成“检索”的目标，除非集合中的“文献”“信息”或“知识”是依据特定的方式存储（排序了）的。事实上，如果没有相应的工具，要想实现高效率的“检索”，也是不可能的。因此，我们认为术语在线中的图书情报学对“文献检索”“信息检索”“知识检索”的定义都有待完善，应该包括“检索工具”的内容。

（3）狭义的“文献检索”定义与“信息检索”“知识检索”的定义一样，强调的都是“适当的手段或方法”，属于策略性知识和程序性知识。

（4）无论是“文献检索”“信息检索”还是“知识检索”，都有以下前提：可供检索的文献集合、信息集合或知识集合，用户对于文献、信息和知识的需要，以及适当的方法和手段。尽管方法、手段促成了检索目标的达到，但用户需要是第一位的，如果没有用户需要，就没有检索。用户需要驱动了对文献、信息、知识集合的选择，也是评价是否达到检索目标的标准。

（5）“数据库”也是文献。数据库管理系统由于其超强性能常被用于存储信息和知识，记录“信息集合”“知识库”的载体就是文献，这就不难理解“数据库”也是一类文献了。

（6）文献检索必须有检索工具。检索工具开发者在对文献进行加工后按某特征有序存储的基础上，开发配套的检索工具，用户利用检索工具，实现文献需要，如图 1.1 所示，文献储藏机构从出版社等各种途径收集文献（手稿、初稿、印刷品、音频、视频、图像、口述材料、文书、档案、器件、模具、艺术品等），经过整理加工储藏环节[整理（修缮）、贴标签（分类号、索取号、架位号、馆藏地、财产号）、登记造账、入库等]，开发检索工具，用户通过这些检索工具，检索到文献线索，通过与文献储藏机构的联系、到访或委托递送等手段获得原始文献。

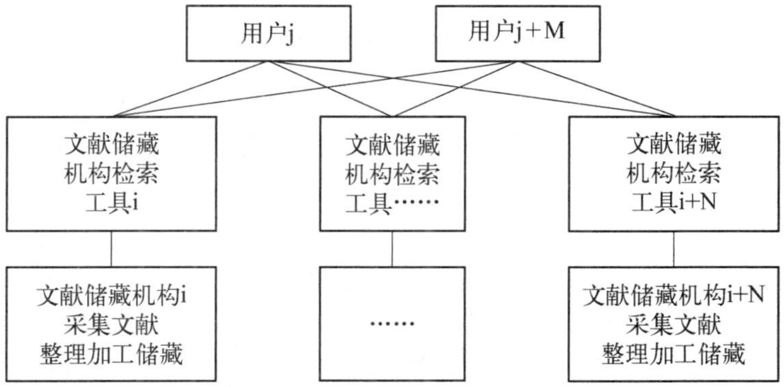

图 1.1　文献检索原理图

传统的文献加工、整序都是由人工完成的,随着计算机技术的发展,很多自动化的程序被开发出来。无论是人工还是计算机,都需要相应的陈述性知识和程序性知识,通常是“图书情报与档案管理”①一级学科下的“图书馆学”“情报学”二级学科教育和研究的主要内容。以下我们介绍常用的检索工具的工作原理。

翻转案例 1.2　理解文献收藏机构提供的文献检索工具

请结合你所在机构或地区的图情服务部门或机构的网站、服务指南说明书,分享该机构的馆藏检索途径。

1.1.3　检索工具的工作原理

人类社会发展至今,开发了很多文献检索工具、信息检索工具和知识检索工具。早期以手工或机械型的索引卡片或缩微胶卷为主的工具已经逐步被淘汰,转而被计算机应用系统型检索工具(以下简称“检索系统”)所代替。多数检索系统是基于数据库管理系统开发的,常被统称为“数据库”②。通过这些检索工具能够检索到的文献、信息或知识都不尽相同,每个检索工具在功能方面也各具特色,因而需要学习检索工具的知识。检索工具的知识包括类型、工作原理以及与之相关的陈述性知识,与检索工具及检索技术的选择相关的策略性知识,以及在检索工具中的操作步骤和流程等程序性知识。

开发检索工具的目的是帮助用户查找文献、信息或知识,因此,如图 1.2 所示,了解检索工具的工作原理,要从其开发环节以及产品成形后的用户交互工作两部分来理解。

在开发阶段,开发人员首先要进行用户需求调研,了解用户的文献、信息或知识需求,进而完成定范围、采集线索、储存、加工、整序存储、索引目录/检索系统设计六个步骤。

定范围,即确定应该采集哪些文献、信息或知识的线索,也包括对来源线索可获取性以及获取成本的评估。

---

① “图书情报与档案管理”一级学科已经更名为“信息资源管理”一级学科,下设图书馆学、情报学、档案管理学、编辑出版学、数据分析等二级学科。

② 数据库类检索工具有两类:一类是仅记录了文献、信息或知识线索的纯检索工具,如地图等;一类是包含了文献、信息或知识内容的检索工具,如《新华字典》、大百科全书、人脑等。并非所有计算机检索工具都是基于数据库管理系统开发而成的,如百度。

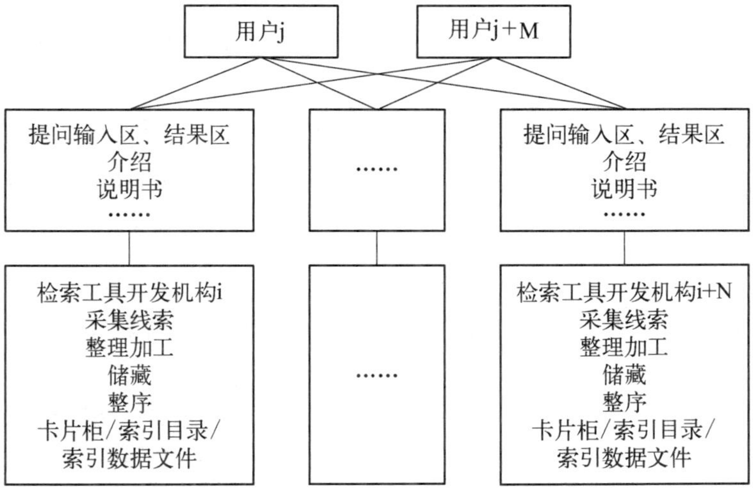

图 1.2　检索工具的工作原理图

采集线索，即采取适当有效的措施采集相应的“文献线索”“信息线索”“知识线索”，依据这些线索，通常能获得相应的文献全文、信息或知识，因此也被称为“来源线索”。“来源线索”通常包含文献的责任者、题名、创建或出版日期等基本的信息，也可以更丰富些，具体取决于文献加工精细程度。提供检索工具的机构根据情况决定是否储存与线索对应的原始文献或全文。

储存，在着手开发检索工具前需要筹划储存的载体、场地或设备选型并进行采购，制定相应的储存策略，在采集线索以及后续的加工过程中将随时储存。

加工，是在充分利用文献加工阶段成果的基础上，依据用户对检索工具的功能需求(如是否需要基于文献摘要、关键词、题名、责任者、日期获取文献)确定将采用的用户交互规范及检索技术，对采集到的线索进行筛选、校正和标引(也称贴“标签”、加“检索标识”)，通常会给同一个来源线索贴上多种不同类型的检索标识，随文献类型的不同而不同。检索标识的类别名统称为“检索点”或“检索途径”，如关键词检索点、题名检索点、责任者检索点等。

整序存储，是指依据特定标签对来源线索按序存储。

索引目录/检索系统设计，是指针对每个检索标识制作索引目录或索引数据文件。一般一类检索标识对应一个索引目录或一个数据文件，一个标识如果被加入了其所在标签类别的索引目录或索引数据文件即成为“可检索”的。排序索引目录或数据文件是大型检索工具的主要配置，决定了检索工具的检索功能和整体性能。需要注意的是，为了更好地提供检索服务，检索工具在开发阶段所增加的“检索标识”通常会比文献存储机构在储藏文献前所增加的标签更丰富。以美国化学文摘社开发的大型化学文摘检索工具 SciFinder 为例，其中的“标题词”“分子式”“化学物质登记号”“结构式”等检索标识都是基于所采集的全球化学化工学术文献、专利文献的线索以及摘要或全文人工标引的，如果某篇文献涉及了某种物质，加工人员会为该篇文献标注其对应的“分子式”“化学物质登记号”“结构式”等检索标识。

手工或机械类检索工具与检索系统在检索功能的设计和交互工作的具体运作方面存在一定的不同，但逻辑上基本相似，都包括检索工具产品介绍、使用说明书，检索工具与用户的交互界面，以及用户提交检索提问，检索工具执行检索提问，检索结果处理与运用几个环节。

交互界面对于依托检索标识索引的数据文件的检索系统是必须的，但对于索引目录型手工检索工具而言就不一定了。

检索工具的产品介绍主要用来介绍检索工具是什么，能做什么，用户能获得什么等陈述性知识。包括检索工具能满足哪些类型和范围的文献、信息或知识检索，是否提供原始文献或全文，更新周期、认证方式是什么，是否收费，等等。使用检索工具时，用户应该掌握文献类型、原始文献与全文区别与联系方面的知识。

检索工具的使用说明书主要介绍在检索工具中的操作步骤和流程等程序性知识，包括检索工具的交互界面功能介绍、描述检索提问的格式规范、提交检索需求的操作步骤以及注意事项等。用户应该理解各种不同的交互界面上功能区域的作用和区别。

计算机检索系统与用户的交互界面包含检索提问输入区和提交按钮、检索结果区。

在用户提交检索提问环节，用户首先分析所需要的文献、信息、知识应具备的特征，将之转化为检索提问，然后在检索提问输入区输入符合相应检索工具规范的检索提问并提交。在手工检索工具中，这一环节通常较简单。但在计算机检索系统中，需要等待检索系统执行检索提问后，将检索结果显示在检索结果显示区。作为用户，在这一环节中，尤其要反复核查，所提交的检索提问是否正确反映了文献的需要。这就需要用户掌握必要的将文献的“初心”需要转化为检索提问的知识。

在计算机检索工具中，检索工具接收到用户提交的检索提问后，运行过程如下：根据其预先定制的检索提问表达格式规范解析检索提问，如果用户输入的检索提问不符合该格式的规范，解析失败，并提示错误信息；反之，执行检索提问，在检索结果显示区显示检索结果。在这一环节，检索工具预先定制的格式规范所依据的知识体系，应该与用户提交检索提问时所依据的知识体系完全相同，这里所指的知识体系就是图书情报学所定义的检索语言和检索技术知识。作为用户，尤其要明白两点：(1) 如果提交的检索提问不是“检索标识”，即便在格式上符合检索工具预先定制的检索提问表达格式规范，检索工具也将在结果显示区显示“检索结果数量为 0”；(2) 检索工具能显示检索结果，并非表明所提交的检索提问正确反映了“初心”需要。

在检索结果处理与运用环节，用户希望能浏览、筛选、分析、转发、保存检索结果，或者依据检索工具提供的线索获取相应的文献、信息或知识。某些需求在手工检索工具中很难实现，但在计算机检索工具中则相对容易，不但如此，多数计算机检索工具还提供检索式订阅功能，方便用户及时跟踪。用户有必要评判检索结果中的每一条线索是否符合需要，如果符合检索需要，则称为“与课题相关文献”，否则称为“与课题不相关文献”，同时还应对检索的实际效果进行评估。因而，用户应该掌握检索效果评估的知识。如果检索效果不满足预期，应调整检索提问后重新提交。反之，则可以继续基于所筛选的文献、信息或知识线索获取相应的文献、信息或知识，这一步能否成功，也与线索对应的文献、信息或知识的存储载体、认证方式、场所密切相关。有的检索工具直接提供下载链接，有的则没有，用户需要利用判读文献线索的知识，以便获得原始文献或全文。用户也可以直接基于所筛选的线索进行文献计量分析。此时，用户需要具备文献管理和文献计量相关的知识或工具。

进一步补充几条关于“检索工具”的陈述性知识：

(1) 文献、信息或知识被检索工具“收录”，是指查找某文献、信息或知识的线索被某检索工具采集、贴标签了，且能通过索引卡片或数据文件找到该线索。

(2) 人脑既是一种文献也是一种检索工具。根据前述文献的定义，由于人脑也是记录信息和知识的一种载体，因此人脑也是文献。

(3) 尽管文献储藏机构通常会为其所储藏的文献开发专有的检索工具，但存在某些检索工具，其所采集的文献线索是来自多家文献储藏机构的，我们称这类检索工具为集成型检索工具。因此，文献检索的原理图也可以更新为图 1.3，用户既可以通过文献储藏机构提供的检索工具获取文献线索，也可以通过集成型的检索工具获取文献线索。

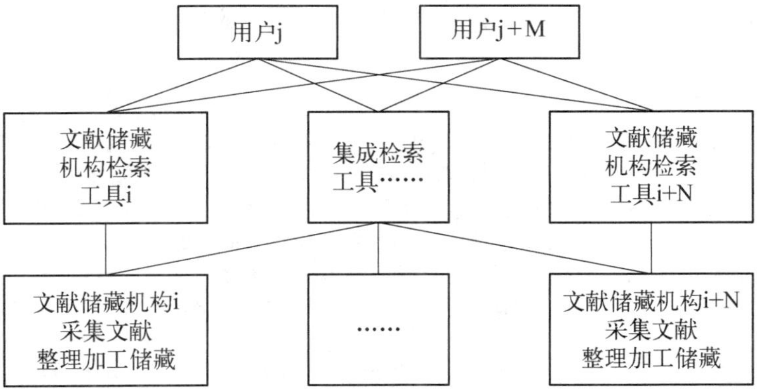

图 1.3　文献检索原理图更新

总结一下，要熟练运用检索工具，用户需要掌握如下知识：

(1) 文献类型、原始文献与全文区别与联系的知识；

(2) 将文献需要的“初心”转化为检索提问的知识；

(3) 检索语言和检索技术的知识；

(4) 检索效果评估的知识;

(5) 判读文献线索的知识;

(6) 文献管理和文献计量的有关知识。

其中,第(1)项知识已经在前面介绍过了,第(2)项知识是以第(3)项知识为前提的,因此接下来要介绍检索语言和检索技术。

1.1.4 检索语言和检索技术

1. 检索语言

通过前面的分析已知,检索语言是信息存储与检索过程中用于描述信息特征和用户提问的一种专门的人工语言。其实质是检索和标引之间的约定语言,通常由检索工具开发者在了解用户需求和习惯的基础上提出,并作为使用说明书的一部分供用户学习。图书情报学统一定义的文献检索语言,按其结构原理,可分为分类检索语言(分类法)、主题检索语言(主题法)和代码检索语言;按其标识的组合使用方法,可分为先组式语言和后组式语言。

分类检索语言是将表示各种知识领域的类目按知识分类原理进行系统排列,并以代表类目的数字或字母符号作为文献标识的一类检索语言,可分为体系分类法和组配分类法两种①。

主题检索语言是直接以表达主题内容的语词作为检索标识,以字顺为主要排列方式,并通过参照系统等方法揭示词间关系的标引和检索信息资源②的方法。它以事物和概念为中心,集中相关的文献,表达主题概念直接性强,更适于揭示文献中的新事物。按照主题法的造词方式,主题检索语言可以分为标题法③、元词法④、叙词法⑤和关键词法⑥;按照其使用

---

① 体系分类法是以科学分类为基础,依据概念的划分与概括原理,把概括文献内容与事物的各种类目组成一个层层隶属、详细列举的等级结构体系的一种文献分类法。组配分类法是在分类表中分别列出不同范畴的单独概念,用组配方式来表达具体类目的文献分类法。因分面成分的不同,组配分类法可分为分面组配分类法、组配-体系分类法和体系-组配分类法三种类型。

② 信息资源即可供人们直接或间接开发与利用的信息集合的总称。

③ 标题法是用规范化之后的自然语言,即经过标准化处理的名词术语作为标识来直接表达文献主题的文献标引与检索方法。

④ 元词法是以元词(单元词)作为检索标识的文献标引与检索方法,其基本成分为单元词。

⑤ 叙词法是以自然语言词汇为基础、以规范化的叙词(主题词)作为检索标识的文献标引与检索方法。叙词法是主题法的一种,具有严密的语义关系。它出现于 20 世纪 50 年代,是多种索引方法的综合,在词汇选择和控制、组配技术、词间关系显示技术等方面有很多优势,其思想集中体现在叙词表中。这一方法目前广泛用于各种主题索引和信息检索系统中,是一种重要的索引方法。

⑥ 关键词法是将文献原来使用、能描述其主题概念的那些具有关键性意义的词抽出,不加规范或只做极少量的规范化处理,按字顺排列,以提供检索途径的文献标引与检索方法。这一方法起源于 19 世纪,随着计算机技术的出现而得到广泛应用。它一般没有词表,有包括题内关键词索引、题外关键词索引、关键词与上下文索引、双重关键词索引、增补关键词索引、词对式关键词索引在内的多种类型。

时组配的先后，可以分为先组式主题法和后组式主题法；按照其使用时是否进行控制①，可以分为受控主题法与非控主题法。

代码检索语言是指利用文献中的一些特殊符号组织排列表达文献主题概念的一种人工语言。

先组式语言是在检索实施前已将检索词事先组配好的一种检索语言。用户只能用这种已经固定好的检索词组形式去完成检索。这种语言有较好的直接性和专指性，但灵活度差。标题词语言(标题法)属于先组式语言。

后组式语言是在检索实施前检索词未事先组配好，而以单元词等形式出现的一种检索语言。用户在检索时将它们临时组配起来，表达一定的概念并完成信息检索。后组式语言比较灵活。单元词语言(元词法)和叙词语言(叙词法)等均属于后组式语言。

当检索标识为分类号、主题(含标题词、关键词、叙词、单元词)或代码时，分别使用分类检索语言、主题检索语言、代码检索语言，其中，“分类号”“主题”“代码”等都称为检索点、检索入口、检索途径，在数据库类检索系统中也将检索点以及提供主题语言检索的题名、关键词、摘要称为“检索字段”。仅使用指定检索点的检索标识才可以检索到相应的文献线索，进而获取摘要、原始文献或全文。当检索标识为两个或两个以上时使用先组式语言和后组式语言，统称为组配语言。当前的计算机检索系统大多保留了分类语言、主题语言、组配语言。

2. 检索技术

图书情报学对于检索技术有两种定义：(1) 泛指从信息源②中获取文本、视频、音频信息的计算机技术，其中信息源即记录了信息的文献。(2) 信息检索中的各种方法和技巧的统称。本书把检索工具中的检索语言的具体表达方式以及检索标识匹配方式统称为检索技术，包括分类、主题、代码语言、组配语言的布尔逻辑检索以及分类、主题、代码语言的截词检索，每种检索技术都用相应的具体化的检索语言句法格式，并称用户依据检索语言编写的检索提问表达式为“检索式”。“检索式”包括检索点和检索标识两个要素，当采用主题语言时，也将检索标识称为“检索词”。如果不指定检索点，则默认检索点为题名、摘要、关键词。

在布尔逻辑检索中，用户采用集合论和布尔代数的方法，用布尔表达式表示用户提问，检索工具通过对检索标识与检索提问的逻辑运算完成文献、信息或知识线索获取的过程。集合论提供了集合间的交、并、差运算。

布尔代数即一个有序的四元组(B, ∧, ∨, ¬)，其中∧, ∨和¬是布尔运算，定义在非空集合B的元素上，构成一个代数。在布尔逻辑检索语言中，通常用and、or、not分别表

① 这里的“控制”指的是是否有预先定义的词表。

② 信息源即人们在科研活动、生产经营和其他活动中所产生的各种信息来源，以及由此而形成的原始信息集合，如科研活动中反映原创成果的原始记录、数据和资料等。

示布尔代数中的∧、∨和¬运算,分别称为逻辑“与”、逻辑“或”、逻辑“非”。当用户的检索提问中包含两个以上的检索标识时,布尔逻辑检索语言使用半角圆括号表示布尔运算的优先级关系。逻辑运算用数学等式来表示判断,是答案为“真”或“假”的运算。

例 1.1　设“元认知”“干预技术”分别是检索标识 1、检索标识 2,用户希望获得同时具有检索标识 1 和检索标识 2 的文献线索集合。

用布尔表达式表示的检索式为:检索标识 1 and 检索标识 2(通常简略表述成“同时包含检索标识 1 和检索标识 2”)。检索工具依据检索标识索引目录或数据文件,执行检索标识与检索提问的逻辑运算,若某文献线索既具有检索标识 1,也具有检索标识 2,则检索标识与检索提问的逻辑运算结果为真,即称该文献线索符合检索条件,将所有符合检索条件的文献作为检索结果集返回给用户。

与此类似,用户可以用“检索标识 1 or 检索标识 2”“检索标识 1 not 检索标识 2”两个检索式,分别表示“默认检索点包含检索标识 1 或者检索标识 2 的文献线索”“默认检索点包含检索标识 1 但不包含检索标识 2 的文献线索”的检索条件。

如图 1.4 所示,检索工具执行逻辑运算的过程和结果可以用集合论的交、并、差运算形象地表示。设具有检索标识 1、检索标识 2、检索标识 3 的文献线索集合分别为 A、B、C 则,“同时包含检索标识 1 和检索标识 2 的文献线索”(假设检索结果不为空)、“包含检索标识 1 或者检索标识 2 的文献线索”、“包含检索标识 1 但不包含检索标识 2 的文献线索”等的集合如图 1.4 中的阴影部分所示。

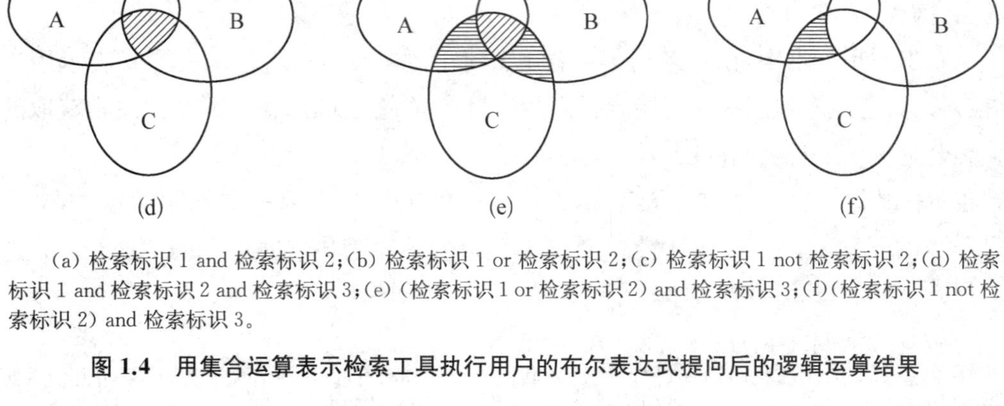

(a) 检索标识 1 and 检索标识 2;(b) 检索标识 1 or 检索标识 2;(c) 检索标识 1 not 检索标识 2;(d) 检索标识 1 and 检索标识 2 and 检索标识 3;(e) (检索标识 1 or 检索标识 2) and 检索标识 3;(f)(检索标识 1 not 检索标识 2) and 检索标识 3。

图 1.4　用集合运算表示检索工具执行用户的布尔表达式提问后的逻辑运算结果

练习 1.2

请自行设定具体的检索标识 1、检索标识 2、检索标识 3，分别带入上述 6 种逻辑关系中，体会检索结果集合与分别使用每个检索标识所得的检索结果之间的不同关系。

对照先组式语言和后组式语言的定义，可以看出一般意义上的布尔逻辑检索采用的是后组式语言，若将布尔逻辑"与"中的检索提问更改为，(1) 检索标识 1 and 检索标识 2，且(2)检索标识 1 和检索标识 2 在文献线索中的位置紧挨在一起，即成为先组式语言所指的"词组检索"了。检索工具将首先执行针对(1)式的逻辑运算，再执行针对(2)式的逻辑运算，两者都为真，即获得符合检索条件的文献线索集合。在这种情况下，由检索标识 1 和检索标识 2 组成的词组不一定是检索标识。

此外，若按照先组式语言，在进行词组检索时，可将检索标识 1 和检索标识 2 组合在一起作为词组检索。如果由检索标识 1 和检索标识 2 组成的词组也是检索标识，则符合检索条件的文献线索集合(也称"命中的文献")不为空，否则检索结果为 0 或空。

在实际应用中，由于未对记录信息、知识时的表达进行规范，人们在用相同的单元词表达同一语义的术语时，常使用不同的连接词或次序，导致由相同单元词组合而成的多元词的词形不同。同时，大量统计规律表明，当检索提问是关于两个检索标识的布尔逻辑"与"检索时，这两个检索标识在文献中的位置较近的文献更符合用户的文献需要。

例 1.2　举例说明，在检索条件中对两个检索词在文献中的位置邻近程度进行限定的必要性。

如图 1.5 所示，"医学""检索"两个词分别在标题和摘要中，该文献与医学文献教学的相关性较小。

☐4 医学图像关键点检测深度学习方法研究与挑战 网络首发 EI 北大核心 CSCD

李居朋　北京交通大学电子信息工程学院

【期刊】 | 电子学报 | 2022-01-11 13:09 | 下载 114

医学、检索分别在标题、摘要中，与医学文献检索教学的关系较小

摘要：作为众多医学图像处理的前提和关键，医学图像关键点检测具有重要的理论研究和应用价值.由于个体间差异性和个体内歧义性的影响，以及更高的临床应用定位精度的要求，医学解剖关键点检测面临着巨大的挑战.鉴于深度学习技术在医学图像关键点检测乃至整个医学图像处理领域都表现出了强大的实力，本文全面检索发表于顶级医学期刊和会议论文集中的医学图像关键点研究成果并进行了详细的梳理和综述.从计算机视觉任务角度简述医学图像关键点检测及其存在的难点；总结了深度学习技术在医学图像关键点检测中的基本框架，详细论述了医学图像关键点检测的分类问题和回归分析两种不同类型的解决思路；最后探讨了医学图像关键点检测深度学习方法面临的挑战、主要应对策略和开放的研究方向.

图 1.5　布尔逻辑"与"检索中的两个词可能相距较远

图书情报学对布尔逻辑"与"检索进行了拓展，提出了"位置邻近检索"，可以在一个检索提问表达式中标明两个检索标识在相应文献中的位置的邻近程度以及次序关系，其一般表达式为：检索标识 1 次序/邻近程度 检索标识 2。

其中，次序有固定和不固定两种，“次序固定”表示按相应文献规定的阅读顺序，检索标识 1 先于检索标识 2 出现。邻近程度有“定性”“定量”两种表示方式，定性包括在同一句或在同一段落两种情况，定量则用间隔的单词数来表示。若间隔的单词数为 0，即词组检索，或者两个词之间有一个空格或连字符。

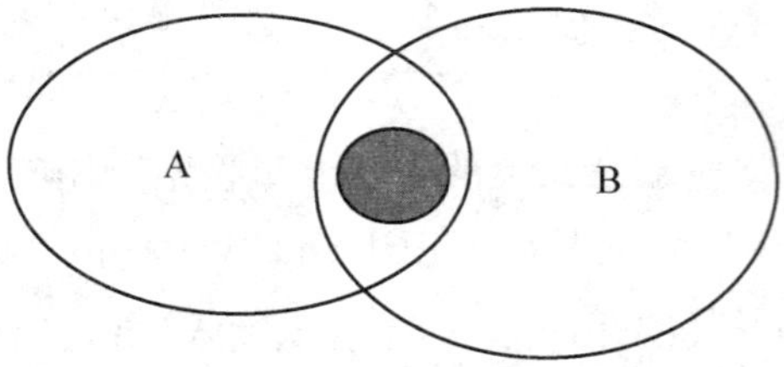

图 1.6 用集合运算表示检索工具执行用户的位置邻近表达式提问后的逻辑运算结果

如图 1.6 所示，设具有检索标识 1、检索标识 2 的文献线索集合分别为 A、B，提问表达式为：检索标识 1 次序/邻近程度 检索标识 2。检索工具执行后，获得的文献线索集合为图中阴影部分。

练习 1.3

请设定具体的检索标识 1 和检索标识 2，以及它们之间的邻近关系，带入上图所示的位置邻近检索式，体会检索结果集合与分别使用两个检索标识所得检索结果集合之间的关系。

当采用布尔逻辑“或”检索的时候，常常遇到以下情况：有多个检索标识的相似度较高。针对这类情况，图书情报学提出了“截词检索”，允许用户使用一个词的局部(如词干、词根)作为检索词进行匹配并输出命中文献的一种检索词局部匹配技术。一般使用 *、?、$“截词符”分别表示无限截词、有限截词、相同词根的检索。研究发现，实际应用中，存在截词检索命中的文献多于未使用截词检索的情况。这是因为，检索工具中存在更多检索标识与用户定义的检索标识具有相同的局部特征。

例 1.3 用户希望检索含有检索标识 1 与检索标识 2 的词干 g 的文献。

如图 1.7，设具有检索标识 1、检索标识 2 的文献线索集合分别为 A、B，且检索标识 1 和检索标识 2 存在共同的词干 g，使用 * 作为截词符，提问表达式为：g*。检索工具执行后，获得的文献线索集合如图中阴影部分所示，包含了用布尔逻辑“或”表达式检索得到的文献集合。

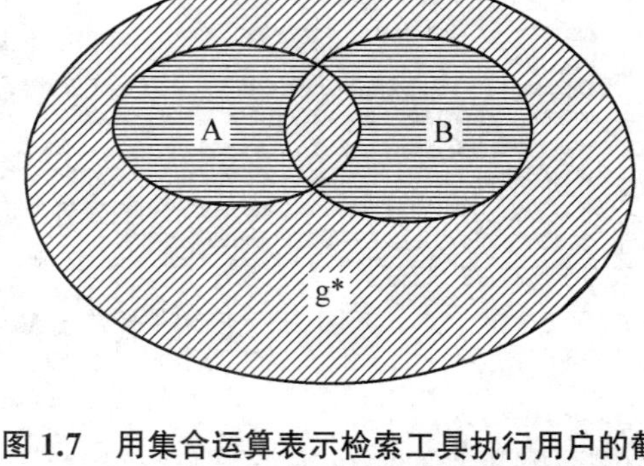

图 1.7 用集合运算表示检索工具执行用户的截词检索表达式提问后的逻辑运算结果

练习 1.4

请设定两个具有相同字符串的检索标识 1 和检索标识 2，提取它们共有的词缀或字符串带入图 1.7 所示的截词检索技术中，体会检索结果集合与分别使用两个检索标识所得检索结果集合之间的关系。

截词检索语言的这一优势主要用于表达同一概念词的不同词性或词性相似的同义词，减轻了逐一枚举的负担，使得检索提问表达式更简洁。例如：computes、compute 可以用 compute* 表达，而 comput* 能命中含有 computer、computers、computing 的文献。

实践中，用户确定"检索式"是以课题研究的需要为出发点的，通常借助检索提问表单记录与"检索式"有关的更多细节信息，包括课题名称、课题说明、检索词、检索式、选用的检索系统和文档、查找时间范围以及输出格式等。其中，检索词、检索式、选用的检索系统和文档、查找时间范围以及输出格式均属于检索策略的范畴。所谓检索策略，即实现检索目标而制订的全盘计划和方案，是对整个检索过程的谋划和指导。包括分析检索课题、选择检索系统、确定检索词、构造检索式、实施检索操作、调整检索策略等。例 1.4 展示的就是检索策略对检索结果的影响。

例 1.4　检索中国专利数据库中有关"生物骨水泥制备"技术的专利文献。

在中国知网的专业检索界面，输入检索式"TI='生物' * 骨 * '水泥' OR KY='生物' * 骨 * '水泥'"，检索到一些专利文献。

输入检索式"CLZ=' A61L27/12 '"，则命中更多专利文献。

翻转案例 1.3　理解分类号对检索结果的影响

请解释产生例 1.4 中现象的原因。

虽然有一批专家、学者正在致力于开发更加智能的用户友好型检索工具，概念检索、语义检索技术也相继被提出，但基于这些技术的完全成熟的系统还未出现，以下问题短期内不会消失：在实施检索操作前，如何选择检索系统、检索词？如何编写检索式？初次检索结束后，是否要调整检索策略？因此，我们除了要学习检索语言、检索技术、检索式知识外，还需要掌握"检索效果评价"的知识，为制定检索策略打好基础。

1.1.5　检索效果评价及检索策略制定方法

检索效果是指对利用检索系统开展的服务和产生的结果进行测评的过程。它衡量了检索结果对用户需求的满足程度。其指标包括查全率、查准率、漏检率、误检率,相应的定义和计算公式如下。

检索系统查全率,又称检全率,指某一检索系统检索出的“相关文献”数量与该检索系统中相关文献总量之比,体现系统从特定文献集合中检出相关文献的能力,是衡量一个检索系统避免漏检的能力的指标。公式如式(1-1)所示。

$$\text{检索系统查全率}=\frac{\text{检索系统检索出的“相关文献”数量}}{\text{该检索系统中相关文献总量}} \tag{1-1}$$

检索系统查准率,又称检准率,指某一检索系统检索出的“相关文献”数量与检出的文献总量之比,体现系统拒绝不相关文献的能力,是衡量某一类检索系统的信号噪声比的指标和衡量检索系统精确度的尺度。公式如式(1-2)所示。

$$\text{检索系统查准率}=\frac{\text{检索系统检出的“相关文献”数量}}{\text{检索系统检出的文献总量}} \tag{1-2}$$

检索系统漏检率,又称漏检概率,指某一检索系统中未检出的“相关文献”数量与该检索系统中相关文献总量之比,是检索系统的评估指标之一。查全率高,漏检率必然低。公式如式(1-3)所示。

$$\text{检索系统漏检率}=\frac{\text{检索系统未检出的“相关文献”数量}}{\text{检索系统中相关文献总量}} \tag{1-3}$$

检索系统误检率,指某一检索系统中检出的“相关文献”数量与检出的文献总量之比,是检索系统的评估指标之一。公式如式(1-4)所示。

$$\text{检索系统误检率}=\frac{\text{检索系统检出的“不相关文献”数量}}{\text{检索系统检出的文献总量}} \tag{1-4}$$

从定义来看,上述指标都是有关检索工具所提供的检索技术在执行检索式的正确性或可靠性方面的,其评价结果可作为开发、采购或选择检索工具的参考,也是国际上有关检索技术开发的竞赛普遍采用的评价指标。显然,检索工具在加工阶段的“标引”质量对上述指标起决定性作用。

例 1.5　设课题名称为“和服文化研究进展”,列举与课题不相关的文献。

使用“和服”“文化”作为检索标识,如图 1.8 所示的前两篇论文,都不是与检索课题相关的文献。第三篇论文是与检索课题相关的文献。

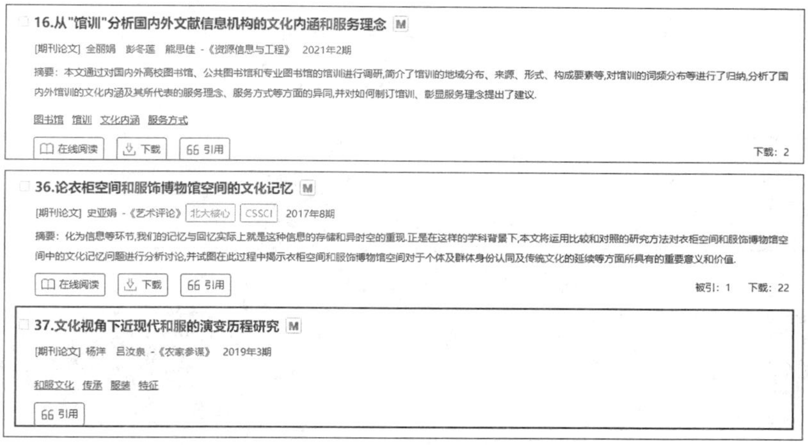
16.从"馆训"分析国内外文献信息机构的文化内涵和服务理念 M

[期刊论文] 全丽娟　彭冬莲　熊思佳 -《资源信息与工程》 2021年2期

摘要：本文通过对国内外高校图书馆、公共图书馆和专业图书馆的馆训进行调研,简介了馆训的地域分布、来源、形式、构成要素等,对馆训的词频分布等进行了归纳,分析了国内外馆训的文化内涵及其所代表的服务理念、服务方式等方面的异同,并对如何制订馆训、彰显服务理念提出了建议.

图书馆　馆训　文化内涵　服务方式

在线阅读　下载　66 引用　下载：2

36.论衣柜空间和服饰博物馆空间的文化记忆 M

[期刊论文] 史亚娟 -《艺术评论》 北大核心 CSSCI 2017年8期

摘要：化为信息等环节,我们的记忆与回忆实际上就是这种信息的存储和异时空的重现.正是在这样的学科背景下,本文将运用比较和对照的研究方法对衣柜空间和服饰博物馆空间中的文化记忆问题进行分析讨论,并试图在此过程中揭示衣柜空间和服饰博物馆空间对于个体及群体身份认同及传统文化的延续等方面所具有的重要意义和价值.

在线阅读　下载　66 引用　被引：1　下载：22

37.文化视角下近现代和服的演变历程研究 M

[期刊论文] 杨洋　吕汶泉 -《农家参谋》 2019年3期

和服文化　传承　服装　特征

66 引用

图 1.8　与"和服文化研究"无关的文献①

由于当前大多数文献检索工具无法直接接受用户的文献需要的表达，对用户的知识和能力带来了考验。有研究发现，有大量用户在将文献需要转化为"检索式"的过程中，编写了错误的"检索式"。

例 1.6　检索有关"文献检索错误"的学术论文。

如图 1.9 所示的论文研究的就是期刊论文写作中存在的文献检索缺陷。

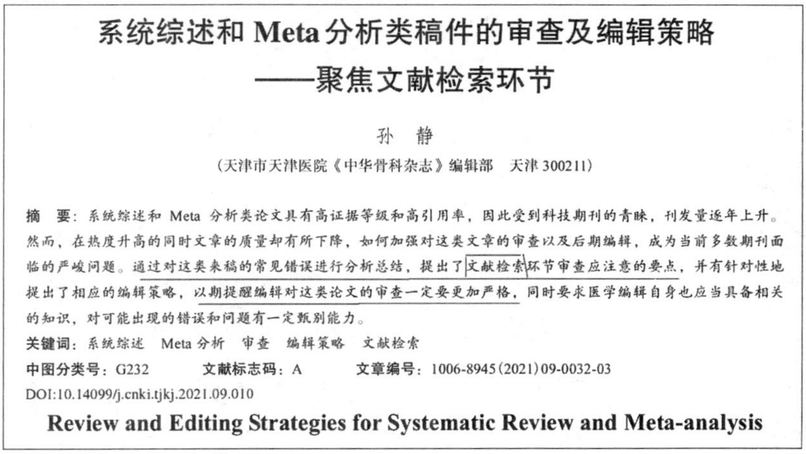
系统综述和 Meta 分析类稿件的审查及编辑策略
——聚焦文献检索环节

孙　静

（天津市天津医院《中华骨科杂志》编辑部　天津 300211）

摘　要：系统综述和 Meta 分析类论文具有高证据等级和高引用率，因此受到科技期刊的青睐，刊发量逐年上升。然而，在热度升高的同时文章的质量却有所下降，如何加强对这类文章的审查以及后期编辑，成为当前多数期刊面临的严峻问题。通过对这类来稿的常见错误进行分析总结，提出了文献检索环节审查应注意的要点，并有针对性地提出了相应的编辑策略，以期提醒编辑对这类论文的审查一定要更加严格，同时要求医学编辑自身也应当具备相关的知识，对可能出现的错误和问题有一定甄别能力。

关键词：系统综述　Meta 分析　审查　编辑策略　文献检索

中图分类号：G232　**文献标志码**：A　**文章编号**：1006-8945(2021)09-0032-03

DOI:10.14099/j.cnki.tjkj.2021.09.010

Review and Editing Strategies for Systematic Review and Meta-analysis

图 1.9　学术期刊编辑发现投稿人存在错误应用文献检索的现象

① 产生误检的原因可能有两种，一是该检索工具使用的自动标引系统出现了分词错误，二是采用了位置邻近检索技术：和 邻近[不可颠倒]/0 服。

为了保证编写出正确的检索式,我们提出面向"检索式"的查全率、查准率、漏检率、误检率等检索效果评价指标,以此作为判断一个检索策略中使用的"检索式"是否"合理"的主要依据,相关定义和公式如下,图 1.10 显示的是 4 个用于计算的指标之间的关系。

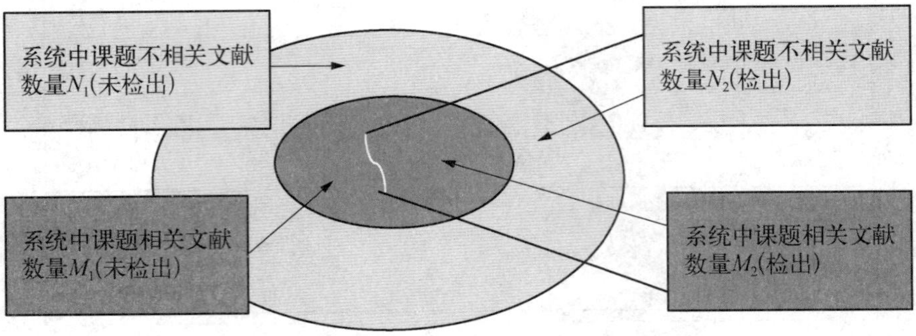

图 1.10 查全率、查准率、漏检率和误检率计算参数关系图

检索式查全率,是指某一检索式意图或者实际检索出的"课题相关文献"数量与该检索系统中课题相关文献总量之比,体现检索式从检索工具中检出课题相关文献的能力,是衡量一个检索式避免漏检的能力的指标。公式如式(1-5)所示。

$$\text{检索式查全率}=\frac{\text{检索式意图或实际检索出的“课题相关文献”数量 }M_2}{\text{检索系统中课题相关文献总量}(M_1+M_2)} \tag{1-5}$$

检索式查准率,是指某一检索式意图或实际检索出的"课题相关文献"数量与检出的文献总量之比,是衡量检索式拒绝"课题不相关文献"的能力的尺度。公式如式(1-6)所示。

$$\text{检索式查准率}=\frac{\text{检索式意图或实际检索出的“课题相关文献”数量 }M_2}{\text{检索式实际检索出的文献总量}(N_2+M_2)} \tag{1-6}$$

检索式漏检率,是指某一检索式可能或实际未检出的"课题相关文献"数量与检索工具中的"课题相关文献"总量之比。检索式查全率高,检索式漏检率必然低。是检索式的评估指标之一。公式如(1-7)所示。

$$\text{检索式漏检率}=\frac{\text{检索式不能检索出的“课题相关文献”数量 }M_1}{\text{检索系统中课题相关文献总量}(M_1+M_2)} \tag{1-7}$$

检索式误检率,是指某一检索式可能或实际检出的"课题不相关文献"数量与可能或实际检出的文献总量之比,是检索式的评估指标之一。公式如(1-8)所示。

$$\text{检索式误检率}=\frac{\text{检索式意图或实际检索出的“不相关文献”数量 }N_2}{\text{检索式检索出的文献总量}(N_2+M_2)} \tag{1-8}$$

鉴于检索式是由检索点和检索标识组成,因此检索点、检索标识及可能的组配检索技术的选择与正确表达对上述检索式的评价指标的计算结果起决定性作用。

例 1.7　课题名称为“和服文化研究进展”，分析非专指性检索标识对检索结果的影响。

课题名称涉及“和服”“文化”“研究”“进展”四个词语，如果用检索式“和服” and “文化” and “研究” and “进展”，将漏检图 1.11 所示的学术论文，查全率必然会大受影响。用公式表示如式(1－9)，图 1.11 显示的是一篇与课题相关、但标题和摘要中都不含“研究”的学术论文。

$$f(\text{A:“和服” and “文化” and “研究” and “进展”}) \leqslant f(\text{B:“和服” and “文化”}) \tag{1-9}$$

式中，f 为检索结果数量，检索式 A 严重漏检。

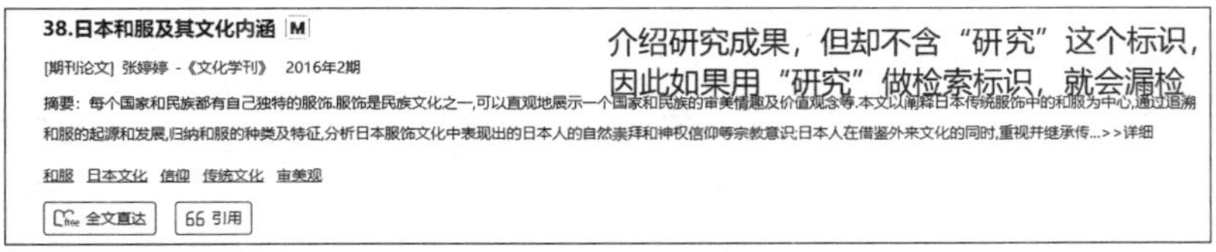

图 1.11　不含“研究”“进展”却符合课题文献需要的文献

例 1.7 中的“研究”“进展”显然缺乏专指性。一个词语缺乏专指性，是指不能通过是否含有该词语，区分不同文献的实质内容；反之，则称该词语具有专指性。比如，如果一篇文献含有“日本和服”，另一篇文献不含“日本和服”，我们可以大致判断，该两篇文献的实质内容存在较大差异；反之，如果一篇文献含有“研究”，另一篇文献不含“研究”，无法判断该两篇文献的实质内容是否存在较大差异。

特别要注意的是，课题名称“和服文化研究进展”的意思是你要写一篇关于“和服文化”研究的综述报告，而不是要你去找含有“研究”“进展”这两个标识的文献。将“研究”“进展”这类非专指性的词作为检索标识的根本原因是没有理解检索需求的关键要素，关键要素只能是专指性的词或标识。

翻转案例 1.4　理解非专指性词与专指性词的区别

请列举更多的缺乏专指性的词语。

由于文献检索工具收录的文献数量非常多,上述查全率、漏检率指标中的检索工具中相关文献总量通常是一个未知数,从而给查全率和漏检率的准确计算带来了困难,一般采用以下策略性知识来评价检索式的查全率或漏检率:

(1) 若一个检索式使用了“研究”“进展”“应用”等非专指性词语作为检索词,则可以推断该检索式的查全率较低,漏检率较高。

(2) 若一个检索式使用了较多的单元词作为检索词,则可以推断该检索式的查全率较高,漏检率较低。

(3) 若一个检索式使用了截词技术,则可以推断该检索式的查全率较高,漏检率较低。

(4) 若一个检索式使用了位置邻近技术,则可以推断该检索式的查准率较高。

(5) 若一个检索式错将布尔逻辑“或”检索语言表示成布尔逻辑“与”检索语言,则可以推断该检索式的查全率较低,漏检率较高;反之,可以推断该检索式的查全率较高,查准率较低。需要注意的是,有些检索工具中用空格代替 and 表示布尔逻辑“与”检索。

(6) 若一个检索式正确使用了分类检索语言,则可以在一定程度上保证较好的查全率和查准率。

(7) 若一个检索式使用标题词检索语言或者叙词检索语言代替关键词检索语言,则可以推断其查准率将有所提高。

(8) 若一个检索式使用摘要检索点代替题名检索点,则可以推断其获得的检索结果文献数量将会增加;反之,可以推断其获得的检索结果文献数量将会减少。需要注意的是,此处未判断查全率或查准率的变化,主要因为两个指标的计算都与检出的课题相关文献数量有关。

(9) 在一个检索式中,每增加一个布尔逻辑“与”检索标识,可以推断其获得的检索结果文献数量将会减少或保持不变;反之,每减少一个布尔逻辑“与”检索标识,可以推断其获得的检索结果文献数量将会增加。

(10) 在一个检索式中,每增加一个布尔逻辑“或”检索标识,可以推断其获得的检索结果文献数量将会增加或保持不变;反之,每减少一个布尔逻辑“或”检索标识,可以推断其获得的检索结果文献数量将会减少或保持不变。

在上述提高检索式质量的基础上,可以比较两个以上检索式的查全率、查准率指标值或者检索结果文献数量,进一步补充以下策略性知识:

(1) 如果检索式 A 与检索式 B 使用的检索标识和布尔逻辑表达完全相同,但 A 的检索点为“题名”,B 的检索点为“摘要”,则可以推断,检索式 A 的检索结果文献数量少于检索式 B 的检索结果文献数量。公式如式(1-10)所示。

$$f(\text{检索式 A: 题名}=\text{检索标识组配式 C}) \leqslant f(\text{检索式 B: 摘要}=\text{检索标识组配式 C}) \tag{1-10}$$

式中，f 为检索结果数量。

(2) 如果检索式 A 与检索式 B 使用的检索点以及布尔逻辑表达均为“与”，但 A 的检索标识数量比检索式 B 的检索标识数量少，则可以推断，检索式 A 的检索结果文献数量多于或等于检索式 B 的检索结果文献数量。公式如式(1－11)所示。

$$
\begin{aligned}
&f(\text{检索式 B：检索点}=\text{标识 1 and 标识 2 and 标识 3})\\
&\quad\leqslant f(\text{检索式 A：检索点}=\text{标识 1 and 标识 2})
\end{aligned}
\tag{1-11}
$$

式中，f 为检索结果数量。

(3) 如果检索式 A 与检索式 B 使用的检索点以及布尔逻辑表达均为“或”，但 A 的检索标识数量比检索式 B 的检索标识数量少，则可以推断，检索式 A 的检索结果文献数量少于或等于检索式 B 的检索结果文献数量。公式如式(1－12)所示。

$$
\begin{aligned}
&f(\text{检索式 A：检索点}=\text{标识 1 or 标识 2})\\
&\quad\leqslant f(\text{检索式 B：检索点}=\text{标识 1 or 标识 2 or 标识 3})
\end{aligned}
\tag{1-12}
$$

式中，f 为检索结果数量。

(4) 如果检索式 A 与检索式 B 使用的检索点和检索标识完全相同，但检索式 A 使用的是布尔逻辑“与”检索，检索式 B 使用的是位置邻近检索，则可以推断，检索式 A 的检索结果文献数量多于或等于检索式 B 的检索结果文献数量。公式如式(1－13)所示。

$$
\begin{aligned}
&f(\text{检索式 B：检索点}=\text{标识 1　位置邻近算符　标识 2})\\
&\quad\leqslant f(\text{检索式 A：检索点}=\text{标识 1 and 标识 2})
\end{aligned}
\tag{1-13}
$$

式中，f 为检索结果数量。

类似地，我们也有必要针对检索工具的选择是否合理制定相应的查全率、查准率、漏检率、误检率等评价指标，以此作为判断一个检索策略选择的“检索工具”是否“合理”的主要依据。在检索式是“正确”的假设前提下，有如下的相关公式。

检索工具选择查全率，是指某一检索策略选择的检索工具集合中可能或实际检索出的“课题相关文献”数量与该“课题相关文献”总量之比，是衡量全面选择课题相关的检索工具避免漏检的能力的指标。公式如式(1－14)所示。

$$
\text{检索工具选择查全率}=\frac{\text{检索工具集合可能或实际检索出的“课题相关文献”数量}}{\text{该课题相关文献总量}}
\tag{1-14}
$$

检索工具选择查准率，是指某一检索策略选择的检索工具集合中可能或实际检索出的“课题相关文献”数量与检出的文献总量之比，是衡量检索策略所选择的检索工具集合对课题相关文献的侧重程度的尺度。公式如式(1－15)所示。

$$检索工具选择查准率=\frac{检索工具集合可能或实际检索出的“课题相关文献”数量}{所选择的检索工具检出文献总量} \tag{1-15}$$

检索工具选择漏检率，是指某一检索策略选择的检索工具集合中可能或实际未检出的“课题相关文献”数量与该“课题相关文献”总量之比，是检索工具选择的评估指标之一。检索工具选择查全率高，检索工具选择漏检率必然低；如果使用的检索工具中收录的文献类型、时间、语种、地域范围与课题的文献需要不匹配，就会严重影响检索效果。公式如式(1-16)所示。

$$检索工具选择漏检率=\frac{检索工具集合可能或实际未检索出的“课题相关文献”数量}{该课题相关文献总量} \tag{1-16}$$

检索工具选择误检率，是指某一检索策略选择的检索工具集合中可能或实际检出的“课题不相关文献”数量与可能或实际检出的文献总量之比，是检索工具选择的评估指标之一。检索工具选择查准率高，检索工具选择误检率必然低。公式如式(1-17)所示。

$$检索工具选择误检率=\frac{检索工具集合可能或实际检索出的“课题不相关文献”数量}{检索工具集中检索出的文献总量} \tag{1-17}$$

有了针对检索工具和检索式检索效果以及检索工具选择的评价指标后，就可以制定检索策略了。如前所述，检索策略的制定要经历以下过程：分析检索需求、选择检索工具、确定检索标识、构造检索式、实施检索操作、根据需要调整检索策略。由于每一步的确定都与检索效果密切相关，因此应该事先明确用于评价本次检索的关键指标。以下逐步解释面向文献需要(检索课题或课题)的检索策略制定步骤。

第一步，分析课题，明确所需要文献的内容及类型等范围，确定检索需求，明确检索效果评价的关键指标。

检索需求进一步明确了评价检索结果文献集合的主要特征、检索结果处理及报告方式、时间及经费限制等。其中，检索效果评价的关键指标一般有三种情况：高查全率、高查准率、查全率和查准率兼顾。

翻转案例 1.5　理解文献需要与检索需求之间的不同

(1) 检索中图分类号为 TP393.2 的中文图书，检索化学物质登记号为 7439-98-7 的物质的外文文献。请分析该两个课题的检索需求。

(2) 查找与花生食物用油提炼有关的文献；查找日本和服面料图案设计的文献；

查找与天然维生素E制备技术及工艺有关的文献，并将有关文献导出到EndNote中。请分析这三个课题的检索需求。

第二步，分析检索需求，选择检索工具。

由于检索工具在开发阶段确定采集线索的范围时依据的是其目标用户的需求，各检索工具收录的文献范围必然存在交叉、不重合、各有侧重的现象。因此，在选择检索工具时，应根据检索需求来做决策。通常应着重选择学科或领域特色文献的检索工具，其他检索工具作为补充，综合型检索工具作为缺少针对性特色检索工具情况下的首选。

检索结果处理以及报告方式的不同也影响了检索工具的选择，有的课题需要对检索到的文献进行二次加工，应优先选择提供结果导出功能的检索工具，并在同类检索工具中优中选优。

在选择检索工具时，要想做到熟练自如，首先得了解尽可能多的检索工具收录的文献范围及加工或特色功能，做到心中有数。这部分内容请参见本教材的“常用文献检索工具概览”一节。其次平时也要多关注有关图情机构或领域专家推荐的检索工具，加强积累，以备不时之需。

例1.8　举例说明课题内容对检索工具选择结果的影响。

比如，针对课题“和服文化研究进展”，可以优先选择艺术与人文学科的特色检索工具。但是，如果课题名称为“日本和服面料的开发技术综述”，则需要优先选择工程材料学科的特色检索工具。若要求较高的查全率，则应进一步考察其他综合型检索工具。

翻转案例1.6　理解不同的检索课题需要的检索工具不同

(1) 检索中图分类号为TP393.2的中文图书，检索化学物质登记号为7439-98-7的物质的外文文献。请确定该两个检索课题应选择的检索工具。

(2) 查找与花生食物用油提炼有关的文献；查找日本和服面料图案设计的文献；查找与天然维生素E制备技术及工艺有关的文献，并将有关文献导出到EndNote中。请确定这三个检索课题应选择的检索工具。

第三步,分析课题,确定检索标识。

检索标识是决定采用哪种检索语言的重要依据,具体可以通过以下方法一一枚举:

(1) 是否有明确的分类语言检索标识?是否有明确的代码语言检索标识?

(2) 是否有多个明确的主题语言检索标识?是否必要使用词组检索?

(3) 哪些检索标识可能影响查全率?哪些检索标识对于提高查准率有帮助?

(4) 上述两步中提取的检索标识是否存在同义词、近义词?是否有必要引入上位概念、同位概念、下位概念作为检索标识?上位概念、同位概念、下位概念是否有同义词、近义词?

(5) 上述检索标识是否能用一个检索式表达?

翻转案例 1.7　理解检索标识的选择对检索效果的影响

(1) 利用图书馆的OPAC(在线书目检索系统)检索中图分类号为TP393.2的中文图书,利用SciFinder检索化学物质登记号为7439－98－7的物质的外文文献。请找出相应的分类语言检索标识和代码语言检索标识。

(2) 查找与花生食物用油提炼有关的文献,查找日本和服面料图案设计的文献,查找与天然维生素E制备技术及工艺有关的文献。请列举主题语言检索标识,并回答以下问题:是否必要使用词组检索?哪些检索标识可能影响查全率?哪些检索标识对于提高查准率有帮助?是否存在同义词、近义词?是否有必要引入上位概念、同位概念、下位概念作为检索标识?这些概念是否有同义词、近义词?

第四步,构造检索式。

这一步要明确以下问题:哪些检索标识可以组成同一个检索式?各个检索点的检索条件之间的布尔逻辑关系是什么?同一检索点的多个检索标识之间的布尔逻辑关系又是什么?逻辑关系的确定主要以不同逻辑关系对检索效果的影响为依据,可以参考已介绍的检索式的检索效果评价相关知识。

这里再次重申:

(1) 如果提交的检索提问不是"检索标识",即便在格式上符合检索工具预先定制的检索提问表达格式规范,检索工具也将在结果显示区显示"检索结果数量为0"。这是因为,检索语言不但规范了检索表达式的格式,还规范了用户所能使用的检索条件,检索条件中必须是检索工具事先定义好了并进行了索引的标识才可以被检索到。以主题语言为例,如果检索工具未建立多元词组的检索点,用户提交的词组检索式的查全率很可能变低,甚至出现检索结果数量为0。

(2) 检索工具能显示检索结果，并非表明所提交的检索提问正确反映了“初心”需要。常见的错误是使用了缺乏专指性的检索标识，虽然能检索到一些与课题相关的文献，但由于不是规范后的检索标识，查全率大大降低[①]；或者是错误使用了布尔逻辑“与”检索、布尔逻辑“或”检索，同样能检索到一些文献，但查全率或查准率与课题的检索需求差距甚远。

翻转案例1.8　理解检索式的编制过程

查找与花生食物用油提炼有关的文献，查找日本和服面料图案设计的文献，查找与天然维生素E制备技术及工艺有关的文献。哪些检索标识可以组成同一个检索式？各个检索点的检索条件之间的布尔逻辑关系是什么？同一检索点的多个检索标识之间的布尔逻辑关系又是什么？请写出符合中国知网中的“专业检索”界面规定格式的检索式。

第五步，实施检索式。

该步骤也称为试检索。需要注意的是，此处主要依据课题的分析识别检索标识。然而，现实情况是，尽管有些检索工具号称采用了概念检索、语义检索技术，但依然存在一些术语的多种表达并不能基于课题分析或检索工具自动发现的情况。因此，这一步的工作，一方面是为了检验所构造的检索式的正确性以及检索工具的性能；另一方面也是通过浏览检索结果，尤其通过对线索的研判，找到并阅读相应文献正文及其参考文献，发现需要补充的检索标识，以便决定是否需要进行调整。

翻转案例1.9　理解检索标准的动态性

查找与花生食物用油提炼有关的文献，查找日本和服面料图案设计的文献，查找与天然维生素E制备技术及工艺有关的文献。浏览翻转案例1.8中编写的检索式在所选择的检索工具中获得的检索结果文献，并说明浏览检索结果文献后，是否需要补充新的检索标识。

① 在手工检索工具中，这类词语一般会人为地拒绝标引为检索标识；但在多数计算机检索系统中，由于采用的自动标引程序未将该类词语作为停用词，因此这类词语便成为检索标识。

第六步,调整检索策略。

这一步是在对前面五个步骤执行结果评价的基础上进行的,根据需要决定是否对检索策略中某一个部分进行调整。

翻转案例1.10　理解检索策略的动态性

查找与花生食物用油提炼有关的文献,查找日本和服面料图案设计的文献,查找与天然维生素E制备技术及工艺有关的文献。对检索结果进行评价,并说明是否需要调整检索策略。

总结一下,检索需求是建立在充分分析课题对文献的需要的基础上的,检索工具的选用要根据其收录的文献类型、加工深度、获取成本、便利性综合评估等指标;在检索策略确定过程中进行试检索以及正式执行检索式后,常常需要对检索结果中的"来源线索"进行研判,以便进一步获取原始文献或全文。

1.1.6　常用检索工具概览

一般来说,文献检索工具根据加工的深度主要有目录型、文摘型、全文型三类。其中,目录型与文摘型检索工具主要提供进一步获取文献原文的线索,相应的原文可能是纸本、磁带、光盘、在线电子文献或数字化文献等,这类工具的提供者主要有商业型或者各级政府及企事业单位针对本单位收藏的文献编制而成的非商业型检索工具,而全文型检索工具可直接阅读文献的全文。一些检索工具收录了多种出版类型的文献(这类工具往往涉及多学科),一些检索工具则收录了单一出版类型的文献。下文将首先介绍我国国家级文献保障中心图书馆NSTL,然后逐一介绍高水平学术文献检索、文献或出版物评价工具,收录多种出版类型的检索工具,专利文献、标准文献检索工具,其他常用期刊、图书文献、学位论文、会议论文、报告、数据类、学习资源文献检索工具,以及文献管理工具和著名出版社检索工具。

1. NSTL

NSTL即国家科技图书文献中心(National Science and Technology Library,https://www.nstl.gov.cn/,网站首页见图1.12)。这是经国务院批准,于2000年6月12日组建的一个虚拟的科技文献信息服务机构,成员单位包括中国科学院国家科学图书馆、中国科学技术信息研究所、机械工业信息研究院、冶金工业信息标准研究院、中国化工信息中心、中国农业科学院农业信息研究所(图书馆)、中国医学科学院医学信息研究所(图书馆)、中国标准化研究院标准馆、中国计量科学研究院文献馆。NSTL 以构建国家科技文献信息资源战略保障体系为目标，力争建成数字时代的国家科技文献信息资源的战略保障基地，重点完善印本文献资源基础保障，大力加强数字资源建设，构建数字时代印本与电子资源并举的文献保障体系。收录的文献主要涉及以下学科：自然科学总论、数学物理化学力学、天文学、地球科学、生物科技、医学药学卫生、航空航天军事、农林牧渔、机械仪表工业、化工、能源、冶金矿业、电子学通信计算机自动化、土木、建筑、水利、交通运输、轻工业技术、材料科学、电工技术、一般工业技术、环境科学安全科学、图书馆学情报学、社会科学。文献出版类型包括期刊(西文、日文、俄文、中文)、会议文献(外文、中文)、学位论文(外文、中文)、科技报告(国外)、标准规程(国外、中国、计量检定规程)、专利(中国、美国、英国、法国、德国、瑞士、日本、欧洲、韩国、印度、以色列、俄罗斯、加拿大、世界知识产权组织)。

图 1.12　NSTL 网站首页

NSTL 的印本文献采取网上免费文摘检索，全文有偿服务的模式；电子文献全文则采取申请开通免费获取的服务模式，国内非营利机构向 NSTL 提交开通申请后，机构相应 IP 地址范围内的用户均可免费检索并阅读全文。

2. 高水平学术文献检索、文献或出版物评价工具

表 1.2 中列举了高水平学术文献检索、文献或出版物评价工具的名称、简称和简介。

表 1.2　高水平学术文献检索、文献或出版物评价工具

检索工具名称	简称	简　介
Web of Science	WOS	由美国著名的情报学家和科学计量学家尤金·加菲尔德创建，包含科学期刊引文索引 SCI、社会科学期刊引文索引 SSCI、人文与艺术期刊引文索引 A&HCI、会议文献引文索引 CPCI 四个高水平学术文献子库
Engineering Village	EI	世界上著名的报道有关工程技术方面的文摘性、综合性的检索工具，也是世界上鉴定、评价科研人员、工程技术人员学术成果的权威性工具
Essential Science Indicators	ESI	一种深度分析工具，通过对世界上 11000 种期刊的分析，提供近 10 年各学科的科学家、机构、国家和期刊的排名数据
Journal Citation Reports	JCR	重要的期刊评价工具，通过对世界上 7500 多种期刊引用数据的定量统计分析，帮助用户了解出版物的影响力。不能检索发表在相应期刊上的论文
Incites		基于 Web of Science 引文数据建立的综合性科研评估工具
中国社会科学引文索引	CSCI	中国社会科学评价中心创建的国内高水平期刊及论文索引数据库

翻转案例 1.11

请你分别操作上述工具，并谈谈你对学术影响力评价的看法。

3. 收录多种出版类型文献的检索工具

表 1.3 列举了收录多种出版类型文献的检索工具的名称、简称和文献出版类型。

表 1.3　收录多种出版类型文献的检索工具

检索工具名称	简　称	文 献 出 版 类 型
国家科技文献中心	NSTL	期刊、会议、学位论文、图书、科技报告、专利、标准
Web of Science 核心合集	WOS 核心合集	文摘，期刊、会议论文、图书

续　表

检索工具名称	简　称	文献出版类型
Web of Science 平台	WOS 平台	文摘，期刊、会议论文、图书
Engineering Village	EI	工程技术，文摘，期刊、会议、学位论文，图书、科技报告
Essential Science Indicators	ESI	全文，期刊论文
Journal Citation Reports	JCR	期刊统计数据
中国社会科学引文索引	CSCI	人文社科，全文，期刊及论文索引
中国知网	CNKI	全文，期刊、会议、学位论文，报纸、图书、成果、专利、标准、年鉴、词典、统计数据、指数、政府公报
万方数据		全文，期刊、会议、学位论文，成果、专利、标准、地方志、法律法规、视频
超星读秀		图书、期刊、报纸、学位论文、会议论文、专利、标准、视频
中华数字书苑		图书、统计数据、报告、报纸、博物馆图片
SciFinder		化学化工、生工、材料，文摘，期刊、会议、学位论文，图书、科技报告、专利
Scopus		文摘，期刊、会议、图书(丛书)、报告、数据、专利
超星百链		中外文图书、中外文期刊、中外文学位论文、会议论文、专利、标准、视频
EBSCO		期刊、报告、图书
IEEE		机电、信息，期刊、图书、标准
ASME		机械，期刊、会议、标准
ScienceDirect		期刊、会议、图书
SpringLink		期刊、会议、图书
谷歌学术搜索		中外文图书、中外文期刊、中外文学位论文、会议论文
百度学术搜索		中外文图书、中外文期刊、中外文学位论文、会议论文

4. 专利文献检索工具

表1.4列举了专利文献检索工具的名称、简称和简介。

表 1.4 专利文献检索工具

检索工具名称	简称	简　　介
国家科技文献中心数据库	NSTL	免费检索文摘
中国国家知识产权局	国知局	未改写,免费注册后检索文摘、下载原文,可检索海外专利、中国专利法律状态,可分析
SOOPAT		未改写,免费注册有限检索,缴费注册获得不同级别访问权限,可检索同族专利、中国专利法律状态,可分析
德温特专利引文索引	DII	改写,授权用户检索文摘、提高全文链接,可检索同族专利,无法律状态,可分析
万方数据专利检索		免费检索文摘、提供下载原文链接,可检索中国专利,可分析
中国知网专利检索		免费检索文摘、提供下载原文链接,可检索中国及海外专利,可分析
SciFinder 专利检索		改写,授权用户注册后检索文摘、提供全文链接,可检索同族专利,部分有法律状态,可分析
欧洲专利局专利数据库		未改写,免费检索文摘、下载原文,可检索同族专利、法律状态,可分析
各国或主要知识产权联盟的专利数据库		未改写,免费检索文摘,对应机构(如美国、日本、韩国、加拿大、英国、德国等)授权专利文献

翻转案例 1.12　理解专利文献检索工具的作用

如何选择合适的专利检索工具?还有没有其他的专利文献检索工具?

5. 标准文献检索工具

标准有强制标准和推荐标准两类,两类标准都随社会经济的发展不断更新,一些旧的标准被新的标准替代。从某种意义上讲,强制标准文献的内容就是法规,运用此类标准文献时一定要确认其有效性,以免造成损失。除 NSTL 提供标准或计量规程文摘检索外,万方数据、中国知网等数据库也提供标准文献检索。表 1.5 列举了常用标准文献检索工具的名称、简称和简介。

表 1.5　常用标准文献检索工具

检索工具名称	简称	简　　介
国家科技文献中心数据库	NSTL	标准或计量规程文摘检索，可全文传递
宇飞标准文献全文数据库	宇飞	中国的国家、行业、企业、地方等强制或推荐标准全文，授权用户可下载全文
中国知网标准数据总库		中国标准题录数据库(SCSD)、国外标准题录数据库(SOSD)、国家标准全文数据库和中国行业标准全文数据库。中国标准题录数据库(SCSD)收录了所有的中国国家标准(GB)、国家建设标准(GBJ)、中国行业标准的题录摘要数据。国外标准题录数据库(SOSD)收录了世界范围内重要标准，如：国际标准(ISO)、国际电工标准(IEC)、欧洲标准(EN)、德国标准(DIN)、英国标准(BS)、法国标准(NF)、日本工业标准(JIS)、美国标准(ANSI)、美国部分学协会标准(如ASTM、IEEE、UL、ASME)等标准的题录摘要数据。国家标准全文数据库收录了由中国标准出版社出版的，国家标准化管理委员会发布的所有国家标准，占国家标准总量的90%以上。中国行业标准全文数据库收录了现行、废止、被代替以及即将实施的行业标准，全部标准均获得权利人的合法授权。可免费检索，免费浏览题录、摘要和知网节，授权用户可下载全文
万方数据标准文献		包括中国标准、国际标准以及各国标准等在内的几十万条记录，综合了由国家技术监督局、建设部情报所、建材研究院等单位提供的相关行业的各类标准题录。可免费检索，授权用户可下载全文
IEEE		美国电气与电子工程师学会(IEEE)、英国工程技术学会(IET)和SMPTE出版的标准文献，授权用户可下载全文
中国国家标准化管理委员会		定期公布国家标准批准信息、行业标准备案和地区标准备案信息
中国标准服务网		由国家市场监督管理总局牵头，提供标准动态跟踪、标准文献检索、全文传递和在线咨询等功能
国际标准化组织网站		ISO信息发布与检索的官方网站，提供题录和文摘信息，获取全文需要订购
华东理工大学图书馆主页之标准网站导航		提供中文标准、美国标准、国际标准、其他标准网站的导航线索

翻转案例 1.13 理解标准文献检索工具的作用

请你谈谈面对这么多标准文献数据库,应该如何选择?还有没有其他的标准文献检索工具?

6. 其他常用期刊、图书文献检索工具

表 1.6 列举了其他常用期刊、图书文献检索工具的名称、简称和简介。

表 1.6 其他常用期刊、图书文献检索工具

检索工具名称	简称	简 介
维普中文期刊全文数据库	维普	期刊论文,文摘免费检索,授权用户可下载部分全文,可申请全文传递
龙源期刊		期刊论文,授权用户可下载全文
IEEE		期刊论文,授权用户可下载全文
书香中国电子图书		图书,授权用户可阅读全文
国家哲学社会科学学术期刊数据库	NSSD	期刊论文,免费下载全文
国家自然科学基金基础研究知识库		期刊论文,免费检索文摘
中国科技论文在线		期刊论文,免费检索文摘
各机构的馆藏图书在线的公共获取的检索系统	OPAC	在图书馆的网站上能找到,如:中国国家图书馆馆藏 OPAC、各省图书馆 OPAC、各学校图书馆 OPAC 等;没有 OPAC 系统的图书馆,一般有索引本提供检索,如:一些小型的图书馆、书店等提供的图书目录等
超星电子图书数据库		图书,一次下载永久阅读,或在线阅读
方正电子图书数据库		图书,在线借阅规定期限
SciencesDirect		期刊论文、图书,免费检索文摘,授权用户可下载全文
Wiley		期刊论文、图书,免费检索文摘,授权用户可下载全文
Emerald		期刊论文、图书,免费检索文摘,授权用户可下载全文

续　表

检索工具名称	简称	简　　介
Springerlink		期刊论文、图书，免费检索文摘，授权用户可下载全文
PubMed		临床、医学类学术期刊
RSC		化学类学术期刊
ACS		化学化工类学术期刊
ASP		物理类学术期刊
中国知网集成外文期刊检索		国外著名出版社外文期刊文摘检索
LexisNexis		法律法学期刊

翻转案例 1.14　理解不同中文检索工具的差异

请谈谈三个中文数据库收录的期刊有何不同。

翻转案例 1.15　理解电子图书的优点

请谈谈电子图书与纸本图书的异同。你更喜欢哪一种载体的图书？为什么？

翻转案例 1.16　理解文摘检索工具与全文检索工具的差异

请谈谈文摘检索数据库与全文检索数据库有何不同。

7. 其他常用学位论文检索工具

表 1.7 列举了其他常用学位论文检索工具的名称、简称和简介。

表 1.7　其他常用学位论文检索工具

检索工具名称	简称	简　　介
馆藏学位论文及学位论文数据库		几乎所有科研机构的档案室或图书馆都收藏有学位论文的印刷本,许多国家的科研机构建立了本校的学位论文数据库,一般可通过各高校或研究所的图书馆主页访问相关的数据库,但由于版权问题,一般只能访问文摘
ProQuset 学位论文检索平台	PQDT	欧美地区博硕士学位论文,授权用户可下载全文

翻转案例 1.17　理解学位论文检索工具的作用

请谈谈如何选择学位论文检索工具。

8. 其他常用会议论文检索工具

表 1.8 列举了其他常用会议论文检索工具的名称和简介。

表 1.8　其他常用会议论文检索工具

检索工具名称	简　　介
馆藏纸版会议论文文献	许多会议主办方会出版会议论文集,这些论文集有些是有正式的国际标准图书编号的,有不少图书馆会收藏此类会议论文集

翻转案例 1.18　理解会议文献检索工具的作用

请谈谈如何选择会议文献检索工具。

9. 其他报告、数据、学习资源类文献检索工具

表1.9列举了其他报告、数据、学习资源类文献检索工具的名称和简介。图1.13为中华数字书苑对外经贸数据库网页。

表1.9　其他报告、数据类、学习资源文献检索工具

检索工具名称	简　　介
World Competitiveness Online	提供国家在各个方面的竞争力数据，主要分为经济表现、政府效率、企业效率、基础设施四个部分
搜数网	各种有关中国和世界各国经济和社会统计数据表格的专业内容
中国统计数据应用支持系统（教育版）	包括两个部分：中国统计数据应用支持系统和中国统计年鉴服务系统。 （1）中国统计数据应用支持系统的数据来源于国家统计局，并且是唯一获得统计局书面授权的。它是由众多长期在国家统计局工作的经济统计专家根据指标的可比性而研究整合的数据库，其内容包含了宏观、区域、行业、企业、财经等各方面的数据。 （2）中国统计年鉴服务系统是一个庞大的系统反映各地区、各行业的统计信息资源库，各地区统计年鉴、普查年鉴、行业年鉴、专业年鉴等，内容涵盖了统计报表、报告文献、大事记等各类文献资源，行业涉及工业、建筑业、投资、科技等主要行业，地区覆盖了全国31个省（自治区、直辖市）及主要地级市和部分县级单位
RESSET金融研究数据库	数据内容包括股票、债券、基金、研究报告、融资融券、宏观统计、行业统计、金融统计、外汇、期货、黄金等，以及丰富的衍生指标
GPD全球产品样本数据库	数据内容包括企业信息、企业产品目录、产品一般性说明书、产品标准图片、产品技术资料、产品CAD设计图等。GPD覆盖的产品范围包括通用设备，专用设备，交通运输设备，电气机械和器材，通信设备、计算机及其他电子设备，仪器仪表及文化、办公用机械，材料与物资等七大类
CEIC中国经济数据库	中国宏观经济数据、地区经济数据、行业经济数据及专题数据
环球英语	音频/视频
新东方	音频/视频
软件通	涵盖范围广，根据不同层次人群的需求，把视频课程划分为初、中、高三个等级，对于学习者来说更加实用、直接，特别适合计算机等工科应用学科不同层次的教学要求。同时还通过“自学课程”的方式给初级使用者提供了引导式的辅助学习方法
知识视界	收录了一万多部科教片，分为生命科学、环境保护、电子信息工程、历史、军事等18个专业类别
爱迪科森《网上报告厅》	学术报告：理工系列、经管系列、党政系列、文史系列、医学系列、就业择业、法律视点、体育教学、营销系列、综合素质。 学术鉴赏：对话（中英文）、军事系列、旅游地理、探索发现、精品课件

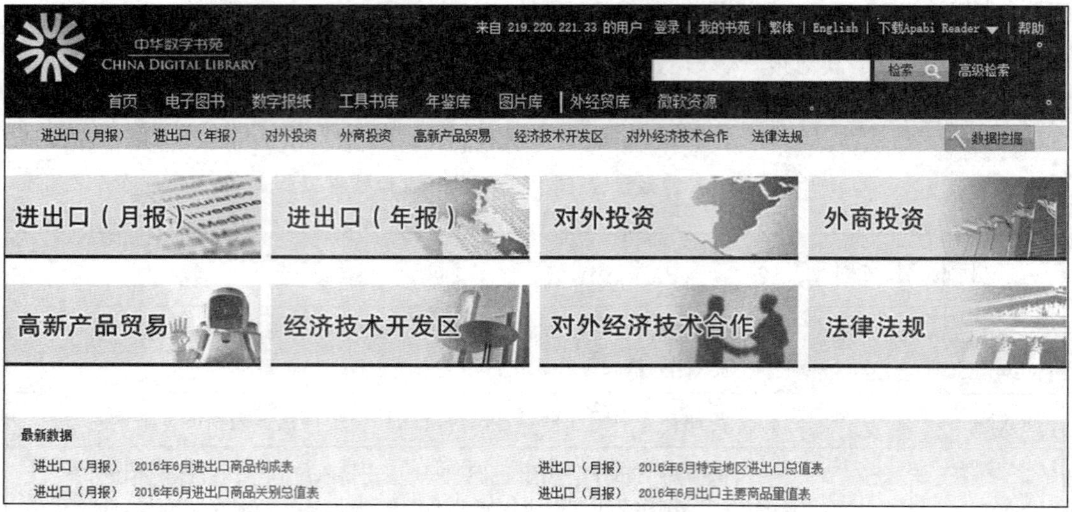

图 1.13 中华数字书苑对外经贸数据库网页

翻转案例 1.19 理解学术论文检索工具的差异

请设计一个课题,比较相关的期刊论文、会议论文及学位论文检索工具的异同。

翻转案例 1.20 理解标准与专利文献检索工具的差异

请设计一个课题,比较相关的标准文献及专利文献检索工具的异同。

翻转案例 1.21 理解科技报告与图书类检索工具的差异

请设计一个课题,比较相关的科技报告及图书检索工具的异同。

10. 文献管理工具类检索工具

撰写论文时，经常碰到这样的问题：不同的期刊要求不同的参考文献样式，为了这些参考文献，我们需要花很多的时间，如果有一个工具能够帮助我们自动完成参考文献的引用与格式的排版就方便了。基于这样的思路，个人文献管理工具应需而生。个人文献管理工具通过将不同来源的文献信息资料下载到本地或网络服务器，建立本地或网络数据库，可以方便地实现对文献信息的管理和使用。通过将不同来源的文献整合到一起，自动剔除重复的信息，从而避免重复阅读或统计来自不同数据库的相同文献。在撰写论文、报告或书稿时，这些工具可以非常方便地管理参考文献格式，还可以非常方便地做笔记，以及进行某一类课题相关文献的管理，因此也成为个人特有的文献检索工具。

比较常见的文献管理工具有EndNote、Reference Manager、Procite、Refworks、NoteExpress、文献之星、医学文献王、PowerRef、Zotero、知网研学(原E－Study)、Medley等，其中有些还增加了团队文献管理、学术社区等功能。

翻转案例1.22　理解文献管理工具的作用

请设计一个课题，比较上述个人文献管理工具的检索功能的异同。

11. 知名出版社检索工具

通过前面的介绍，我们已经对检索工具不陌生了。我们在学习、工作和研究过程中，会遇到各种各样的信息需求，这些需求往往是通过检索工具来解决。在学术信息检索中，大家通常优先选用综合型的检索工具，它们内容丰富、体量大、学术质量高、检索便捷，能提供准确的文献线索或原文链接，深受学者青睐。但是，无论这些检索工具有多大的规模，都无法囊括全球数以万计出版者的出版内容。

事实上，检索工具大多是针对特定的文献类型和学科类别，选择性地收录各家出版社的文献。对出版社而言，也只有部分内容会被整合进此类检索工具里。要想较全面地了解一家出版社的所有出版内容，还是要用到出版社自建的检索工具。

出版社自建的检索工具，一般收录了其出版的所有内容，并提供个性化的检索功能和特色服务。而且，除了揭示文献的标题、来源、摘要外，还提供原始文献。它既是对整合型检索工具的补充，又是内容丰富、功能独立的优秀检索工具。接下来介绍几个有代表性的、知名出版社的检索工具，加深对它们的认识。

1) Springer Nature——Springer Link

Springer Nature(施普林格·自然)出版集团是目前全球最大的学术书籍出版公司，

出版全球具有广泛影响力的期刊,也是开放研究领域的先行者。它于 2015 年由 Nature 出版集团和 Springer 科学与商业媒体合并而成。

其在线学术资源平台 Springer link,整合了原 Springer 的出版资源和原 Palgrave 的电子书,提供超过 1900 种同行评议的学术期刊以及不断扩展的电子参考工具书、电子图书、实验室指南和在线回溯数据库等。

它的主要产品有以下几种:

Springer SLCC 期刊数据库。可访问的期刊资源有 1700 多种,60%以上被 ISI 收录,涉及生物医学、科学工程和人文社科领域的多个学科。

Nature 电子期刊库。收录 39 种 Nature 品牌的高影响力的科学研究期刊,平均影响因子高达 22.988。

Springer Nature 电子图书。Springer Nature 出版的电子书包括参考书、系列图书、教科书、专著等多种类型。Springer Link 平台按学科分类组织图书,在人文社科、科学技术和医学大类下,各设有 10 个学科子类。目前,可在线访问的电子书可追溯到 19 世纪 40 年代。这些图书包括来自 30 多位诺贝尔奖得主在内的世界顶级学者的著作。

除了学术书籍和期刊外,Springer Nature 还提供专业数据库,如 Springer Protocols 是全球最大、最全的线上实验室指南,Springer Materials 是目前最大的材料物理化学和工程科学领域的高质量数值型数据库。

2) Elsevier——ScienceDirect

荷兰 Elsevier(爱思唯尔)出版集团是全球最大的科技与医学文献出版发行商之一,已有 180 多年的历史。ScienceDirect 是 Elsevier 出版社的全文数据库平台,收录了 Elsevier 出版的科技医学(STM)领域的 3800 多种同行评议期刊,内容涉及物理学与工程、生命科学、健康科学、社会科学与人文科学四大领域,分属 24 个子学科。它拥有一批高影响力的期刊,如《柳叶刀》《细胞》《四面体》等,还收录一定数量的各学科权威书籍。目前 ScienceDirect 的出版物来自 Elsevier 出版社和其他合作伙伴,最早可回溯至 1823 年。

值得一提的是,ScienceDirect 整合了投稿系统 Elsevier Editorial System(EES)。EES 是一个集在线投稿、评审和编辑功能于一体的电子平台,作者可在期刊页面点击 Submit Your Article 进入该期刊的 EES 主页,在线投稿并追踪稿件状态。

3) Emerald

Emerald 于 1967 年由来自世界百强商学院之一的布拉德福商学院(Bradford University Management Center)的学者建立。出版管理学、图书馆学、工程学等专业领域的期刊 300 多种,其中超过三分之一的期刊被 ISI 收录。Emerald 是管理学领域出版期刊数量最多的出版社,其出版的各个管理学领域的期刊有 279 种,在该学科领域内处于领先水平。此外,Emerald 还收录了近 3000 册图书、1700 多卷电子系列丛书,以及 500 多个新兴市场案例集。

4) IEEE/IET——IEL

IEL(IEEE/IET Electronic Library)是 IEEE 旗下最完整、最有价值的在线数字资源平台,从 IEL 可以获取 IEEE、IET 及 VDE 三个机构的出版内容。

IEEE 的中文名称是电气与电子工程师协会(Institute of Electrical and Electronic Engineers),是全球最大的非营利性专业技术学会,其会员人数超过 42 万人,遍布 160 多个国家。IET 是英国工程和技术学会(The Institution of Engineering and Technology),拥有全球超过 16 万会员,是欧洲规模最大、全球规模第二的专业工程学会。

目前,IEL 收录了 195 种期刊及过刊,每年新增 1800 多种会议录、6200 多篇技术标准、2400 多本电子书、425 门教育课程等。内容覆盖了电气电子、航空航天、计算机、通信工程、生物医学工程、机器人自动化、半导体、纳米技术、电力等技术领域。

以上介绍了四家国际著名的出版社,其中,Springer Nature 和 Elsevier 是目前实力最强的综合性的学术出版社,Emerald 以管理学、图书馆学和工程学文献的出版著称,IEEE/IET 以电子电气等领域的科技前沿的期刊、会议录及标准著称。

可见,出版社检索工具皆有其独特的资源,那么,我们该如何了解与自己专业相关的出版社自建检索工具呢?

我们可以从以下三个维度去考察出版社及其检索工具:(1) 收录文献的学科与时空范围;(2) 收录文献的出版类型;(3) 检索工具的特色功能。这样,就能对出版社自建检索工具的内容和功能特点有大致了解了。

那么,通过什么途径去了解这些内容呢? 我们建议分以下两个步骤进行:

第一步,通过本校或国内外著名高校图书馆的数据库导航,初步了解检索工具基本情况,判断收录文献的学科范围与专业的相关程度。如清华大学图书馆数据库导航系统,收录的数据库较多,导航清晰,数据库介绍也较为详尽,可用来初步了解检索工具。

第二步,直接进入检索工具平台页面,通过学科或主题导航(Browse by Subject),浏览来源出版物列表,详细了解检索工具的内容特点。

例如,社会学院的同学希望了解社会学(Sociology)方面的检索工具有哪些。通过浏览清华大学图书馆数据库导航系统,发现除了整合型的检索工具和专业学协会的检索工具以外,不少出版社还自建检索工具收录了社会学的文献。例如: John Wiley 出版公司旗下的 Wiley Online Library 收录了 400 多种社会学学科的出版物,包括期刊、图书、参考工具书;Elsevier 出版社的 ScienceDirect,收录了社会学和政治学(Sociology and Political Science)学科的 125 种出版物,包含图书、期刊、参考工具书等;Cambridge 出版社的 Cambridge Journals Online 收录了社会学学科的期刊 11 种,图书 1821 本;SAGE 出版的 SAGE Journals Online 收录了社会学学科的期刊 119 种;Taylor & Francis 出版社检索平台,收录了社会学学科的 10823 本电子图书,收录了社会科学(Social Science)学科的期刊 269 种。

以上列举了部分出版社检索工具中社会学文献的出版情况,我们可以通过更大范围的调研,全面掌握社会学文献资源的分布情况。在调研结束后,可形成一个文献资源调研表,简洁、直观地列出与专业有关的检索工具的内容与特点。

总之,较多综合型检索工具收录范围广、学科覆盖面大,是查找文献线索的利器,部分检索工具提供原文链接,但本身不提供原文。另外,它们对各出版社文献的收录是有选择性的,不能涵盖所有出版物。出版社检索工具能全面揭示所出版的原始文献,一般还开放题录、文摘索引的免费检索。总的来说,出版社检索工具因其信息丰富、检索功能全面、学科特色强,在信息检索中不可偏废。一般从三个维度考察检索工具,通过两个步骤收集检索工具中的专业出版物。

练习 1.5

请阅读上述检索工具的使用说明书或帮助文件,列举一两个你以前未了解的知识。

1.2 常见文献来源线索的研判

前文已经介绍了文献的各种分类角度和几种常见文献类型,本节重点介绍其中几种文献的特征以及常见文献线索研判技巧。

1.2.1 图书

图书大多是由著者对已发表的科学技术成果、生产技术知识和经验选择、鉴别、核对、组织而成的,由多个章节组成。

图书的主要类型包括专著(Monograph)、丛书(Series of Monographs)、教科书(Textbook)、词典(Dictionary)、手册(Handbook)、百科全书(Encyclopedia)等。

图书论述比较系统全面,但出版周期较长,知识的新颖性不够。

一本图书在检索工具中的检索标识一般有以下几类:作者、主题、分类、出版者、出版年、索取号、ISBN 号等,是表明一本图书是正式出版物的唯一标志。一本正式出版的图书的文献线索常有作者、书名[M]、出版者(也称来源名称)、出版日期,有些文献线索中有 ISBN。

例 1.9 举例说明正式出版的图书文献线索。

吉久明,孙济庆.文献检索与知识发现指南[M].3 版.上海:华东理工大学出版社,2018.(ISBN 号:978-7-5628-5560-6)

吉久明,李楠.知识发现:科技文献内容挖掘技术研究[M].上海:上海科学技术文献出版社,2017.(ISBN 号:978-7-5439-7433-3)

1.2.2 期刊

期刊又称杂志(Journal/Magazine)。与图书相比,期刊出版周期略短,报道文献速度相较于图书快些,内容新颖,发行及影响面广,能及时反映科学技术中新成果、新水平、新动向。

正式出版的期刊必须有刊号、刊名(也称来源名称)、主办单位、主编等信息。

刊号包括国内统一刊号(CN)和国际标准连续出版物编号(ISSN),一些期刊既有CN,又有ISSN。一本期刊在检索工具中的检索标识一般有刊名、ISSN、CN。

例 1.10 举例说明正式出版的期刊 ISSN、CN。

《现代情报》: ISSN 1008-0821;CN 22-1182。

《化工学报》: ISSN 0438-1157;CN 11-1946/TQ。

一篇正式发表在期刊上的文献,通常有以下类别的检索标识: 作者、主题、刊名(也称来源名称)等。

一篇正式发表在期刊上的文献的文献线索中通常包含作者、题目[J]、刊名、年、卷、期、页码,有的期刊文献线索中还有数字对象唯一标识符——DOI(Digital Object Unique Identifier)号。

例 1.11 举例说明正式出版的期刊文献线索。

李佳茜,吉久明,李楠,等.阅读影响下大学生学科知识结构自我完善意识和能力[J].图书情报工作,2018,62(7): 54-65.DOI: 10.13266/j.issn.0252-3116.2018.07.007.

王鑫,吉久明,李楠,等.基于词向量的化学领域知识发现初步研究[J].图书馆杂志,2018,37(11): 90-98.DOI: 10.13663/j.cnki.lj.2018.11.013.

1.2.3 学位论文

学位论文(Dissertation)是高等学校、科研机构的研究生为获得学位,在进行科学研究后撰写的学术论文。学位论文的选题都是各学科的重要课题,是一种重要的文献来源。

学位论文可分为学士学位论文、硕士学位论文、博士学位论文。

学位论文在检索工具中的检索点一般包括作者、主题、学位名称、研究方向、分类号、导师、学位授予单位及年份。

一篇学位论文文献线索通常包含作者、题目[D]、学位授予单位(也称来源名称)及年份。

例 1.12　举例说明中文学位论文文献线索。

吕冰.我国医学文献检索教学管理存在的问题及对策[D].沈阳：东北大学,2010.

为了更好地传播学位论文的学术成果,国外一些出版机构开发了学位论文文摘报道类期刊。因此,有时,学位论文文献线索中除了作者、题目、授予单位外,还会有学位论文文摘出版物的名称,这类期刊名称中常有 Dissertation 或 Diss。

例 1.13　举例说明英文学位论文文献线索。

Food products containing β - glucans and ω - 3 fatty acids By：Martinsen，Bo Source：137 pp.，Dissertation，2008 Organization：Ohio State Univ.，Columbus，OH，USAPublisher：From Diss. Abstr. Int.，B 2009.

1.2.4　专利

专利(Patent)是指一个国家授予创造发明人在一定时间内对指定发明创造的独占实施权,包括专利产品的生产、使用和销售。

专利文献主要是指专利说明书,已成为情报的一个重要来源。

每个国家都有自己的专利号码体系。

国际上还有一个通用的专利分类号码,即 IPC,欧洲专利分类号码为 CPC(Coperation Patent Classification)。

一篇专利文献在检索工具中一般有以下检索标识：申请人、发明人、主题、代理人、代理机构、申请日期、申请号、优先权号、公开公告号、分类号等。

一篇专利文献线索一般包含申请人或发明人、专利名称[P]、专利号、公开日期。

例 1.14　举例说明专利文献线索。

苏醒垚.带检索结果推荐图形用户界面的显示屏幕面板：CN306328833S[P]. 2021 - 02 - 12.

Charles K M，Frerking J R，Jackson RT. System and method for an index search engine：US11194804[P]. 2021 - 12 - 07.

1.2.5　学术会议论文

学术会议论文是指国际学术会议和各国国内重要学术会议上发表的论文和报告,是了解国际及各国的科技水平、动态及发展趋势的重要情报来源。

会议(Conference/Meeting)分为国际会议、全国会议、地区性会议三种。

会议录(Proceeding)专指报道会议成果的一类文献,也称会议论文集,内含用于会议交流的多篇独立撰写的论文。

一篇学术会议论文在检索工具中一般有以下检索标识:作者、主题、会议文献集名称、会议名称、地点、日期。

一篇学术会议论文文献线索一般包括作者、题名[C]、会议文献集名称、会议名称、地点、日期。

例 1.15　举例说明正式出版的学术会议论文文献线索。

Wu S W, Dong Y M, Yu K X, et al. Fuel engine injector control based on multiple search approach[C]//Proceedings of 2020 19th International Symposium on Distributed Computing and Applications for Business Engineering and Science(DCABES 2020). [出版者不详],2020: 106 - 109.DOI: 10.26914/c.cnkihy. 2020.022541.

宋烁,李锐.搜索引擎数据对期货市场预测力的研究[C]//Proceedings of 2019 7th ICASS International Conference on Education Innovation, Sport Science and Health(EISSH 2019)(Education Innovation,Sport Science and Health, VOL.136). [出版者不详],2019: 536 - 541.DOI: 10.26914/c.cnkihy.2019.094563.

1.2.6　标准

标准(Standard/Guide)是一种规范性的技术文件,它是在生产或科学研究活动中对产品、工程或其他技术项目的质量品种、检验方法及技术要求所做的统一规定。

每一种技术标准都有统一的代号和编号,独自构成一个体系。技术标准是生产技术活动中经常利用的一种情报信息源。

按使用范围,标准可分为国际标准、区域性标准、国家标准、行业标准和企业标准等五大类型。

一篇标准文献在检索工具中的检索标识为标准号、主题、分类号、起草人、发布单位、出版单位、发布日期、实施日期、状态(现行、废止、即将实施、转行标、被代替)。

一篇标准文献线索一般包括名称、标准号[S]。

例 1.16　举例说明标准文献线索。

小型面粉加工成套设备试验方法: JB/T 8838.2 - 1999[S].

1.2.7 科技报告

科技报告(Report)主要用于记录某一科研项目调查、实验、研究的成果或进展情况,用于仿制或研究改进技术、了解专利技术、开展合作等,作为研发的情报源。

一份科技报告文献在检索工具中的检索标识为完成人、主题、机构名称、日期等。

一份科技报告文献的线索通常含有成果完成人、项目名称[R]、机构名称、日期等。

例 1.17 举例说明科技报告文献线索。

冯玮.多媒体档案信息管理系统[R].上海:华东理工大学,2002-10-01.

1.2.8 产品技术资料

产品技术资料一般向厂商索取,有些行业协会或企业情报室也会有馆藏,包括产品目录、产品样本、产品说明书等。

产品样本(Product Specimen)是展示产品技术指标、含量、图片或视频的文件或实物。产品样本可以用于了解产品结构、性能指标,为进一步采购利用做参考。

产品技术资料可以用于仿制或研究改进技术、了解专利技术、开展合作等,作为研发的情报源。

一份产品技术资料文献在检索工具中的检索标识为主题、公司名称、日期等。

一份产品技术资料文献的线索通常含有产品名称、公司名称、日期等。

例 1.18 举例说明产品样本文献线索。

Integrated circuits Book IC11 - Linear Products, 1988, Philips Data handbook of Philips Electronic Components and Materials Division, p.3-131.

1.2.9 常见文献线索研判技巧

文献线索(也称文献题录)通常有两种类型:一是解释型,这是多数计算机检索工具检索结果显示格式,自带元数据提示,方便直观;二是紧凑型,这是单篇文献的参考文献的常用样式,晦涩难辨,通常需要依赖读者的素养才能分辨。有的作者在使用紧凑型格式时遵循了公认的标准或规范,读者参照规范就可以分辨。但有些作者在使用紧凑型格式时自由发挥,这也给读者的研判增加了难度,通常依赖读者所积累的丰富的文献著录信息经验才能正确分辨。

所幸，文献线索是用于查找原文的，因此，不管是哪种类型，都必须包含一些基本的线索特征项。由于解释型文献线索十分直观，容易分辨，这里不赘述。判别紧凑型文献线索的策略性知识如下：

(1) 图书，Monograph，[M]，通常在来源项中有编者、Editor、Edit.、Publisher 等，可能有 ISBN。

(2) 期刊，Journal，[J]，在来源项中可能有 Journal，通常有年、卷、期、页码，可能有 ISSN。

(3) 学术会议论文或论文集，[C]，通常在来源中包含 Proceedings、Confrence、Meeting。

(4) 学位论文，Dissertation，[D]，来源项中可能有 Dissertation 或 Diss.，通常包含机构名、年份。

(5) 专利，Patent，[P]，来源项中可能有 Appl.、PCT、专利、ZL、专利号。

(6) 标准，Standard，[S]，来源项中必须有标准号。

(7) 科技报告，Report，[R]，来源项中通常包含机构名、日期。

(8) 产品技术资料，来源项中通常有公司名和 Catalog、Guide book、Master of、Databook of 等。

鉴于图书、期刊、专利、标准文献都有号码，补充区分不同号码的策略性知识如下：

(1) 图书，ISBN 号：978-7-5628-5560-6。有四根短横线"-"连接，第 2 个和第 5 个数字都只有 1 位。

(2) 图书，中图分类号：G252.7。大写的英文字母开头，可以有小圆点或短横线，也可以没有。索取号：G252.7/4026(3)。有一条斜线"/"，斜线左边为分类号，斜线右边为位次号。

(3) 期刊，ISSN：0438-1157。有一根短横线"-"连接，短横线左右两边都是 4 位数字。

(4) 期刊，CN：11-1946/TQ。有一条斜线"/"，斜线左边是一个短横线"-"连接的两个数，斜线右边是中图分类号的字母。

(5) 专利，专利号：US11194804。两个大写的英文字母开头，表示国别代码，最后一位可能是字母或数字。

(6) 专利，国际专利分类号：A42B3/04。有一条斜线"/"，斜线左边以 A～H 之一的英文大写字母开始，并由 1 个大写字母将两个数分开，斜线右边为两个数字。

(7) 标准，标准号：JB/T 8838.2—1999。一般以英文大写字母开头，并在最后有四位数字表示年份，与其他字符用空格或短横分开。

(8) 化学物质的 CA 登记号：1585-07-5。由两根短横线"-"连接了 3 个数。

还有以下容易混淆的情形，可以优先通过各文献类型自身的固有特征来确定文献类型的策略性知识如下：

(1) 有的学位论文、专利文献线索中除了有 Dissertation、Diss.或者专利号以外，也会有其他的摘要或者专利公报文献，这些文献是连续出版的，但不能确定为期刊。

(2) 有的会议论文集也有 ISBN 号,是以图书形式出版的,但不能确定为图书。

(3) 标准号与专利号的差别十分明显,不应该出现判读失误。

各知识产权局都会定期发布专利公报,专利公报也是一种文献来源,引用该类文献来源的参考文献,通常会将专利公报视为文献来源,专利公报名称中,一般有 Patent、Pat.、PCT Int. Appl、特许或者 Zhuanli Shenqing 等。

例 1.19 举例说明专利公报文献线索。

[1] Synergistic antimicrobial agents. ByStockel, Richard F.; Sawyer, Anthony J.From PCT Int. Appl. (2013), WO 2013169231 A1 20131114. Language: English.

[2] Traditional Chinese medicine composition for treating mammitis in dairy cattle Full Text By Zhang, Yadong; Zhang, Libo From Faming Zhuanli Shenqing (2011), CN 102188581 A 20110921.

显然,在专利公报文献线索中,专利号码信息很特别,如例 1.19 中的 WO 2013169231 A1 20131114 以及 CN 102188581 A 20110921,其不但有专利的公开号,还有专利所处的状态以及专利公开的日期。

(4) 标准号与 ISSN 号的差别也十分明显,也不应该出现判读失误。标准号除了数字外,通常还有其他表明标准发布机构或者标准适用范围的英文字母,而 ISSN 号则由 8 个数字以及一根短横线“-”组成。

1.3 文献需求动因

1.3.1 学生的文献、信息、知识需要

作为大学生,大家都十分希望在平安度过大学生活的同时,真正实现专业提升,点亮人生。那么大家一定思考过以下这些问题:大学生将以什么样的姿态完成自己的课业?在校期间重点攻克哪些研究方向,参加哪些竞赛?选择哪个学校、主攻哪个方向完成研究生学业?学术论文在哪里发表?以上这些问题,都必须依赖文献检索才能解决。此外,当遭遇心理问题的时候,可以求助他人,也可以通过阅读书籍自助(这是目前应用比较广泛的“阅读疗法”)。无论是找人还是找书,实际上都离不开文献检索。

在此,我们可以通过了解各种学术论文的相关知识,来体会撰写学术论文的过程中需要用到的文献检索知识。

首先看学位论文,学位论文是作者为获得某种学位而撰写的研究报告或科学论文,一

般分为学士论文、硕士论文、博士论文三个级别。其中尤以博士论文质量最高，是具有一定独创性的科学研究著作，是收集和利用的重点。学位论文代表不同的学识水平，是重要的文献情报源之一。它一般不在刊物上公开发表，只能通过学位授予单位、指定收藏单位和私人途径获得。

我国于1979年恢复学位制度。国家图书馆、中国科技情报所和中国社会科学院文献情报中心是指定的博士论文收藏单位。各学位单位的档案馆、图书馆保管本单位的学位论文。查找国外学位论文的检索工具有 ProQuest PQDT，这是由美国大学缩微品公司(University Micro-films Incorporation)开发的，收录美国、加拿大、英国、法国、比利时、澳大利亚等国的450余所大学的学位论文文摘和其他各国著名大学的学位论文目录，分A(人文与社会科学)、B(科学和工程)、C(欧洲学位论文文摘)3辑出版。

随着时代的发展，尤其是在一些发达国家的硕士研究生不需要撰写学位论文的形势下，有不少大学生怀疑毕业论文的意义和必要性。因此，大学生了解学位论文的意义就显得十分必要了。事实上，当大学生完成了学位论文，就意味着其基本具备了提问题、创新性解决问题、表达及思辨的能力，这是大学生提出自己的学术见解或者进行发明创造的起点，也是我国培养创新型大学生人才的主要目标。学位论文一直是我国学位制度的要求。

其次，除了学位论文外，还有两类相对正式的学术论文：期刊论文、会议论文。但这两类论文与学位论文对大学生的学术发展所起的作用不尽相同，后者是专门用于获得学位的。期刊论文由于受版面容量的限制，一般对质量有较高的要求，且发表周期较长，代表了学术实力。正因为这样，很多单位进行职称评审的时候，要求有一定数量的发表在高水平期刊上的学术论文。会议论文是基于召集学术界同行进行的面对面的交流活动，能迅速扩散自己的学术观点或思想，因此有助于提升学术声望。

那么，如何在高水平的期刊上发表学术论文呢？

大学生要了解哪些期刊是优秀的学术期刊。这其实是一个很难的过程，除非读遍了所有期刊上的论文。即便如此，也可能因为知识背景和学识的缘故而做出错误的判断。

前美国科技信息公司的尤金·加菲尔德博士发明了期刊影响因子，用以辅助判断期刊的学术影响力。有了每本期刊的影响因子，就能选出一些优秀期刊了，从而可以选择一种符合自身研究方向的优秀期刊来发表论文。

决定论文能否被期刊录用的因素，除了期刊的编辑外，还有同行专家的评审。如何才能与编辑进行有效的对话呢？首先，应大量阅读那些已经发表在该刊上的论文，熟悉写作风格、研究问题的类型和研究的创新水平。其次，写作的时候，还应采取与同行评审专家对话、与未来的读者对话的思维视角。前者要求正确地阐述学术创新观点，后者要求具备很好的表达能力。一旦能够自如地和期刊的编辑、同行评审专家以及论文的读者交流(学术论文、著作、书信、邮件和其他社交媒体都是交流的途径或工具)，你基本可以称得上是一个领域的学术专家了。

1.3.2 职业场所中的文献、知识和信息需要

一个职场新人进入一家公司,如果想提前了解领导、同事、团队,还有自身的任务、客户或服务对象,就需要动用文献检索技巧了。当你转正后,面临的技术难题明明已经有论文解决了,你却不知道如何找到,如果不想找别人帮忙,自己又无法解决,则非常容易陷入困境。

还有,如果你想换个工作,得搞清楚以下问题:能跳槽到哪里?能做什么工作?能胜任吗?如果不够自信,是否有人能帮你顺利跳槽呢?是否有笔试或面试的秘籍呢?这些问题的解决,其实也都是需要文献检索技巧的。

进一步地,我们以两个例子来说明,掌握文献检索的人是如何成为职场情商高手的。

翻转案例 1.23 理解药物副作用的检索策略

有一天,你看到你的同事紧锁眉头。一问才知道,他的家人生病了,正在愁去哪个医院、找哪个医生,并且担心医生会不会如实告诉他药物的副作用。请你帮他设计相应的检索策略。

翻转案例 1.24 理解填报志愿检索策略

同事因要手动整理表格中的数据而发愁,并且他不知道如何帮助孩子填高考志愿。请你帮他设计相应的检索策略。

当然,职场中的你,除了帮同事解决问题外,还需要让老板看到过人的真本事。

翻转例 1.25 理解竞争情报的检索策略

你能不能帮老板把当前的竞争对手/技术分析透彻,还能预见潜在的竞争对手?能不能把当前的市场分析透彻后,还能发现潜在的市场?能不能对当前的客户画像如数家珍?能不能提示老板,还有哪些潜在的对象会成为公司的客户?你们公司要发展,是不是要寻找合作伙伴?新招的人才是不是真正的人才?在这些问题中,解决哪些问题是你的强项呢?

1.3.3　国家公民的知识需要

谁都知道“国家安全，你才安全；你守法，才有国家的安全”这句话是真理。但现实中，确确实实有许多违法犯罪的人存在，也有很多人由于不懂法，成为受害对象。这是什么原因呢？原因之一是犯罪分子没有认真阅读各项法律，即便是阅读了，也没有认真领会，没有读到脑子里去；而部分受害者，不了解法律，不了解各种犯罪手段或伎俩，因而未加以防范。这方面，有以下两个典型的案件。

案件一：2012 年，浙江某重点大学的毕业生宋飞（化名）为找工作，在一招聘网站上投递了自己的简历。

邮件发送后很快就收到了回信：“宋先生您好，我是我们公司的市场调研专员李华，我们对您的简历表示非常满意，我们也非常欣赏您的能力，希望您能来我们公司就职，主要工作内容包括：搜集中央政府部门的政策研究资料和撰写调研报告，您绝对有能力胜任！报酬视报告质量而定，2000 到 50000 元不等！我们期待您的到来！”于是，宋飞开始搜集资料。通过校图书馆、论文期刊数据库、校内学术讲座等渠道，宋飞在此期间向对方提交了多份研究报告。

后来，宋飞着手报考公务员，刚报好名又收到了邮件：“小宋，我们很高兴看到你在向前奋斗的路上越走越远，但是我们并不建议你报考底层公务员，这对我们公司获取信息并无帮助，希望你可以将报考志愿改为省级机关和研究部门。为让你全心备考，我们将暂时停掉‘调研课题’工作，并提供给你每月 3000 元的生活补助，加油！”正在宋飞准备报考涉密岗位公务员时，他被国家安全机关逮捕。案发后宋飞承认，李华“放长线钓大鱼”，将来会要求他提供更多的内部信息。

案件二：一名赴海外短期交流的学生被间谍威逼利诱策反。该生返回国内后，与国内涉密部门人员“交友”，索取涉密刊物，拍照后传给与其联系的间谍。后来，该间谍被派驻东南亚，该学生还多次赴境外交递资料。事发后，该学生被国家安全机关依法审查并逮捕。

上述案件充分表明，国家的安全与每一个公民有关，危害国家安全的行为在令人不齿的同时也更应该引起我们的警惕！大学生必须时刻遵守《中华人民共和国国家情报法》《中华人民共和国保守国家秘密法》《中华人民共和国数据安全法》等重要的法律条文的规定。具体的法律条文可通过文献检索获得。

“一流企业做标准，二流企业做品牌，三流企业做产品”，标准制定能力也已经成为衡量一个区域企业竞争力的重要指标。当前，科技创新强国的首要任务，就是突破国内基础科学、工程、制造领域的关键自主技术，参与国际标准的制定。在标准国际化工作方面有很多推动政策。据报道，国家标准化管理委员会已经在杭州高新区（滨江）开展“国家高新技术产业标准化示范区”试点工作。

显然，一个没有文献检索能力的人，是很难成为强国的栋梁的。因为，我们每走一步，都必须检索大量的文献，站在前人的肩膀上，才能远眺，才能登上前沿高地。

1.3.4 家庭成员的知识需要

我们常说“家家都有本难念的经”,这句话用来形容家庭遭遇着内部的矛盾和形形色色的大小困境。另外,我们也常听到别人说“我没有文化,我不懂”。言外之意,有文化的人就应该懂很多,应该更明事理,而明事理的人通常都能有和睦的人际关系,也往往能拥有很好的职业或事业的发展机遇。这里的“文化”其实就是知识,而文献正是记录信息和知识的载体。因此,家庭矛盾也可以用文献检索的方法来解决。

有些非常简单的知识,不一定需要非常复杂的文献检索的过程,只需要虚心吸收有效的知识并加以落实即可。比如,有些年轻人经常熬夜。虽然大多数年轻人都知道熬夜对身体不好,但一些年轻人觉得,身体不好是件无所谓的事。解决这个问题的知识很简单,但却是很多熬夜的年轻人所缺失的,即“家庭中任何成员的身体不好,最终都是全家人共同承担的后果”。

又如,涉及旅游景点时,就需要征求家庭中其他成员的意见了。这个时候,各种与旅游景点有关的网站、同事、朋友都是你的检索工具,你家人的知识积累也是你的检索工具。还有,如果你们家决定买房并装修,你同样需要利用检索工具,多方比较,只有这样才能既省钱又省事。

再比如,让很多家长头疼的是孩子在某个时期内会出现叛逆心理。有些家长由于缺少与孩子的有效沟通,造成了孩子离家出走、自杀,甚至弑父杀母的惨剧。实际上,公共图书馆和很多网站上有很多关于如何教育孩子、如何改进亲子关系的知识。如果家庭成员重视这些检索工具的运用,并对相关观点和方法批判性地加以运用,就有可能减少家庭矛盾。

关于为家人寻医问药,我们认为,要重视“文献检索”课程,并且教会我们的家庭成员认认真真地把所学的知识和技巧落实。比如下面这个故事中的妈妈就是这样做的。她的宝贝女儿很小的时候就比同年孩子胖,导致小女孩非常自卑,不愿意出门和伙伴们玩。随着年龄的增长,肥胖越来越严重,并且影响到了小女孩的健康。医生说女儿的病无法医治。妈妈自己到 PubMed 数据库(检索界面如图 1.14 所示)找文献,发现有一位医学博士正在开展与该病相关的研究,就和他取得联系。这个故事有一个美好的结局——她女儿的病最终治愈了。想想看,如果妈妈听信了前一位医生的建议,放弃文献检索,她女儿便

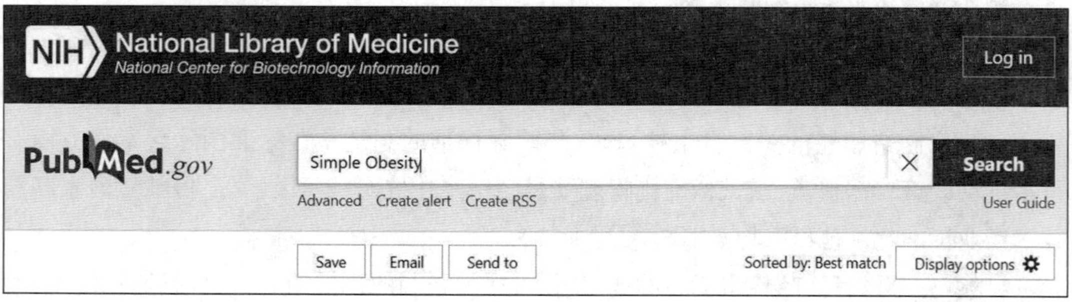

图 1.14 PubMed 的检索界面

失去了一个获救的机会。

因此，当你的家庭不幸陷入盲区的时候，你不能简单地使用搜索引擎，你需要亲自阅读大量的专业文献，它们可能是你家的救命稻草。虽然每一个家庭都有自己的困境，但这些困境完全可以随着家庭成员对文献检索技术的精通而变得不那么无法逾越。

练习 1.6

请列举一两个你在生活中遇到的与上述类似的需要使用文献检索的场景。

1.3.5 智力知识观下的知识需要

研究表明，人们对文献检索的重视程度在离开学校后慢慢降低。这种现象实际上是不正常的，因为生活中使用文献检索的场景数量反而会因为你的毕业而增多。事实上，鉴于文献是记录信息和知识的一切载体，文献检索对于每个人长久的智力发展、价值观塑造都有极大的作用。

心理学认为，"智力"是一种复杂的精神活动的综合表现。这种精神活动是运用以往积累的知识和经验以获得新知识、形成新概念及解决新问题的能力，是感觉、记忆、理解、思维、判断、行为创造等方面能力的综合反映。可见，"智力"是以知识为基础的。一个人要获得长久的"智力"，就必须具有终身学习的意识和能力，文献检索对于建构终身学习的能力必不可少。这个道理其实不难理解，因为"智者"就是习得了更多知识并灵活运用的人。当然，"智者"并不是简单地学习积累知识，他还很重视自身知识结构体系的构建，在此基础上创造新的技术方法、发现更多的知识。

而当我们关照国民的价值观塑造时，我们发现一些人之所以出现悲观、厌世或者浑浑噩噩的状态，与他们未建立正确的价值观或缺少价值观知识有一定的关系。在立德树人方面，可以引导他们运用文献检索技能获取古今中外的伟人们在逆境中树立崇高价值观的事迹，向榜样人物学习，用"榜样知识"完善人格，成为对国家、对社会、对家庭有用的人。

提到榜样人物，必须注意到社会上存在的"非理性追星"现象。一些人具备了一定的文献检索技能，通过网络、社交平台、电视等新闻媒介检索到了与某些公众人物有关的信息或者有些社交平台上的所谓的意见领袖发布的信息，形成了对偶像的盲目崇拜，缺乏对这些信息的价值、真伪的批判性思维，把错误观点当成知识胡乱吸收，逐渐丧失了自我，形成了与社会主义核心价值观相背离的不良价值观。造成这些问题的根本原因在于，这类人没有形成正确的"元认知学习观"，对文献中正确的知识视而不见，而是根据他人的喜好选择性学习，大脑中充斥了某些文献记录的错误知识。在这种情况下，"文献作为记录信息和知识的载体，不但十分脆弱，也难以避免所记录的信息或知识是虚假的、篡改了的，甚至是错误的"这一关于"文献"的"元知识"（也称"上位知识"）就必不可少了。

因此,由于信息和经验是发现知识的前提,为了获得更多信息和知识,需要文献检索,这就是信息意识。但在记录信息和知识,或在检索文献、利用文献的过程中,一方面需要高度重视对文献所记录的信息的真实性及可参考性进行评判,另一方面要遵守信息道德、信息法律和法规。我们把上述信息意识、文献或信息检索与利用的能力统称为"信息素养"。

我们可以通过文献检索进一步认识信息素养这个概念。信息素养是信息社会的个体或机构建立科学素养、数据素养、视觉素养、媒介素养、美学素养、阅读素养、健康素养、职业素养等的必备素养之一。1974 年,保罗·泽考斯基(Paul Zurkowski)提出"信息素养"(Information Literacy)的时候,希望在 1984 年前"使得全体美国国民都具有信息素养"[1]。但直到 1998 年,美国才发布了面向中小学生的信息素养评价标准。[2] 经过近 50 年的发展,信息素养内涵及其教育依然是国际图书馆学界的研究热点之一[3,4],因此本课程希望在后续的教学中,嵌入信息素养及其他相关素养知识和技能的学习。

希望同学们通过对本课程的学习,提升信息素养;通过信息素养的培养,促进文献的检索与利用。

1.3.6 提升各类素养需要知识

1. 信息素养

与前述本教材对"信息素养"的定义略有不同的是,术语在线"管理科学技术"对"信息素养"概念的描述为"对信息的获取、加工整理、分析、评价、管理、表达与交流的能力。这种能力既涉及信息内容本身,也涉及信息活动的过程、方法和结果"。其实质为"文献检索与利用能力",未见"信息意识"和"信息伦理与法规能力"。但这并非否认"信息意识"和"信息伦理与法规能力"对于信息素养培养的重要性,因为"素养即能力"。正如前面讲到"信息需要""文献需要"或"知识需要"是文献检索、信息检索或知识检索的前驱力,具有信息伦理、遵守法律法规也是合理利用文献、信息或知识的前提,因此具备一定文献检索与利用能力的人必然是已经拥有了一定的"信息意识"和"信息伦理与法规能力"的人。对照信息素养的定义,一个信息素养水平高的人,应掌握本教材的知识,掌握"对信息的获取、加工整理、分析、评价、管理、表达与交流"相关的陈述性知识、程序性知识、策略性知识。

为了提高社会对信息素养教育的重视,许多国家都制定了"信息素养评价标准"。其中,美国研究型大学图书馆学会(ACRL)分别于 2000 年和 2015 年制定了"大学生信息素养评价标准"(以下简称"传统标准")以及"高等教育信息素养教育新框架"(以下简称"新框架"[5]),作者们在元认知智慧①指导下,提出了"元素养"概念,并认为信息素养即信息时代的信息人必须具备的元素养。比照"新框架"与"传统标准"可以发现,两者实际上是互为补充的。原有的标准虽然便于理解,但信息技术与环境的变化导致的一线教育者对

① "元认知智慧"概念由我国辽宁师范大学金洪源教授团队提出,是指个体或组织正确持久地运用元认知能力指导思维和行为的意识和能力。

教育内容的掌控及改进缺乏指导，加之学生的信息消费习惯和能力的变化，削弱了人们对传统信息素养教育的价值感知。“新框架”的作者们运用元认知智慧，梳理了信息素养教育知识和能力框架以及相应的测评指标。为了便于读者学习，本书将“新框架”的主要内容根据三类知识分别列举[6,7]，如表 1.10 至表 1.15[7]所示，其中的知识技能以陈述性知识和程序性知识为主，行为方式以策略性知识为主。

表 1.10　体验权威的构建性和情境

<table>
<tr><th>知　识　技　能</th><th>行　为　方　式</th></tr>
<tr><td>明确权威的类型，如学科专业知识（如学术成就）、社会地位（如公职或头衔）或特殊经历（如参与某个历史事件）</td><td>在遇到不同的甚至相互冲突的观点时，形成并保持开放的思维</td></tr>
<tr><td>使用研究工具和权威指标来判定信息源的可信度，了解可能影响这种可信度的因素</td><td rowspan="2">激励自己找到权威信息源，明白权威可以被授予或通过意想不到的方式表现出来</td></tr>
<tr><td>明白在很多学科领域，知名学者和著名出版物被视作权威，并被普遍作为标准。即便在这些情况下，一些学者仍将挑战这些信息源的权威性</td></tr>
<tr><td>认识到权威的内容可以被正式或非正式地包装，并且其来源可能包括所有媒介类型</td><td>逐步明白对内容做客观评估的重要性，评估时需持有批评精神，并对自己的偏见和世界观保持清醒认识</td></tr>
<tr><td>确认自己正在一个特定的领域形成自己的权威观点，并清楚为此所需承担的责任，包括追求精确度和可靠性、尊重知识产权以及参与团体实践</td><td>质疑推崇权威的传统观念，并认可多元观点和世界观的价值</td></tr>
<tr><td>理解由于权威人士积极互联，以及信息源随时间而不断发展，信息生态系统在日益社会化</td><td>意识到维持这些态度和行为需要经常进行自我评价</td></tr>
</table>

表 1.11　体验信息创建的过程性

知　识　技　能	行　为　方　式
可以阐明不同创造过程所产生的信息的功能和局限性	力图找出能体现所隐含创造过程的信息产品特性
评估信息产品的创造过程与特定信息需求之间的匹配程度	重视将信息需求与适当产品相匹配的过程
可以清楚说明，在一个特定学科中，信息创造与传播的传统和新兴的过程	承认信息的创造最初可能始于一系列不同形式或模式的交流
认识到可能因为包装形式不同，信息给人的感觉也会有异	承认以新兴格式或模式表达的信息所拥有潜在价值的模糊性

续　表

<table>
<tr><th>知 识 技 能</th><th>行 为 方 式</th></tr>
<tr><td>判断信息形式所隐含的是静态还是动态信息</td><td rowspan="3">抵制将信息形式等同于其所隐含的创造过程的倾向</td></tr>
<tr><td>特别关注在不同背景下各类信息产品所被赋予的价值</td></tr>
<tr><td>将对信息产品的优势和局限性的认识运用到新类型的信息产品中</td></tr>
<tr><td>在自己创造信息的过程中形成一种认识,即自己的选择将影响该信息产品的使用目的及其所传达的消息</td><td>知道因不同目的而产生的不同信息传播方式可供利用</td></tr>
</table>

表 1.12　体验信息的价值性

<table>
<tr><th>知 识 技 能</th><th>行 为 方 式</th></tr>
<tr><td>恰当地注明出处和引用,表达对他人原创观点的尊重</td><td rowspan="3">尊重他人的原创,重视知识创造所需的技能、时间和努力</td></tr>
<tr><td>明白知识产权是法律和社会的共同产物,随着文化背景的不同而有差异</td></tr>
<tr><td>可以清楚地说明版权、正当使用、开放获取和公共领域的用途及其显著特征</td></tr>
<tr><td>明白在信息产生和传播系统中,一些个人或群体是如何以及为什么被忽视或排斥的</td><td rowspan="3">注意审视自身的信息倾向性</td></tr>
<tr><td>认识到获取或缺乏获取信息源的问题</td></tr>
<tr><td>判断信息发布的途径和方式</td></tr>
<tr><td>明白个人信息商品化和在线互动如何影响个人获取到的信息,以及个人在线生成或传播的信息</td><td rowspan="2">将自身定位为信息市场的贡献者而非单纯的消费者</td></tr>
<tr><td>在线活动中,对个人隐私和个人信息商品化的问题保持高度清醒的认识,并做出明智选择</td></tr>
</table>

表 1.13　体验探究式研究

<table>
<tr><th>知 识 技 能</th><th>行 为 方 式</th></tr>
<tr><td>基于信息空白或针对已存在的、但可能存在争议的信息来制定研究问题</td><td>视研究为开放式探索和信息研究过程</td></tr>
<tr><td>确立合适的调研范围</td><td>明白一个问题也许看起来很简单,但仍可能对研究具有颠覆性和重要性;重视问题发现和新调研方法学习过程中的求知欲</td></tr>
</table>

续 表

知识技能	行为方式
通过将复杂问题分解为简单问题、限定调研范围来处理复杂的研究	保持开放思想和批判态度，重视持久性、适应性和灵活性，明白模糊性对研究过程是有益的
根据需求、环境条件和探究类型使用多种研究方法	在信息收集和评估过程中寻求多维视角
密切关注收集到的信息，评估缺口或薄弱环节	如有需要可寻求适当帮助
以有意义的方式组织信息	在收集和使用信息过程中要遵守道德和法律准则
对多渠道获取的观点进行综合，通过信息分析和演绎得出合理结论	展现学识上的虚心(如承认个人知识或经验的局限性)

表 1.14 体验对话式学术研究

<table>
<tr><th>知识技能</th><th>行为方式</th></tr>
<tr><td>在自己的信息产品中引用他人有贡献的成果</td><td>清楚自己参与的是正在进行的学术对话，而不是已结束的对话</td></tr>
<tr><td>在适当的层面为学术对话做出贡献，比如本地的网络社区、引导式讨论、本科生学术刊物、会议报告/海报</td><td>找出自己研究领域内正在进行的对话，将自己视为学术的贡献者而不仅仅是消费者</td></tr>
<tr><td>识别通过各种途径加入学术对话的障碍</td><td>明白学术对话发生在各种场合</td></tr>
<tr><td>理性评判他人在参与式信息环境中所做的贡献</td><td>在更好地理解学术对话大背景之前，不对某一具体学术作品的价值进行判断；明白只要参与对话就要担负相应的责任</td></tr>
<tr><td>鉴别特定文章、书籍和其他学术作品对学科知识所做的贡献</td><td>重视用户生成内容的价值，并评价他人的贡献</td></tr>
<tr><td>对具体学科中特定主题的学术观点变化进行总结</td><td rowspan="2">明白体制偏爱权威，而语言表达不流畅以及不熟悉学科流程会削弱学习者参与和深入对话的能力</td></tr>
<tr><td>明白指定的学术作品可能并不代表唯一的观点，甚至也不是多数人的观点</td></tr>
</table>

表 1.15 体验战略式探究检索

<table>
<tr><th>知识技能</th><th>行为方式</th></tr>
<tr><td>确定满足信息需要任务的初步范围</td><td rowspan="2">展现出思维的灵活性和创造性；认识到各种信息源在内容和形式上有很大的不同，并且其相关性和价值也会因需求和检索性质的不同而差异很大</td></tr>
<tr><td>确认关于某一话题的信息产生方(如学者、组织、政府及企业)，并决定如何去获取信息</td></tr>
</table>

续　表

知 识 技 能	行 为 方 式
检索时运用发散(如头脑风暴)和收敛(如选择最佳信息源)思维	
选择与信息需求和检索策略相匹配的检索工具	
根据检索结果来设计和改进需求与检索策略	明白最初的检索尝试不一定可以得到充足的结果;寻求专家的指导,如图书馆员、研究人员和专业人士
理解信息系统(如已记载信息的收集)的组织方式,以便获取相关信息	
使用不同类型的检索语言(如控制词表、关键词、自然语言)	
管理检索过程和结果	明白浏览及其他偶然发现的信息收集方法的价值;积极应对检索的挑战,并知道在拥有足够的信息时结束任务

不容忽视的是,有相当一部分社会公民的信息素养水平不高,不具备足够的信息意识,遵守信息伦理和信息法律法规的意识和能力也很弱,需要补充相应的知识。这里,我们通过以下案例说明信息意识、法律法规知识学习的重要性。

例 1.20　举例说明信息意识、法律法规知识学习的重要性。

徐玉玉被诈骗受害案始末

2017 年 6 月 28 日上午,徐玉玉被电信诈骗案在山东省临沂市中级人民法院一审公开开庭审理。陈文辉等 7 名被告人被指控的罪名是诈骗罪和侵犯公民个人信息罪。2016 年 8 月,山东临沂的高中毕业生徐玉玉,在拿到大学录取通知书后接到了一个诈骗电话,被人以发放助学金的名义,骗走了学费 9900 元,徐玉玉在报警回家的路上猝死。

公诉机关认为,被告人陈文辉等人以非法占有为目的,实施电信诈骗,触犯《中华人民共和国刑法》第二百六十六条的规定,犯罪事实清楚,证据确实、充分,均应当以诈骗罪追究刑事责任,被告人陈文辉以非法方法获取公民个人信息;触犯《中华人民共和国刑法》第二百五十三条之一的规定,犯罪事实清楚,证据确实、充分,应当以侵犯公民个人信息罪追究其刑事责任。

最高检侦查监督厅副处长覃剑峰指出:对于电信网络诈骗犯罪,一方面要依法惩处,另一方面要发动全社会的力量,加强预防。例如,电信企业、互联网企业、商业银行必须承担起社会责任,同时要加强对公民个人信息的保护,要加大宣传力度,加强犯罪预警提示，切实提高人民群众对于网络诈骗犯罪的防范意识。

理论上讲，如果该案的受害者能主动运用所学的信息知识辨别犯罪分子提供信息的真伪，其受害的可能性将会大大降低。而犯罪分子若接受了相关法律法规教育，其犯罪的可能性也会大大降低。

事实上，每个人都可以根据自身条件选择合适的信息素养提升途径和方法。我们认为，应该从以下方面提高自身的信息素养：

(1) 增强信息获取意识，积极参与信息交流；

(2) 了解信息安全和法规，树立信息主体责任意识；

(3) 熟悉多种信息获取工具；

(4) 掌握信息问题解决模式；

(5) 掌握信息获取的基本方法和技巧；

(6) 掌握信息评价与分析的基本方法和技巧；

(7) 掌握信息利用的基本方法和技巧，懂得尊重知识产权；

(8) 掌握创新思维基本方法，懂得保护自主知识产权；

(9) 掌握科学研究的基本方法，学习研究性学习领域知识；

(10) 掌握信息交流的基本途径和技巧，融入学术圈；

(11) 具备终身学习的能力。

这里，我们提到了几个重要的概念：信息安全、信息主体责任意识、信息评价、知识产权、创新思维、科学研究方法、研究性学习、信息交流、终身学习。接下来，我们具体阐述这几个概念。

一般来讲，“信息不安全”的范畴包括信息泄露、信息被篡改、信息不可用三种类型，主要是过失或故意行为。信息所有者或保管者在创造、传播、利用信息的过程中造成的不合理的信息公开、篡改或者不可用，往往对有关组织或个人造成精神或经济上的损失或伤害。可以通过建立严格的审计制度、确定信息的保密级别和范围、提高信息系统和存档区域或设备的安全性、针对有关人员进行信息安全意识和能力的教育培训等手段防范信息泄露。

“信息主体责任意识”要求与信息发布、转发、接收过程有关的人或机构都必须遵守相关法律法规。特别地，这里的“转发”“接收”是一种被动而非主动的状态，对于伦理、法规的遵守，使得处于该状态下的个体能明确界定自身与所获得信息之间的关系，具备足够的责任，从而能够保密、防止泄密，必要时采取措施切断信息传播的途径。

“信息评价”是一种防止虚假、不重要或不相关信息造成决策失误的主要手段。一般从真实性、利益相关性的角度进行评价，应先评价信息的真实性，再评价真实信息的重要程度或者虚假信息的危害程度。

“知识产权”是权利人基于创造性智力成果和工商业标记而依法产生的、在一定期限和地域内的独占权利的统称。界定知识产权的目的是鼓励创新,促进社会持续进步。知识产权涉及的对象随法律的不同而有所区别,一般包括:文学、艺术和科学作品,表演艺术家演出、录音制品和广播节目,在人类一切活动领域内的不具社会危害性的发明、科学发现、工业品外观设计,商标、服务标记、地理标志、商号名称和标记,在工业、科学、文学和艺术领域内其他一切来自知识活动的权利。其中,与文学、艺术作品相关的知识产权称为版权(含著作权和邻接权),与工业商事相关的知识产权称为工业产权(含专利权、商标权、商号权、原产地权)。新颖性是知识产权必备的特性之一,其受保护期限和地域都不是无限的,各国法律都针对不同类型的知识产权规定了相应保护年限,申请人可以根据需要向不同地区或国家申请保护。除申请费外,申请人还必须缴纳规定数额的专利权权利维持费和商标权到期延展费用。

“创新思维”是一种开拓人类认识新领域,开创人类认识新成果的思维活动,它往往表现为发明新技术、形成新观念、提出新方案和决策、创建新理论,是人类社会、组织或个体发展不可或缺的思维能力。独创性、艺术性、灵活性是其重要的特征。深厚宽广的知识储备、批判吸收、勤于实践、大胆假设是培养良好创新思维的基本途径。

“科学研究方法”对于能否有效解决科学问题具有十分重要的意义,常见的方法有实验法、观察法、调查法、统计法,结合不同学科的特点也有一些特殊方法,如社会科学领域常用的访谈法、案例分析法,教育学领域常用的行动研究法等。大学生应根据科学问题的特点和研究目标,选用或设计合适的研究方法。

“研究性学习”是教育部于2000年1月颁布的《全日制普通高级中学课程计划(试验修订稿)》中综合实践活动板块的一项内容。它是指学生在教师指导下,从学习生活和社会生活中选择和确定研究专题,主动地获取知识、应用知识、解决问题的活动。虽然该计划是针对中学生的综合实践活动而制定的,但研究性学习应该作为所有高等教育阶段的重要抓手。事实上,进行研究性学习不是仅在老师的指导下才能开展的,每位大学生完全可以自学相关研究方法,根据自身的兴趣设计拟研究的课题,在研究的过程中学习领域知识。

“信息交流”是指不同的主体(一切生物、机构或组织等)之间共享信息的过程,本课程主要介绍人、机构或由人组成的组织之间的信息共享活动。有效性是评价信息交流效果的重要指标,有效的信息交流是提高决策效率和效果,降低决策成本,推动社会进步的重要途径之一。发送者、接收者、传输通道、符号体系、环境条件是信息交流的基本要素,其优劣都将影响信息交流的有效性。大学生通过阅读学术论文或著作了解他人的观点、思想和方法,在此基础上开展后续研究,并发表相关研究成果与他人交流,或者参加各类学术会议论坛,都是利用信息交流提升个人能力、推动社会发展的主要途径。人际交往中的信息交流效果也会影响人际关系、管理效率。

在术语在线上检索“终身学习”，可以找到图书情报学名词术语词典、教育学名词术语词典、计算机科学名词术语词典、管理科学与技术名词术语词典的四个词条，图书情报学名词术语词典对“终身学习”的定义最长也最新。教育学名词术语词典及管理科学技术名词术语词典对“终身学习”的定义都认为终身学习具有主动性、积极性，教育学强调终身学习是为了适应社会和个体发展的需要，管理科学将终身学习局限在整个职业生涯中。图书情报学认为：“终身学习是个人在生命全程中从事各类学习活动的行为。该词出现于20世纪60年代后期，是伴随着终身教育及其相关理念的普及和认识的深入而逐渐产生的，基本特征是‘有意义的学习’，终身学习的场所也不仅限于家庭、学校、文化中心或企业，凡可被个人或集团加以利用的一切教育设施及资源都应包含在内。”其中第一句话即计算机科学技术名词术语词典对“终身学习”的定义。

例1.21　举例说明为什么人人都需要掌握知识产权知识。

留美博士因专利失效被终止募股程序

2010年，苏州某高新技术企业在首发申请获得中国证券监督管理委员会发行审核委员会（以下简称“发审委”）审核通过后，因专利问题在二审时被否。公开信息显示，创业板发审委因“专利”问题撤销其首次公开发行股票行政许可的决定。详情如下：

招股说明书和申报文件中披露的全部5项专利及2项正在申请专利的法律状态与事实不符；目前全部产品均使用被终止的4项外观设计专利，50%的产品使用被终止的1项实用新型专利；总体上看，5项专利被终止对公司存在不利影响。

另有公开信息显示，不少股民因缺乏足够的信息安全意识及知识产权知识而投资失败。

例1.22　举例说明终身学习及拥有创新思维的意义。

包起帆：在改革开放舞台上不断创新

1968年，包起帆只有初中二年级文化程度，进入白莲泾码头，做了6年码头装卸工。后来因脚骨折，改做机修车间修理工，专门修理码头上的起重机。由于钢丝绳磨损严重，一个月要换3到4根，司机们叫苦不迭。包起帆看在眼里，急在心上。经过反复琢磨，他发明了“变截面起升卷筒”，使起重机钢丝绳损耗从原来的一个月换3根减少为3个月换一根。

在坚持4年半工半读后，1981年，包起帆顺利拿到了大专文凭，回到南浦港务公司，在工艺科当了一名工程师。那时，码头上木材装卸全靠工人下舱、人力捆扎，险象环生，事故不断，从包起帆1968年进港工作到1981年这短短十几年里，码头上有11名职工因木材装卸而身亡,轻伤重伤职工高达546人次之多!木材装卸因此被工人们称为“木老虎”。码头安全问题,让已离开装卸工岗位的包起帆开始研究抓斗。经过近3年的不懈努力,包起帆在码头上发明了木材抓斗,并形成了一套完整的“木材抓斗装卸工艺系统”,工人们再也不需下船舱用人力去捆扎木材了,上海港此后再也没发生过一起重大伤亡事故,效率也因此提高了2.67倍。包起帆开始走上了科技攻关之路,学习和创新的劲头一发不可收,最终成长为教授级高级工程师、全国劳动模范,历任工程师、码头公司经理、集团技术副总裁、市政府参事、大学研究院院长等职务。

通过中国知网,可以检索到部分由包起帆同志任第一发明人的专利,他不但解决了抓斗的问题,还解决了集装箱及码头供电等其他问题。攻克这些难题,初中文化程度起家的包起帆做到了。这一切,离不开党的培养和同志们的帮助,更离不开他本人的“主人翁精神”“主观能动性”“终身学习意识”“创新思维意识”。

翻转案例1.26　理解信息安全、知识产权、信息素养及终身学习概念

描述你曾经经历的信息安全事件,谈谈你对信息安全的理解。

谈谈你对信息主体责任意识与信息评价关系的理解。

列举你知道的知识产权对象。

我们应该从哪些方面提升自身的信息素养?

请和你的伙伴讨论你对“终身学习”“主人翁精神”“主观能动性”“创新思维”与个人成才和振兴国家关系的理解。

为了深入了解信息的前世今生,值得阅读以下图书:

吴军.信息传[M].北京:中信出版社,2020.

2. 阅读素养

在术语在线上,我们检索到编辑出版学名词术语“阅读素养”是关于读者对文本进行理解、运用、评估、反思的能力以及对阅读活动的参与情况的概括。阅读素养水平高的人,更能实现个人目标、增进知识、发掘潜能、有效参与社会生活。这里的“对阅读活动的参与”指的就是阅读的频率、阅读的文本范围等,反映的是运用阅读理解的能力达成某种目标的实际行动。

阅读更多更好的文本，离不开文献检索。不仅要检索有利于实现个人目标的文本，还要检索关于阅读的知识，包括"什么样的文章是好文章""什么样的论文是好论文""有哪些好文章""有哪些好论文""有哪些好书""如何阅读一篇文章""如何阅读一篇论文""如何阅读一本书""我应该读哪些文章""我应该读哪些论文""我应该读哪些书""读完一篇文章后我该做些什么""读完一篇论文后我该做些什么""读完一本书后我该做些什么"等。

引导、教会他人爱上阅读，成为有阅读素养的人，也离不开文献检索。不仅要检索适合他人阅读的文本，还有关于如何激发他人爱上阅读的知识。

为了提高阅读素养，应该阅读以下图书：

吴军.吴军阅读与写作讲义[M].北京：新星出版社，2021.

[美] 莫提默·J.艾德勒，查尔斯·范多伦.如何阅读一本书[M].郝明义，朱衣，译.北京：商务印书馆，2014.

3. 数据素养

尽管用检索标识"数据素养"或"数据素质"在术语在线上的检索结果不为空，但与本章前面提到的各种概念不同的是，检索结果中的各个条目都是仅含有"数据""素养"或"素质"，没有一个条目的名称中同时包含"数据""素养"两个词或者"数据""素质"两个词。而从这些包含"数据"的条目的上下文来看，不同的学科所指的"数据"的内涵主要有以下几类：一是领域内对象属性的量值，如以百分计的各类学习成绩、生产销售领域的流水数据、森林普查数据以及各种测量数据或检测数据；二是生理或物理信息模数转化后的数据，如医学中磁共振信号转化后的数据；三是领域内对象的描述信息，如图书情报领域的都柏林元数据集、术语数据库、各类文献数据库等。前两类"数据"记录通常都有清晰、规范的结构(也称结构化数据记录)，不需要处理即可直接计算、分析得出结果，第三类"数据"通常没有清晰、规范的记录结构(半结构化或非结构化的)，需要进行一定的加工、处理才能进行一定计算和分析。

显然，如果将"数据素养"中的"数据"理解为对象描述信息的话，那么"数据素养"即"信息素养"。因此，这里我们讨论基于前两类内涵的"数据素养"，由于量值的可计算性，人们能够通过一定的数学模型发现隐含在海量量值中的规律，这也是学者们倡导"数据素养"的主要动力。因而，学界将"数据素养"理解为"人们对不断增长的数据进行管理、解释和批判思考的能力"[8]，也即面向以"量值型"属性为主的信息对象场景所应具备的能力，也被称为"数据赋能"的"决策支持"能力。

理论上讲，凡是离不开信息素养的场景，都需要当事人具备相应场景下的"数据素养"，但首先是结构化的数值数据密集型场景，即直接以原生的数值型数据为处理对象的应用场景，如供应链数据分析、销售数据分析、在线学习数据分析、实验数据分析、各行各业的报表和统计数据分析等,相关知识和工具以相应的领域数学模型及数理统计方法为主。具备“数据素养”的人首先懂得采集或收集、管理、利用相关数据的重要性,具备管理和利用相关场景下的数据支持业务决策的陈述性知识、程序性知识、策略性知识,以及熟练运用知识的能力。因此,我们需要通过文献检索学习数据采集、管理、分析方法,建构数据模型,发现合适的分析工具。

此外,还存在一些应用场景需要用到“外部数据源”。智库工作者以及人文社科工作者开展决策支持研究时除了现时收集数据外,也可以借助各行各业的年鉴、统计数据,自然科学工作者可以利用已有的科学数据、实验或临床数据等外部数据源开展研究。外部数据源的授权方式通常有免费共享与授权共享两类,统称为开放数据资源,有些授权共享的数据资源可能需要用户自行承担授权费用,有些则由相关机构图书情报服务部门统一采购。如华东理工大学图书馆采购的主要数据资源,见表 1.16。

表 1.16　华东理工大学图书馆采购的数据资源

数据资源名称	学　科	文献类型
CEIC 中国经济数据库	经济学、管理学	事实/数据
CIDP 制造业数字资源平台	工学	标准、案例、事实/数据、图片、音频/视频
国研网	经济学、管理学	事实/数据
RESSET 金融研究数据库	经济学、管理学、社会学	事实/数据
CNKI 中国经济社会大数据研究平台	综合	事实/数据
中华数字书苑外经贸库	经济学、管理学	报告、事实/数据
Essential Science Indicators(ESI)	综合	事实/数据
INCITES	综合	事实/数据
JCR	综合	事实/数据

另外,通过各国政府部门网站、学协会网站以及一些科研院所网站可以检索到不少开放数据源,如我国国家统计局网站、国家药品监督管理局、国家地理信息公共服务平台、上海公共数据开放平台(各省市都有类似的平台)、中国科学院科学数据中心等,这类数据资源通常可以从一些行业学协会的门户网站或者搜索引擎找到指引,有些开放数据平台还会定期举办开放数据应用大赛。

再者,不同的应用场景需要的数据分析工具也不尽相同,比如社会学领域常用 SPSS,处理化学物理实验数据常用 Origin,而写作学术论文时常使用 Ucinet、Netdraw、CiteSpace、

HistCite、Gephi、VOSviewer 等数据可视化工具。通过文献检索，找到相关学术论文，可以发现更多的数据分析工具，并可进一步检索相应的操作指南。

最后，必须注意到，作为一个有“数据素养”的人，在从事开放数据、应用数据进行决策支持或可视化分析相关工作时，应该注意遵从法律及伦理道德规范。通过文献检索可知，世界上许多国家或地区都有相应的数据安全法规。具体到我国，在《中华人民共和国数据安全法》出台之前，还制定了《科学数据管理办法》(2018 年生效)。《科学数据管理办法》将“在自然科学、工程技术科学等领域，通过基础研究、应用研究、试验开发等产生的数据，以及通过观测监测、考察调查、检验检测等方式取得并用于科学研究活动的原始数据及其衍生数据”统称为科学数据，要求“任何单位和个人在中华人民共和国境内从事科学数据相关活动，利用政府预算资金支持开展的科学数据采集生产、加工整理、开放共享和管理使用等活动”中，对科学数据的管理应遵循分级管理、安全可控、充分利用的原则，明确责任主体、加强能力建设、促进开放共享，应当遵守国家有关法律法规及部门规章，不得利用科学数据从事危害国家安全、社会公共利益和他人合法权益的活动。

为了提升数据素养，应该阅读以下图书：

吴军.计算之魂[M].北京：人民邮电出版社，2021.

吴军.数学之美[M].北京：人民邮电出版社，2020.

[美] 戴维・赫佐格.数据素养[M].沈浩，李运，译.北京：中国人民大学出版社，2018.

4. 媒介素养

通过术语在线，我们了解到我国教育学名词术语词典(2013 版)认为“媒介素养”(Media Literacy)是人们对各种类型媒介形式的信息的获取、选择、分析、评价及利用各种类型媒介表达、传播、创造信息的能力。

对比“信息素养”与“媒介素养”的定义后发现，“媒介素养”本质上更强调记录信息的载体形式对信息的获取、理解、运用、交流、协作及发布所产生的影响，即要求人们在具备基本的“信息意识”的基础上，具备“记录信息的载体存在多种形式”等陈述性知识，进而学习“对各种类型媒介形式的信息的获取、选择、分析、评价及利用各种类型媒介表达、传播、创造信息”的程序性知识和策略性知识，并能够熟练运用。

媒介素养的陈述性知识有“信息媒介有以文本为主的报纸、图书、杂志、网站、文档、文件等(还涉及印刷、手抄或电子、原件或复印件)，以多媒体为主的音频、视频、图像、VR 等”“从哪里可以获得哪些媒介类型的文献或信息”“哪些工具能阅读、加工、编辑、分享哪些媒介的信息”“能否判断一幅照片是否被后期加工过”“能否判断一段视频、音频是否人为剪接”等。

媒介素养的程序性知识有“如何使用阅读器阅读电子图书”“如何制作并发布电子图书”“如何制作并分享海报”“如何拍摄、编辑并发布视频”“如何录制、编辑并发布音频”“如何找出一幅图片被修改的痕迹”“如何判断一幅照片是否被后期加工过”“如何判断一段视频、音频是否人为剪接”等。

媒介素养的策略性知识有“使用哪个工具读取 jpg 图片”“用哪个工具播放 mp4 文件”“使用哪个工具判读这个图像中后期加工的部分”等。

想要学习更多提升媒介素养知识,可以检索相关文献自学;而对文献中报道的收费培训课程,则需要经过可信性以及质量评估来进行甄别。

最后,我们需要注意以下两点:媒介素养中的“评价”不仅包括对记录在媒介上的信息内容的评价,也包括对媒介的创建、编辑(含渲染)、策划设计等要素的评价;媒介素养中的“获取信息”的途径,既包括使用辅助工具,也包括自行阅读。

提升媒介素养,值得阅读以下图书:

李红艳.媒介素养概论[M].北京:中国农业大学出版社,2019.

5. 数字素养

在术语在线上检索“数字素养”,结果条目为 0。在百度、中国知网上检索“数字素养”,可以找到一些文献。2021 年 11 月 5 日,中共中央网络安全和信息化委员会办公室(以下简称“中央网信委”)与中华人民共和国国家互联网信息办公室高规格发布《提升全民数字素养与技能行动纲要》[9],指出:“数字素养与技能是数字社会公民学习工作生活应具备的数字获取、制作、使用、评价、交互、分享、创新、安全保障、伦理道德等一系列素质与能力的集合。”国内学术文献中所讨论的“数字素养”主要从 Digital Literacy 翻译过来。首次提出 Digital Literacy 的学者保罗·基尔斯特(Paul Gilster)在其 1997 年出版的著作《数字素养》(*Digital Literacy*)中指出,数字素养是互联网时代对人们的电子信息技术能力提出的新要求,对于使用计算机管理信息的人而言,侧重点是这种素养发生的环境以及互联网用户的积极作用。[10]

为了提高全球公众对数字素养的认识,联合国教科文组织(Unesco)发布了全球数字素养测评框架①,见表 1.17。

表 1.17 联合国教科文组织全球数字素养测评框架

能力领域(Competence area)	能力(Competences)
0. 软硬件知识(Fundamentals of hardware and software)	0.1 硬件的基本知识,如打开/关闭和充电、锁定装置(Basic knowledge of hardware such as turning on/off and charging, locking devices) 0.2 软件的基本知识,如用户账户和密码管理、登录以及如何进行隐私设置等(Basic knowledge of software such as user account and password management, login, and how to do privacy settings, etc.)

① http://uis.unesco.org/en/blog/global-framework-measure-digital-literacy.

续 表

能力领域(Competence area)	能力(Competences)
1. 信息和数据素养(Information and data literacy)	1.1 浏览、搜索和过滤数据、信息和数字内容(Browsing, searching and filtering data, information and digital content) 1.2 评估数据、信息和数字内容(Evaluating data, information and digital content) 1.3 管理数据、信息和数字内容(Managing data, information and digital content)
2. 交流与合作(Communication and collaboration)	2.1 通过数字技术进行交互(Interacting through digital technologies) 2.2 通过数字技术共享(Sharing through digital technologies) 2.3 通过数字技术行使公民权利(Engaging in citizenship through digital technologies) 2.4 通过数字技术进行合作(Collaborating through digital technologies) 2.5 网络礼仪(Netiquette) 2.6 管理数字身份(Managing digital identity)
3. 数字内容创造(Digital content creation)	3.1 开发数字内容(Developing digital content) 3.2 整合和重新阐述数字内容(Integrating and re-elaborating digital content) 3.3 版权和许可证(Copyright and licenses) 3.4 编程(Programming)
4. 安全(Safety)	4.1 保护设备(Protecting devices) 4.2 保护个人数据和隐私(Protecting personal data and privacy) 4.3 保护健康和福祉(Protecting health and well-being) 4.4 保护环境(Protecting the environment)
5. 解决问题(Problem solving)	5.1 解决技术问题(Solving technical problems) 5.2 确定需求和技术响应(Identifying needs and technological responses) 5.3 创造性地使用数字技术(Creatively using digital technologies) 5.4 识别数字能力差距(Identifying digital competence gaps) 5.5 计算思维(Computational thinking)
6. 职业相关的能力(Career-related competences)	6.0 职业相关能力是指操作特定领域的专业硬件/软件所需的知识和技能,如工程设计软件和硬件工具,或使用学习管理系统提供完全在线或混合课程(Career-related competences refers to the knowledge and skills required to operate specialized hardware/software for a particular field, such as engineering design software and hardware tools, or the use of learning management systems to deliver fully online or blended courses)

由于数字素养的概念是在社会信息化发展到数字信号(Digital Signal)技术阶段后诞生的,因此也有学者认为数字素养就是数字化时代的信息素养。20多年来,网络虚拟社区以及信息技术的发展催生了虚拟现实的高度融合,几乎所有的工作场所、生活应用场景都在充分利用信息技术的赋能,“数字孪生”理念和技术对人们适应信息社会的能力提出

了更高的要求,这需要借助文献检索进一步学习或培训。

提升数字化素养,值得阅读以下图书:

李锋.发展关键能力,培养数字公民[M].上海:华东师范大学出版社,2020.

吴军.智能时代:5G、IoT 构建超级智能新机遇[M].北京:中信出版社,2016.

6. 视觉素养

在术语在线上,有“视觉阅读”“视觉敏锐力”两个词条与百度百科、MBA 智库百科中的“视觉素养”词条略有关系。学者王帆等认为,“视觉素养”与“媒介素养”有着内在联系。[11]与数字素养不同的是,视觉素养及媒介素养都不是某个时代的产物,但却在当下变得特别重要。原因是记录信息的媒介的技术性越来越强、可视化技术越来越成熟了。随着图像和视频在人们的日常阅读中所占的比重越来越高,有学者惊呼“读图时代”已经到来。

“视觉素养”概念的内涵也有着多种不同的阐释,学者王帆等认为:“视觉素养应用各种视觉形象参与认知,从而获得搜索、分析、评价和交流信息的能力。”[11]对于视觉系统功能正常的个体而言,视觉素养关注能看到什么、应该看到什么、如何处理所看到的信息(评价、运用)的能力,而媒介素养则关注应借助合适工具及载体形态创建具有特定信息传播效果(包括情绪或情感传染效果)的文本、图像、视频、音频等作品的能力。这里最典型的例子就是电影的拍摄与欣赏、美术作品的创作与欣赏。正如前面所介绍的检索语言一样,创作与欣赏视觉作品的双方所使用的创作语言与欣赏语言应该是相同的,在具体知识的学习或实践中可以检索相关文献。

提升视觉素养,值得阅读以下图书:

宗世英.艺术视觉素养[M].北京:科学出版社,2017.

7. 美学素养

在术语在线上,与“美学素养”密切相关的词条是医学美学与美容医学名词“审美判断”(也称“美学判断”),但在图书馆馆藏、超星电子图书数据库、百度和中国知网中,却有不少关于“美学”和“美学素养”的网页、教材、课程和论文。

简而言之,美学是研究美与丑的学科。美学素养是运用美学理论客观地评价人、事物、环境、氛围的美与丑的能力以及对审美活动的参与。其中,美学理论知识对于促使审美趋向客观十分重要,是审美与创作者双方共同的语言。美学理论具体包括什么是美、自然美、生活美、优美、崇美、丑等问题,还包括形势与美、科学与美、悲剧与喜剧之美、审美与价值系统再造、审美心理过程、审美超越、艺术的审美创造、艺术品的本体构成、审美意向和意境、艺术的审美接受等知识。[12]

对与美学素养相关的文献内容进行归纳后发现,“美学素养”并非美术人才的专利和特长,从学生到老师,从领导到下属都需要加以重视,而不同场景下、不同职业、不同岗位或角色的美学素养则离不开场景知识、职业技能的学习,因此就有“音乐美学素养”“编辑美学素养”“景观美学素养”“环境美学素养”“城市美学”“厨师美学素养”“新闻记者美学素养”“播音主持美学素养”“影视美学素养”“教师美学素养”“学生美学素养”等。学习或实践相关场景知识及美学理论知识的第一步也是文献检索。

提升美学素养，值得阅读以下图书：

陈丹青.局部：我的大学[M].北京：北京日报出版社，2020.

8. 健康素养

我们常说，身体是革命的本钱。那么什么是身体的本钱呢？当然是健康！

遗憾的是，在术语在线上，同样未见“健康素养”这一词条。检索百度、中国知网以及图书馆的馆藏目录，可以获得许多关于“健康素养”的文献。健康素养（Health Literacy）一词最早出现于1974年一篇标题为《健康教育和社会政策》（*Health Education as Social Policy*）的论文中，并引起医院、保健诊所、医药公司、医疗保险公司、美国癌症学会、美国糖尿病协会、心脏学会、艾滋病健康教育等机构或协会对目标人群的健康素养的研究兴趣，目的在于使它们的服务最有效地作用于目标人群，并最大限度地唤起社区对某特定健康问题的关注和认识。可见，从社会保障体系的角度看，个体的健康素养并非私事。

有健康素养的人应具有的知识和能力是理解健康促进和疾病预防的概念，选择性地接受健康信息和健康促进相关产品和服务，分析文化、媒体、技术和其他相关因素对健康的影响，应用目标制定和决策的技巧来增进健康，倡导个人、家庭和（或）社区的健康，实践促进健康的行为和减少健康危险因素。[13]总之，这些能力能够使得个体积极地“主动健康”。

由于健康涉及临床医学、食品与医药卫生、环境卫生、心理卫生和保健等多学科，因而健康素养的养成实际上需要的是“科学素养”[14]以及“情绪素养”。

提升健康素养，值得阅读以下图书：

田鸿丰，康国荣.城乡居民健康素养读本[M].宁夏：甘肃文化出版社，2015.

9. 职业素养

在术语在线上，能找到“职业培训”“职业银行”“职业咨询”“图书馆员职业资格认证制度”，未见“职业素养”。而中国知网中关于“职业素养”的论文却不少。学者们从概念、培训等层面对职业素养进行提炼和研究。此处，以华东师范大学职业教育与成人教育研究所的许亚骑在论文《职业素养概念界定与特征分析》以及中国职业学会德育工作委员会的蒋乃平在论文《职业素养训练是职业素质教育的重点》中的观点为参考，加以介绍。

职业素养是劳动素养在职业中的具体落实，体现的是人对劳动及相关的人和事物的尊重。职业素养与职业能力不完全相同，后者强调的是职业技能，以专业知识、实践操作能力为主；前者在后者的基础上，还包括遵守职业制度、行业规范、伦理规范以及团队协作能力等，是职业技能和体能、职业安全素养、道德伦理意识和能力、美学素养、情绪素养、人生观、世界观、价值观等在职业胜任力方面的综合体现，职业素养是一种可以训练的作风和行为习惯，具体可以分为公共职业素养、行业职业素养、岗位职业素养三个层次。[15,16]

公共职业素养是从业者应该普遍具备的基础性职业素养,是在择业前必须具备的,以学校的德育课堂和创新实践课堂为主要阵地。公共职业素养包括责任心、进取心、自信心、自尊心、好胜心、好奇心等个人领导力要素,以及情绪素养、人际交往素养、信息素养、健康素养等。除此之外,公共职业素养还必须有职业规划素养,能够为自身规划职业生涯,并且有明确合适的职业规划。

行业职业素养是某个特定行业的从业者应该普遍具备的职业素养,是在决定从事具体行业工作之后但未确定具体工作岗位前应该具备的,以高等院校的专业知识和技能课堂为主要阵地。[16]行业职业素养包括行业所属学科领域的知识和技能、行业产业链所涉及学科领域的知识、行业产业链标准规范、行业健康素养以及理论联系实践的能力。除此之外,行业职业素养还必须有岗位规划素养,具有明确合适的从业岗位规划。

岗位职业素养是从事某个特定岗位的从业者应该普遍具备的职业素养,是在决定承担某些岗位工作之后正式上岗前应该具备的,以工作单位的人事、业务主管或岗位同事的教育、培训、示范为主。岗位职业素养的培养是人才培养的最后一公里工程,关系到相关企业或机构的社会或经济效益目标的最终实现。在培训环节,尤其需要采取足够的措施(如表格法),确保"事无巨细、层层落实"。岗位工作的推进甚至岗位调整,都需要通过不断的培训或利用文献检索自主学习行业、岗位知识和技能。

在这里,要向同学们推荐以下书籍:

刘平.职业生涯导入与大学学习生活[M].北京:机械工业出版社,2014.

刘爱国.化工专业学生职业素养[M].北京:化学工业出版社,2019.

彭新宇.我的大学[M].长沙:中南大学出版社,2018.

张斌贤,王晨.大学:社会分层与社会流动[M].北京:北京师范大学出版社,2007.

赵钢.我的大学:大学生入学教育读本[M].杭州:浙江摄影出版社,2018.

吴怡薇.礼仪与职业素养[M].北京:北京理工大学出版社,2012.

吕国荣.一流员工的十大职业素养[M].北京:中国纺织出版社,2014.

陶波.感恩于心　责任于行:世界500强企业优秀员工必备的职业素养[M].北京:中国华侨出版社,2014.

李文亮,张建利.责任　诚信　合作　服务:大学生核心职业素养培养[M].上海:上海财经大学出版社,2014.

金环.职业生涯规划[M].北京:清华大学出版社,2013.

[美] Robert C. Martin.程序员的职业素养[M].章显洲,余晟,译. 北京:人民邮电出版社,2012.

10. 人际交往素养

在术语在线上,与人际交往直接相关的词条是"合作"(包括契约合作、合作制度论、合作组织论、合作主义、合作秩序)。通过文献检索,我们发现人际交往素养是人作为社会成员的核心素养之一，人际交往能力的培养一直是人才培养的重要内容之一，因此除了专门的课程外，也产生了一些有价值的学术文献或专著。比较热门的课程有中国大学MOOC上的“你、我，我们——人际交往心理学”。通过观看这门课程，我们了解到，人际关系的好坏往往是一个人心理健康水平高低、社会适应能力强弱的综合体现。培养良好的人际交往能力，不仅是人们生活的需要，更是适应社会的需要，具有非常重要的意义。正如主讲老师孙惠君所说的那样，如果你认真地思考一下“你最幸福的时候是什么时候?”就会发现：所有的幸福都来自他人或者你认为重要的人对你的认可！哈佛大学团队的一项关于幸福的研究发现：社会关系有益于健康，而孤独有害，孤立的人不快乐、大脑功能下降、健康状况更差；关系的质量比关系的数量更重要；幸福的婚姻有益身心、婚姻中最重要的是信任；“关键时刻靠得住”与记忆不衰退有关。

人际交往以情感为纽带，以自我暴露为标志，是人们为了满足某种需要，通过交往，彼此之间形成的比较稳定的关系的一种行为。人际交往素养反映的是个体对人际交往知识、技能的习得和灵活运用的能力。人际交往知识主要有“人际交往与心理健康的关系”“人际交往中应遵循的原则”“克服交往恐惧症的方法和步骤”“与好朋友重归于好的方法”“对待长辈、领导、同伴、下属/子女、陌生人的批评的原则”“摆脱功利性的人际交往困境的方法”“避免感觉被孤立的方法”“获得良好的亲子关系的方法和策略”“破解道德绑架型人际关系的金钥匙”等。人际交往素养是社交自信的行为体现，直接决定了一个人的社会关系网络及其质量。交往的对象是动态的，影响人际交往的因素也是不断变化的，需要与时俱进，借助文献检索进行知识更新。

提高人际交往素养，值得阅读以下图书：

世安.人际交往[M].北京：中国电影出版社，2003.

张静波.微反应心理学：人际交往中的心理策略[M].北京：经济管理出版社，2017.

吴桐雨.人际交往心理学[M].北京：金盾出版社，2019.

[英] 理查德·泰普勒.人际交往心理学：与人相处的105条法则[M].李晓晔，译.北京：人民邮电出版社，2019.

张翼.大学生人际交往心理素质训练手册[M].北京：科学出版社，2019.

[美] 克里斯汀·波拉斯.职场礼仪2.0：提升人际交往能力的技巧[M].刘艳霞，姚丽萍，译.北京：电子工业出版社，2018.

11. 情绪素养

在术语在线上，未见“情绪素养”(Emotional Literacy)词条，但能检索到与“情绪”有关的词条“器质性情绪不稳[定]障碍”。检索百度、中国知网、图书馆馆藏，发现较多有关“情绪素养”的文献，可以从中了解到“情绪素养”对于提升职业胜任能力、减少心理障碍、预防精神疾病意义重大，包括识别情绪、理解情绪、描述情绪、表达情绪、调节情绪五种技能[17]。情绪素养是职业素养、人际交往素养、健康素养的关键要素之一。

识别情绪是指明白自身当下的情绪类别以及相应作用效果的优劣势。情绪类别包括快乐、伤心、生气、自豪、掌控、排挤、认可、惭愧、嫉妒、焦虑、抑郁、自卑、满足、失落、压力感、紧张感、畏惧感等积极性或消极性情绪。识别情绪也包括明白自身当下的情绪的诱因,尤其是消极性情绪的诱因以及相应作用效果的危害程度。一般来说,饥饿、失业、疾病、事与愿违等很容易诱发消极情绪,消极情绪体验通常伴随一定程度肢体不适状况,影响身心健康。

理解情绪主要指对自身和他人情绪的同理心、共情、包容接纳、避免误解的能力,包括换个角度看问题、设身处地思考问题、站在对方的角度看问题、同情心、悲悯心等。

描述情绪是指能够用符号、文字、语言、量表等手段分析情绪体验的过程,该项工作有时能激发情绪主体创作的愿望。

表达情绪是指能用适当的方式、手段展示或抒发情绪体验过程中的情感变化,表演、写作是最常用的手段或方式,该项工作有时能产生优秀作品。

调节情绪是指能够采取适当措施抑制情绪,使之停止发展,避免不良后果的发生。具体措施包括深呼吸、放松暗示、注意力转移、运动、歌唱或欣赏、自我反思、心理干预求助等,请通过文献检索获取更多情绪知识以及调节情绪的技巧和方法。

提高情绪素养,值得阅读以下图书:

[美] 戴维·伯恩斯. 伯恩斯新情绪疗法-Ⅲ[M].李亚萍,译.北京:科学技术文献出版社,2018.

宫梅玲.读祛心病[M].北京:海洋出版社,2018.

金洪源,王云峰,魏晓旭.元认知心理干预技术:神经症、学习障碍与个性困扰的高效解决[M].沈阳:辽宁科学技术出版社,2013.

翻转案例 1.27　理解各素养的作用

比较上述 11 项素养的内涵,对照自身的素养水平,分享你的学习心得。

你认为是否存在某一种素养对这些素养水平起着决定性作用?

12. 元素养

前面我们列举了 11 种与每个人的成长密切相关的核心素养,实践中还存在一些特别的场景,对身处其中的个体素养提出了特别要求,如恋爱素养、新生儿父母祖辈素养、危机应急素养、病患护理素养等。这些素养有些是前面列举的素养的下位素养,比如恋爱素养属于人际交往素养的下位素养；有些是多个素养的综合；有些则可能是全新的素养，比如危机应急素养、新生儿父母祖辈素养、病患护理素养等。是否有一种最上位的优秀素养使得人们能主动且迅速地辨识所处场景要求自身掌握的新知识、新技能呢？答案是肯定的，这个最上位的素养就是“元素养”（Meta-literacy）。遗憾的是，术语在线上与“元素养”有关的词条仅为各类“素养”词条。但幸运的是，我们能通过其他检索工具获得大量关于“元素养”的文献。

元素养指的是为了习得各方面的素养所应具备的最基本素养，也称素养的素养。较多学者认为，信息素养是信息时代的元素养[18]，“元素养”概念的提出使得信息素养教育有了新的框架体系和目标[5]。也有学者认为，个人应该具备某个特定领域的元素养，如私人家庭金融领域的元素养建立在理解基本经济原则、少数经验法则和生命周期中最相关的决策的基础上。[19]另有学者认为，元素养是媒介素养、信息素养、职业素养等一切素养的基础，是提高信息主体在信息化社会环境下利用批判性思维和协同合作的能力生产、获得、分享信息的综合性素养。[20]比较上述三种观点可以发现：学界关于信息素养与媒介素养、职业素养等其他素养的关系的争议仍然存在；学者们所认为的“元素养”都包含了“驱动素养的素养”的定位；类似于“私人家庭金融领域元素养”的这类个体在特定学科领域内的元素养概念的提出，有助于在特定场景或领域内的教育活动。

翻转案例1.28　理解信息素养的作用

有人说，信息素养是信息时代的元素养。也有人说，元素养是媒介素养、信息素养、职业素养等一切素养的基础，是提高信息主体在信息化社会环境下利用批判性思维和协同合作的能力生产、获得、分享信息的综合性素养。请问你如何理解元素养？

翻转案例1.29　理解元素养的作用

你是否认为“私人家庭金融领域元素养”的目标完成离不开上位的元素养？如果答案是肯定的话，那么你认为这个上位的元素养包括哪些知识和能力特征呢？

回顾媒介素养、视觉素养、数字素养、数据素养等素养的内涵,容易发现,区分这些素养对于其属个体的意义在于:信息记录格式、记录信息的媒介形态、信息交流环境及生态、艺术作品所表达的艺术对象的不同所引发的信息获取的方式、途径的变化,所获得信息内容的完整性、真实性、可利用性的变化,也导致信息的创造、发布及交流的变化,个体在掌握传统信息素养的基础上,还需要有媒介相关知识、视觉欣赏等信息技术或艺术创作相关知识并能灵活运用。不但如此,实际上也存在同一场景对多个素养的要求的情况。因此,将信息素养作为媒介素养、视觉素养、数字素养、数据素养等素养的元素养,提高个体适应具体的信息场景与环境的综合能力,也是元认知智慧在信息素养教育领域的体现。

综上,由于提出元素养概念的主要目的是帮助学习者更高效地提升信息素养,而信息素养具有天然的领域或场景特性。借鉴公共职业素养的概念,为了降低复杂性且便于推广,定位于"驱动素养的素养"的"元素养",是可以局限于某个特定领域或场景内的,进一步在此类元素养的基础上提出"元元素养"是有意义的。"信息素养"作为媒介素养、视觉素养、数字素养、数据素养等素养的"元素养",是否可以进而成为统领所有"元素养"的"元元素养"呢? 首先要分析信息素养教育所达到的目标。

从表 1.10 至表 1.15 中可以发现,相关知识和行为技能要求中,"质疑""求同存疑""尊重他人的知识创造""自我评价""道德法律准则""虚心""保护隐私""思维灵活且有创造性"这些关键点与前述"职业素养"中提到的"责任心""情绪素养""人际交往""世界观",并不仅仅是"信息时代"的人处于网络信息环境时才必须具备的素养,而是生而为"社会人"应该具备的基本素养,必须配套专业且系统的知识才可能达到预期的教育效果,比如"道德与法治""生命与情操""人际关系与礼仪""情绪素养与心理健康""知识产权与经济""创新素养""美学与艺术创作"等,甚至还包括"电子信息技术""多媒体技术""人工智能"等这类本来是非专业对口人员选修的知识。对于这些知识的学习,一要靠学校开设课程配套,也需要配套课程的专业教师;二就是要普及推广"新框架"中的第 6 项——文献检索知识,加强文献检索技能培训,使之成为人们提升综合素养的基本素养。

我们也可以反过来分析,上述能力中,是否存在某一个能力属于牵一发而动全身的作用呢? 认真分析了提出"元素养"概念的雅各布森(Jacobson)团队开发的 MOOC 课程的教学设计[6]后发现,阅读素养、文献检索素养是学生们每天完成的 6 个任务点中最核心的素养。不能阅读,就没有必要检索文献,也没有分享和发表观点的可能。不会文献检索,阅读的可持续性就没法保障。具备了高水平阅读素养和文献检索素养的人,其元认知必然会达到元认知智慧。因此,我们认为,阅读素养与文献检索素养是人类综合素养的"元元素养"。在"元元素养"的支撑下,一切与学习有关的问题将不再成为难题,批判性思维、尊重知识产权、信息伦理与法律规范、媒介素养、视觉素养、信息技术、人工智能、企业管理、个人理财、人际交往、情绪管理等,不一而足,应有尽有。

翻转案例 1.30　理解元元素养

分享你的关于阅读素养与文献检索素养共同构成人类综合素养的“元元素养”的观点。

13. 谈判素养

在术语在线上，能检索到“谈判”(Negotiation)词条，“即两方或多方为协调利益分配等相关问题而进行的博弈式会谈过程”。尽管未见“谈判素养”或“谈判素质”(Emotional Literacy)的词条，但有“采购谈判”“自动谈判”“谈判者”“谈判集”“谈判解”“谈判成本”“集体谈判”“竞争性谈判”“组织内谈判”“整合式谈判”“分布式谈判”“谈判支持系统”“电子商务谈判”“公务员集体谈判制度”“中欧裁军谈判”“谈判工资理论”“雇主谈判力量”“谈判支持系统”“板门店谈判”“英法苏莫斯科谈判”“工会谈判力量”“分布式谈判”等与谈判有关的词条。检索百度、中国知网、图书馆馆藏，发现较多有关“商务谈判素质”和“警务危机谈判”的文献，大家可以从中了解到从事“商务谈判”等需要具备的职业能力，也是一项需要学习的能力。

在中国大学 MOOC 上，可以检索到与“谈判素质”相关的在线课程，如“谈判学”“商务谈判”“商务沟通与谈判”“创业商务谈判”“涉外商务谈判”“商务谈判与社交礼仪”，还有一些心理学、管理或法律类课程也涉及谈判，比如“高情商提升课”“职场情商课”“社会心理学”“管理沟通：思维与技能”。而通过观看“谈判学”课程，我们了解到，谈判无处不在，人人都该懂它，任何需要通过有效沟通来解决问题的场合，都会经历“谈判”。这也是在元元素养之后再介绍谈判素养知识的主要原因。

“谈判素养”的知识包括“为什么要学习谈判”“谈判的基本原则”“谈判的开局与成员角色分配”等陈述性知识，也包括“开局”“中场”“终场”等程序性知识，还包括“需求层次论”“公平论”“博弈论”“实力谈判理论”“吸取的教训”等策略性知识。

通过文献检索及对文献的阅读，不但能学习谈判技巧和技能，还能为谈判前、开局、中场、终场及总结阶段提供足够的信息和知识准备。

假设你要找工作，投递简历、面试的过程也是一个谈判的过程。简历是单向输出的谈判，而面试是面对面的谈判。如果用人单位给了你面试的机会，表明你在此前为了赢得基于“简历”的谈判而进行的文献检索以及对文献的利用是有效的。

例 1.23 举例说明文献检索与阅读能力对于谈判结果的重要性。

一名学生在晚上 10 点 55 分去快餐店买了一份炸薯条。薯条有些湿软,他想换一份,服务员不耐烦地回答说:"再过 5 分钟,我们就关门了!"

这个学生平静地走到柜台另一端,拿起一张快餐店印制的保证食物新鲜的宣传单,然后走回到服务员那里。"我现在在这家快餐店,对吗?"这名学生问。

店员"嗯"了一声。"那好,"学生说,"这张宣传单上说你们的食物在整个营业期间都是绝对新鲜的。"他指着宣传单上炸薯条一栏,上面承诺会带给顾客所期望的"完美品质"。"这家店难道不是要到晚上 11 点才停止营业吗?"这名学生补充道,"宣传单这一栏并没有写保证食物新鲜在停止营业前 5 分钟就开始失效,对吗?"

毫无疑问,很多人会无奈地接受湿软的薯条,或一气之下转身离开,或气愤地与对方发生争执,或气恼不堪。这名学生却冷静地在现场检索并利用了快餐店为消费者制定的准则文件。虽然这是一件小事,但在成千上万的场景中,无论大小,从餐馆到你的工作,从老板到你的恋人,从同事到你的父母,只要是有文献的场景,文献就能成为你赢得谈判的筹码。

翻转案例 1.31 理解谈判在生活中随处存在

(1) 假设你是一名公交车司机,你的同伴是一名乘客。由于自身的原因,乘客乘过站进而抓住方向盘,强烈要求你立即停车并打开车门让他下车。你和这名乘客之间的沟通就是一场谈判。请问,你与乘客之间的谈判是否需要文献检索?为什么?

(2) 当你气喘吁吁地从前一个航班飞机出口奔向下一个航班飞机登机口,却发现尽管飞机并没有起飞,但是通往登机走廊的门却已经关闭了。如果你无法登上这个航班,你精心准备的假期旅行就提前结束了。如果你想争取,就需要与航空公司、机组人员、登机值班员展开一场谈判。你将如何开始这个谈判呢?

提高谈判素养,值得阅读以下图书:

[美] 斯图尔特·戴蒙德.沃顿商学院最受欢迎的谈判课[M].杨晓红,李升炜,王蕾,译.北京:中信出版社,2012.

练习 1.7

请阅读上述与各素养有关的书籍,并在豆瓣上发表你的阅读心得。

1.4 做一名精通文献检索与知识发现的生活、学习、工作达人

1.4.1 Big6 信息问题解决模式

1. 初识信息问题解决模式

为了使同学们对“Big6 信息问题解决模式”有更直观的认识，我们从生活中最常见的自我介绍开始。

翻转案例 1.32 理解“自我介绍”的过程

请介绍你自己。

我们知道，自我介绍的目的就是要让别人了解你，具体就是回答“你是谁”这个问题，你要把有关你自己的所有内容（包括简历、经历、业绩或成果）收集加工整理好，以适当的方式（如表格、文字叙述、音视频、现场表演或演讲等）展示给别人，因此“自我介绍”解决方案本质上是一个“信息问题”解决方案。

每个人都有自己的“自我介绍”解决方案，自我介绍的效果好不好，与你的“自我介绍”解决方案很有关。

有的同学可能会觉得，给“自我介绍”做解决方案，有点小题大做了，其实不然。在求职、销售、升学面试等重要场合，“自我介绍”是你递出去的一张名片，是你的一块“敲门砖”。

当然，除了“自我介绍”，生活中我们也会面临其他各种重要的“信息问题”，比如论文开题、申请项目、争取政策支持等。

因此，我们有必要研究科学合理的信息问题解决模式。

翻转案例 1.33 理解信息问题解决模式的运用

请同学们以“自我介绍”为例重新整理更合理的“信息问题解决模式”。

你是不是想到了百度？也许在百度里面能找到“自我介绍”秘籍或者现成的“自我介绍”优秀范例。但是，这些秘籍或范例一般都有特定的场景和受众，有特定的主人公，不一定能解决你的实际问题。

下面介绍一种基于 Big6 信息问题解决模式的“自我介绍”方案。

2. Big6 信息问题解决模式流程

Big6 是一种已经在国外得到普遍应用的信息问题解决模式，用来培养学生的处理信息能力和问题解决能力，是由美国学者麦克·艾森堡(Mike Eisenberg)和鲍伯·伯克维茨(Bob Berkowitz)于 1988 年首先提出的。世界各国的很多学校，从幼儿园到高中，甚至大学或成人学习，都在采用这种方法，运用各种资源来解决问题或完成任务。例如，可以帮助你写作研究报告，或者帮助你在做研究时组织资料等。

概括起来，Big6 解决信息问题的过程主要包括以下 6 个阶段(如图 1.15 所示)：确定信息搜索内容和搜索策略、确定可能的资源范围及定位搜索的优先顺序、获取文献、阅读并摘录信息、综合并表达、评价。每个阶段分 2 个步骤，共 12 个步骤。

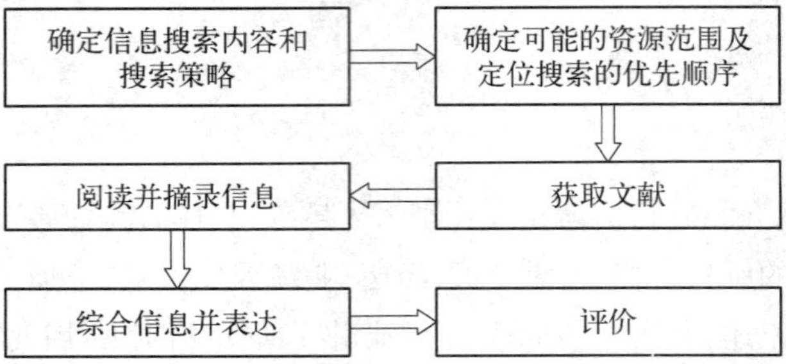

图 1.15　Big6 流程图

第一阶段：确定信息搜索内容和搜索策略(Be sure you understand the problem)。

第一步：确认完成任务需要的信息内容的范围，制定“信息问题解决方案”必然是从问题出发。以“自我介绍”为例，要回答“我是谁”，一般是要找到所有有关“我”的信息或者与“我”有关的信息。其中，有关“我”的信息是自我介绍的主要内容，因人而异，因受众对象而异。一般包括：我的姓名、性别、生日、祖籍、出生地、所学专业、特长爱好、职务与头衔、获奖、演讲、作文、著作、主要业绩、科研成果。与“我”有关的信息一般作为补充内容，一般包括：曾用名、与姓名有关的趣事、父母的职业、特长爱好、成长经历、轶事、生活的感悟或观点等。另外，为了更有针对性，实际上你还应该搜集一些与你的这份“自我介绍”的受众有关的信息。

第二步：确认完成这项任务所需信息的搜索策略，主要指搜索词和工具。表面上看，“自我介绍”似乎不需要搜索词，自己对自己自然很清楚。但你可能不记得自己的全部。

要找到上述有关“我”的信息或与“我”相关的信息，姓名一定是不能少的搜索词，比如自己的姓名、曾用名(包括小名)、英文名，为了避免“同名”的尴尬，有时候也需要用所在单位中文名称、英文名称作为搜索词。

至于检索工具，除了你自己、你的父母家人、亲戚朋友等外，还有其他可能记录你的特长爱好、成长经历、职务头衔、主要业绩、科研成果等信息的工具，如你参加的某个比赛的官方网站、新浪微博、曾经任职机构的网站、中国知网、万方数据等。

第二阶段：确定可能的资源范围及定位搜索的优先顺序(Identify source of information)。

第三步：确定可能的资源范围，主要指相关信息的时间、地域范围，形式范围等。比如，只需要展示你高中阶段或大学阶段的成长经历，或者你在某个曾任职机构的经历等，或者需要你歌唱的录音文件或者撰写的期刊论文或专著，但不需要视频文件、会议论文、学位论文、专利、标准、产品说明书、政策咨询报告和主编的教材等。

第四步：定位搜索的优先顺序，如先找与姓名有关的趣事，后找期刊论文；先找高中以后的，再找高中以前的；等等。

第三阶段：获取文献(Gather relevent information)。

第五步：找到包含所需资源的工具，如你母校的档案室、你的爷爷。(中国知网或万方数据的检索入口，请另行学习课程团队的具体检索方法和技术相关教程。)

第六步：发现相关信息。比如，你到你母校的档案室里面找到你的获奖记录、领奖照片、获奖感言、采访录音、演讲等；如果是口述的，比如同事眼中的你或者听你爷爷讲你小时候的轶事，要有书写记录或者录音。

第四阶段：阅读并摘录信息(Select a solution)。

第七步：详读或者简读相关信息。

第八步：摘录保存有价值的相关信息。比如，你的获奖感言中的某段话、某个奖状、日记的片段等。

第五阶段：综合信息并表达(Integrate the ideas into a product)。

第九步：组织从多个资源中获得的信息。

第十步：把摘录的信息进行综合整理成文字稿，也可设计其他的表达方式，如表演、录制视频、口述等。

第六阶段：评价(Examine the result)。

第十一步：评价解决问题的过程，对照表1.18，填写结果评价。

表1.18　Big6信息问题解决过程及结果评价

评价内容	提　示	结果评价
所确定的内容是否全面?	如：是否征求专业人士的意见？是否符合某些特定的标准?	
搜索策略是否合理?	主要分析查全率和查准率	

续　表

评 价 内 容	提　　示	结果评价
找信息的技术是否正确?	主要分析是否正确使用工具,与人沟通时,是否有引起误解之处	
是否发现了所有相关信息?	如:是否遗漏了某段全文中的相关片段内容?	
是否摘录到有价值的信息?	如:是否存在有价值信息没有被摘录的情况?	
所有有价值的信息是否被正确无误地综合了?	主要分析综合前后信息内涵和外延的一致性	
表达信息的方式是否适当?	主要分析受众对表达方式的适应性	

第十二步:评价最终结果,确认信息问题是否已解决。这个过程因人而异,相对比较主观。如果觉得还没有解决,则应该回到存在不足的某个阶段,重新进行。

上述 6 个阶段的第一个英文单词的第一或第二个字母恰好是“BIGSIX”,故称为 Big6。

翻转案例 1.34　理解信息问题解决模式的作用

请你谈谈上述 Big6 信息问题解决模式与你的自我介绍解决模式之间的相同及不同之处。

翻转案例 1.35　熟练掌握信息问题解决模式

请你练习运用 Big6 解决问题。比如,可以针对不同的场合以及受众,用 Big6 信息问题解决模式,设计一份出色的“自我介绍”。

1.4.2　基于文献的知识发现方法

由于文献是记录信息和知识的载体,因此,阅读知识型文献,如本章 1.3 节推荐阅读的图书或者通过文献检索工具获得的学术文献,就能学习其中的知识。本节所介绍的基于文献的知识发现方法包括定性和定量两类。

1. 内容分析法

内容分析法是一种典型的定性方法。通过阅读某一话题的相关文献，对研究方法、研究过程、研究结论中的关键信息进行归纳，从而发现隐含的规律。由于文献呈现典型的非结构特性，使得从非结构化的文献内容中提取有价值的信息难度较大，在没有全文文本的情况下，完全依赖人工效率很低。通常在撰写文献综述或者编制咨询报告的时候采用，因此应用十分广泛。

进一步了解内容分析法，请参考以下论文：

王燕红，司徒凌云，杨海平，等.基于知识图谱的书证目录知识发现研究：以南海书证目录为例[J].情报杂志，2022，41(3)：173－180.

丁培.学术图表知识发现技术框架及研究进展[J].图书情报工作，2021，65(23)：136－148.

蔡妙芝，李晓瑛，赵嘉玮，等.基于SPO语义三元组的疾病知识发现[J].数据分析与知识发现，2022，6(1)：134－144.

2. 文献计量法

文献计量法是一种定量方法，主要用于得出某一话题相关文献的某些外部特征的变化趋势，如排名前列的作者、出版物、国家或地区、关键词，或文献出版按出版年的变化趋势等，为研发项目投入的必要性提供间接数据。已有的文献检索工具通常都配套相关的文献统计与分析功能，对于文献来自单一检索工具的情况，可以直接利用其统计分析能力。如果文献来自多个检索工具，通常需要将来自多个检索工具的文献合并去重后，使用独立的统计分析工具Excel等完成统计及分析工作。

进一步了解文献计量方法，请参考以下论文：

刘孝严，樊亚男，刘鹏，等.基于文献计量分析的长江经济带农田土壤重金属污染特征[J/OL].环境科学：1－16[2022－04－12].DOI：10.13227/j.hjkx. 202112303.

闫慧，陈慧彤.国内外图情档领域学术热点比较研究：兼论学术热点与学科发展的协同关系[J].情报资料工作，2022，43(2)：5－13.

闫慧.从文献调研看我国近十年来的信息管理理论研究[J].情报资料工作，2005(1)：78－82.

3. 引文法

新的文献创作往往是受到已有文献的启发，文献和文献之间就形成了引用与被引用关系，被某篇文献引用的文献也被称为该文献的参考文献。在此基础上，文献与文献之间又存在两种情形的共引关系：两篇或以上文献同时引用某篇文献，两篇或以上文献被同时某篇文献引用。

引文法主要用于筛选进一步分析的文献集合，在所得到的文献集合上进一步采取内容分析法、文献计量法及其他方法发现隐含的知识。

进一步学习引文法,请参考以下论文:

李海涛,吴雪华.基于引文分析法的我国历史学者档案利用特征研究[J].档案学研究,2020(4):20-28.

邵作运,李秀霞.引文分析法与内容分析法结合的文献知识发现方法综述[J].情报理论与实践,2020,43(3):153-159.

李满春,姚梦汝,汪侠,等.基于引文分析法的"点-轴系统"理论研究述评[J].地理科学进展,2019,38(2):164-174.

4. 关键词共现法

通过关键词可以确定一篇文献的核心内容,"共现"即共同出现,表示两个或以上的词同时作为某篇文献的关键词。以一定频次共现的文献关键词揭示了这些关键词之间存在紧密的联系,这些联系可以启发科研人员的创新思维,省去试错实验时间和资源。1986年,美国芝加哥大学的医学教授斯旺森(Swanson)博士在研究雷诺氏综合征和鱼油时,发现两组不存在引文关系的文献之间存在某种隐含的联系。经过深入分析后,他发现雷诺氏综合征和鱼油之间存在紧密的联系:一组文献报道了雷诺氏综合征患者镁元素摄入不足,另一组文献报道鱼油富含镁元素。这两组文献通过"镁元素"被关联起来了。在此基础上,斯旺森博士提出了一种基于文献的ABC知识发现方法。

在此之前,关键词共现法已经被祖先用来发现了阿司匹林。杨柳树能耐受潮湿的环境,应该是它的树皮里面含有抗湿或耐湿的物质,这种物质也许可以用于治疗人类的风湿病,后来人们研制了以该物质为主的阿司匹林。这种方法也是人们常说的"联想思维"或"关联思维",实际上体现的都是元认知智慧。

进一步学习关键词共现法可以参考以下论文:

李婷,熊英宏.近20年来中国家庭研究变迁:基于关键词共现的社会网络分析[J].人口与社会,2021,37(6):26-42.

刘伟,谢小璐.基于高频关键词共现的数字货币研究热点分析[J].河南财政税务高等专科学校学报,2021,35(5):33-39.

周云倩,赵赟.基于关键词共现的出版转型研究热点分析[J].科技与出版,2021(9):134-139.

史启明,雷易璇,屈撑囤,等.基于关键词共现的国内纳米CeO_2处理污水研究主题分析[J].西安石油大学学报(自然科学版),2021,36(3):113-120,126.

代冰,胡正银.基于文献的知识发现新近研究综述[J].数据分析与知识发现,2021,5(4):1-12.

5. 综合法

从大量文献中发现知识时,常常需要同时使用多种方法,这就是综合法。综合法往往带有较强的方法创新性,是情报学领域研究人员的主攻方向。在中国知网中,用"知识发现”检索到许多相关文献，可以作为参考。以下列举1篇：

王宗水，刘海燕，刘苇，等.基于时间拓展网络的知识发现与发展路径识别：以信息管理领域为例[J].情报学报，2021，40(9)：993－1003.

翻转案例 1.36

请将上述基于文献的知识发现方法用于你所感兴趣的文献集合，并分享你所发现的知识。

1.4.3　个人文献检索能力评价指标体系

考虑到文献是记录信息和知识的载体，为了便于掌握，结合前面已经介绍的检索策略制定步骤、Big6信息问题解决模式，以表1.15为蓝本提取一些与文献检索能力有关的知识技能和行为方式作为构建个人文献检索能力评价指标体系的基础，如表1.19所示。

表 1.19　个人文献检索能力评价指标

知识技能	行为方式
确认面临的问题中涉及的话题	展现出思维的灵活性和创造性； 认识到各种文献在内容和形式上有很大的不同，并且其相关性和价值也会因需要和检索性质的不同而差异很大
确认关于某一话题的信息产生方，如学者、组织、政府及企业； 确认可能记录上述信息的文献类型和范围	
确定获取文献的检索策略	
选择与文献需要和检索策略相匹配的检索工具； 检索时运用发散（如头脑风暴）和收敛（如选择最佳信息源）思维	
根据检索结果来设计和改进文献需要与检索策略	明白最初的检索尝试不一定可以得到充足的结果； 寻求专家的指导，比如图书馆员、研究人员和专业人士
理解文献检索系统（如已记载信息的收集）的组织方式，以便获取相关文献	
使用不同类型的检索语言（如控制词表、关键词、自然语言）	

续 表

知 识 技 能	行 为 方 式
管理检索过程和结果	明白浏览及其他偶然发现的文献收集方法的价值； 坚持面对检索的挑战,并知道在拥有足够的信息时结束任务

1.5　全文获取途径

在“1.2 常见文献来源线索的研判”一节,我们介绍了如何解读数据库的题录信息和参考文献的线索。本节我们利用上述两个线索来介绍几种全文的获取途径。

常用的获取全文的途径有以下 5 种：

(1) 利用数据库全文链接直接获取全文；

(2) 利用期刊联合查询快速定位数据库；

(3) 通过百链数据库全文传递；

(4) 利用研发平台全文申请或馆际互借；

(5) 通过 QQ 群求助或向论文作者求助。

1.5.1　中文期刊全文的获取途径

例 1.24　一篇中文期刊论文由夏光辉等撰写,内容是关于一种海水透明度测量新方法的研究,请查找全文。

解析：知道中文的研究内容、作者等信息,根据文献的专业选择合适的全文检索工具。可利用数据库如中国期刊全文数据库或万方数据库查找全文。

1.5.2　外文期刊全文(提供刊名)的获取途径

例 1.25　一篇关键信息为“*Cell*, Volume 162, Issue 2, Pages 243 - 245, Brian T. Castle, David J. Odde”的文献,请查找全文。

解析：知道刊名、年、卷、期、页码等信息,借助“期刊联合查询”功能,快速查询收录该期刊的数据库,直接进入链接的数据库,查找全文。

第一步，进入华东理工大学图书馆主页的“期刊搜索”界面，如图 1.16 所示。

图 1.16　华东理工大学图书馆主页的“期刊搜索”界面

第二步，输入刊名，快速查找收录该刊的数据库，点击“来源”进入该数据库，如图 1.17 所示。

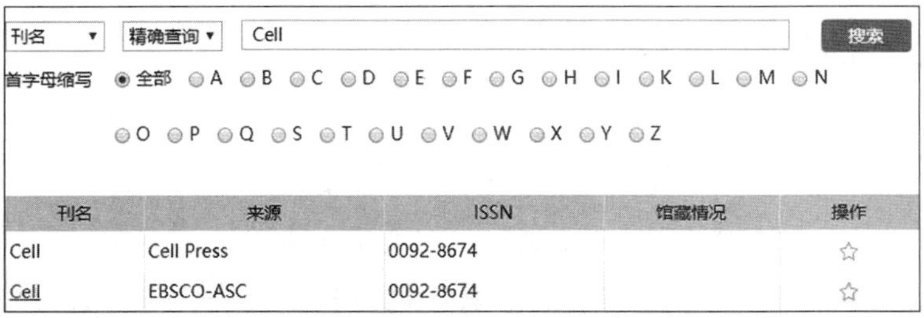

图 1.17　查找收录该刊的数据库

第三步，在期刊主页中根据年、卷、期、页码等信息，快速找到该篇原文，如图 1.18 所示。

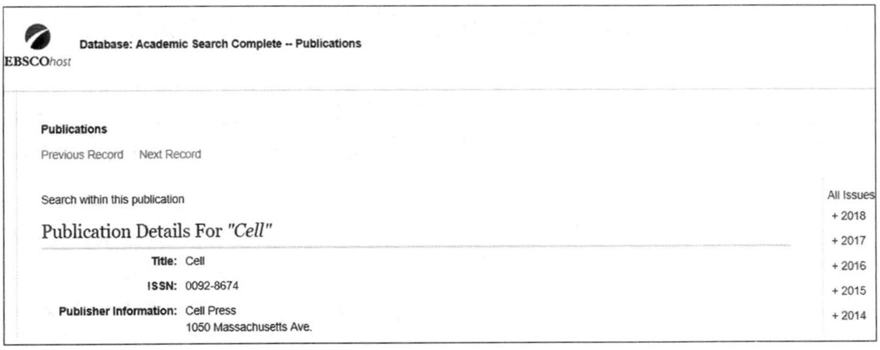

图 1.18　在期刊主页中找到该篇原文

1.5.3　外文期刊全文(不提供刊名)的获取途径

例 1.26　一篇关键信息为“Vasanthy, M.; Geetha, A. etc, a study on drinking water quality”的文献，请查找全文。

解析：知道外文题名、作者等信息，利用超星百链，或文摘数据库如 CA、EI、SCI 等查找相关文摘，点击“全文链接”获取全文。若没有“全文链接”，则通过“全文传递”获取全文。

1.5.4 中文图书全文的获取途径

例 1.27 书名为《跨文化商务沟通》,郁文蕾主编,华东理工大学出版社 2009 年出版,请阅读全文。

解析:知道中文或外文图书的书名、作者、出版社等信息,可借助“书目查询”功能,快速查询该书的馆藏情况,根据馆藏情况借阅该书或浏览电子图书。

1.5.5 专利全文的获取途径

例 1.28 查找专利 EP 2080764 的全文。

解析:知道专利号信息后,首先根据国别代码判断该专利的所属国,选择合适的专利数据库检索全文。基于不同国家专利号码的格式要求,要根据准确的专利号码检索全文。EP 是欧洲专利,可通过欧洲专利局数据库找到该专利的全文。

1.5.6 依据参考文献列表题录线索获取期刊原文途径(馆藏期刊)

例 1.29 小李想查看一篇论文中的一条参考文献,其关键信息为“Liu, H.; Liang, X.; Sohoel, H.; Bülow, A.; Bols, M. *J. Am. Chem. Soc.* 2001, 123,5116”。

他尝试了多种方法。

第一种方法:在谷歌学术中,搜索“Liu, H.; Liang, X.; Sohoel, H.; Bülow, A.; Bols, M. *J. Am. Chem. Soc.* 2001, 123,5116”,但是没有获得有用的信息,多数都是这篇文献的施引文献。

第二种方法:使用 SciFinder 的期刊检索,输入刊名、作者姓名、出版年、卷号以及起始页码,找到了该篇文献。点击文献题录标题后面提供的全文链接。

第三种方法:运用华东理工大学图书馆的期刊查询系统直接查找该刊,首先还原期刊 *J. Am. Chem. Soc.*的全称为 *Journal of the American Chemical Society*,接着运用期刊联合查询,找到收录该刊全文的 ACS 数据库,进入 ACS 数据库。

第四种方法:利用 Web of Science 数据库,查找 2001 年发表在 *J. Am. Chem. Soc.*上\作者为 Liu, H.的论文,点击题录后提供的“全文”链接获取全文。

1.5.7 利用参考文献列表线索获取期刊原文(非馆藏期刊)

例1.30 小李对参考文献"Horne, G.; Wilson, F. X. *Prog. Med. Chem.* 2011, 50, 135 – 176."感兴趣,想查看原文。

小李先在 Web of Science 数据库中进行检索,找到了该篇文献,该刊的全称为 *Progress in Medicinal Chemistry*,以及该论文的题目"Therapeutic applications of iminosugars: current perspectives and future opportunities",但没有找到全文链接和作者邮箱。

于是小李尝试其他途径获取全文:

(1) 在图书馆主页上的"期刊论文传送"区,提交咨询单,由于非本馆馆藏,这个可能是收费服务。

(2) 利用图书馆主页上的"超星百链",检索"Therapeutic applications of iminosugars: current perspectives and future opportunities",未找到全文链接。

小李只好继续尝试其他途径:

(3) 在上海图书馆的"网上联合知识导航"中,提交了咨询单,两天后得到回复,得知该篇论文在上海图书馆馆藏的一本图书里,希望小李自己去上海图书馆借阅。

(4) 在研发公共服务平台、中国高校文献保障系统(CALIS)、中国国家科技文献中心(NSTL)、全国图书馆参考咨询联盟等"馆际互借"服务平台上提交"文献传递"请求。

(5) 由于无法获得该文作者的邮箱信息,但找到了引证文献的作者邮箱,进而给引证文献的作者发求助信: I am a undergraduate student from East China University of Science and Technology, I have great interest in the full text of the paper cited by your paper. Could you help me? (我是一名华东理工大学的本科生,我对您引用过的一篇论文的全文感兴趣。您能帮助我吗?)

4天之后,小李收到了引证文献的作者发来的原文,在原文的前面,有一个特别的版权声明: Provided for non-commercial research and educational use only. Not for reproduction, distribution or commercial use. (仅用于非商业研究和教育用途。不用于复制、分发或商业用途。)

(6) 在各QQ群中求助,很快就收到了原文,而且是免费的。

1.5.8 通过参考文献获取专利原文

例 1.31 李教授在某参考文献的参考文献列表中看到了以下的信息：Mi, J., Nathan, G. J., Luxton, R. E. and Luminis Pty. Ltd., Naturally oscillating jet devices, Patent Application, NoPP0421/97, 19 Nov 1997, Australian Patent Office。他该如何获取原文呢？

李教授利用欧洲专利局数据库做了多种尝试和检索：

(1) 在智能检索(smart search)界面，输入"Naturally oscillating jet devices""oscillating jet devices""jet devices"，所命中的均非指定的专利。

(2) 在智能检索界面的各种号码字段中，输入"AU0421/97""0421/97""AU19970421""AU97000421"，均命中 0 篇。

(3) 在智能检索界面，输入"Nathan, G. J."，命中 1 万多篇；输入"Nathan, G"，同样命中 1 万多篇；输入"(Mi, J) and (Nathan, G)"，命中 455 篇。

(4) 在高级检索(advanced search)界面，选择检索字段为 Inventor(s)，输入"(Mi, J) and (Nathan, G)"，命中 1 篇。

我们看一下欧洲专利局数据库的检索结果(如图 1.19 所示)，发现该专利的名称是"Oscillating jets"，同时利用 Web of Science 中的 DII 数据库检索，发现专利名称为"Fluidic device for exciting jets"，与参考文献中提供的专列名称"Naturally oscillating jet devices"均不符，这就解释了为什么用参考文献提供的专利名称检索的结果为 0 篇。

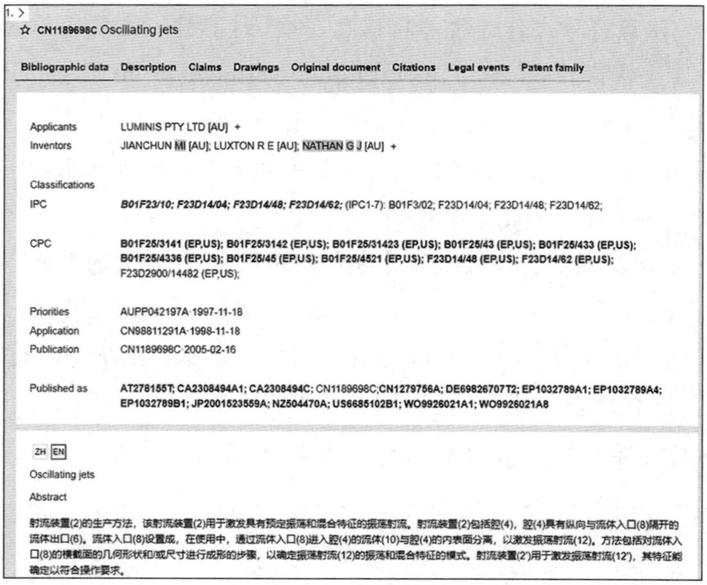

图 1.19 欧洲专利局数据库的检索结果

还有，参考文献中提供的“NoPP0421/97, 19 Nov 1997”不是申请号和申请日期，而是优先权号。

1.5.9　利用同族专利文献的多语种特性，解决语言障碍

例 1.32　查找同族专利解决语种问题

王博士在某篇文献的参考文献中看到了一篇韩国专利文献：KR101569094。他根本不懂韩语，于是在欧洲专利局数据库中检索(如图 1.20 所示)。他发现该专利有美国的同族专利，可以阅读英文的专利说明书。

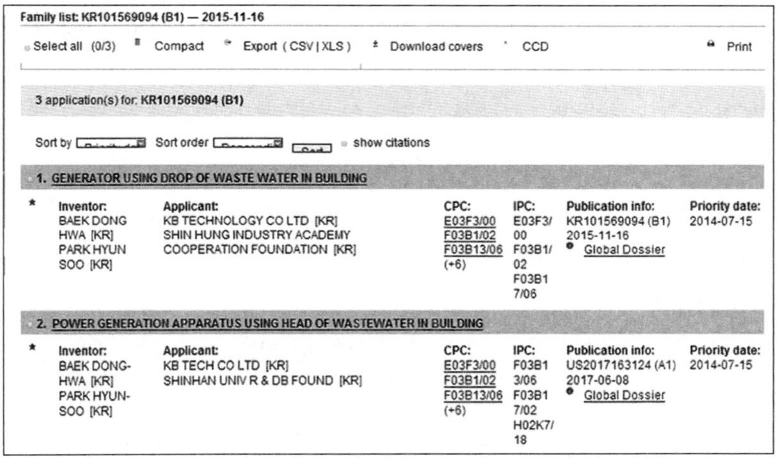

图 1.20　在欧洲专利局数据库中检索该专利

当然，有了原文线索后不一定能直接获取原文，这主要取决于各单位所拥有的数字资源。如果本单位没有购买，则通过专业咨询机构或向网友求助，或向原文作者或引证原文的作者索取原文，如果协助提供原文，要注意不能用于商业目的。此外，一些专业数据库也提供文献传递服务，如超星百链、超星读秀、维普、Elsevier、Springerlink 等。获取专利原文时，要考虑不同数据库对专利名称的翻译不尽相同，专利号码的索引标识也不一样，要灵活采用不同的检索途径。

1.6　本 章 小 结

本章主要介绍了与文献检索有关的各种知识，力求全面系统。具体阐述每个概念知

识时,主要基于陈述性知识、程序性知识、策略性知识三类知识的列举。本章的创新之处在于,阐述了利用文献检索提升个人素养的必然性,目的在于贯彻“智力知识观驱动”的文献检索学习动机,引导读者体会元素养、元元素养以及元认知智慧在内涵上的区别与联系。希望我们能通过将阅读素养与文献检索素养共同作为个人综合素养的元元素养,重塑“阅读教育”与“文献检索教育”这两个重要的教育命题。

参考文献

[1] ZURKOWSKI P G. The information service environment relationships and priorities [R/OL].[2021-02-12]. https://files.eric.ed.gov/fulltext/ED100391.pdf.

[2] 黄如花,冯婕,黄雨婷,等.公众信息素养教育:全球进展及我国的对策[J].中国图书馆学报,2020,46(3):50-72.

[3] 柯平,石婷婷,胡娟.2019年国外图书馆学热点与前沿分析[J].文献与数据学报,2020,2(3):99-118.

[4] 饶权,克里斯汀·麦肯齐,杰拉德·莱特纳,等.弥合数字鸿沟 促进数字包容:信息社会中图书馆的新使命[J].图书馆杂志,2021(2):4-19.

[5] Framework for Information Literacy for Higher Education[EB/OL].[2022-4-10] https://www. ala. org/acrl/sites/ala. org. acrl/files/content/issues/infolit/framework1.pdf.

[6] 杨鹤林.元素养:美国高等教育信息素养新标准前瞻[J].大学图书馆学报,2014,32(3):5-10.

[7] 韩丽风,王茜,李津,等.高等教育信息素养框架[J].大学图书馆学报,2015,33(6):118-126.DOI:10.16603/j.issn1002-1027.2015.06.017.

[8] ATHANASES S Z, BENNETT L H, WAHLEITHNER J M. Fostering date literacy through preserrice teacher inquiry in English language arts[J]. Teacher Educator, 2013, 48(1):8-28.

[9] 黄如花,黄雨婷.全球数字素养与技能提升:国际图联的贡献[J].情报资料工作,2022,43(2):22-28.

[10] GILSTER P. Digital literacy[M]. New York: Wiley Computer Publishing, 1997.

[11] 王帆,张舒予.读图时代的大众素养:媒介素养或视觉素养[J].中国电化教育,2008(2):21-24.

[12] 彭富春.美学[M].武汉:武汉大学出版社,2005.

[13] 佟丽,胡俊峰,侯培森.健康素质与健康素养[J].中国健康教育,2006,22(4):293-295.

[14] 李红梅.人民时评:以科学素养支撑健康体魄[N/OL].[2020-09-09][2022-04-

09]人民网-人民日报，http://health.people.com.cn/n1/2020/0909/c14739-31854701.html.

[15] 许亚琼.职业素养概念界定与特征分析[J].职教论坛，2010(25)：15-18.

[16] 蒋乃平，杜爱玲.职业生涯教育是新时期德育的重要内涵[J].职业技术教育，2012，33(4)：64-69.

[17] 郝篆香，蔡敏.情绪词汇课程：美国提高中小学生情绪素养的有效途径[J].比较教育研究，2013，35(5)：85-90.

[18] PELSER A M, SWANEPOEL E. Information literacy as a Meta-Literacy prerequisite for teaching and learning in an ICT environment[M]//WOLDEGIORGIS E T, JONCK P. Higher Education in the Face of a Global Pandemic. Boston: Brill, 2022: 139-156.

[19] OEHLER A, HORN M. Was sind Schwachstellen und Alternativen finanzieller Bildung? [J]. Vierteljahrshefte zur Wirtschaftsforschung/Quarterly Journal of Economic Research, 2021, 90(1): 107-123.

[20] 邹波，周盈.元素养视域下的新传媒人才培养路径探讨[J].传媒，2021(9)：81-84.

第2章

精通文献检索工具

第1章重点介绍了与文献检索有关的各种知识，包括文献、信息、知识，文献检索原理、文献检索工具原理、检索技术与检索语言、检索效果评价、检索策略制定、文献题录线索解读、全文获取方法、信息问题解决模式、基于文献的知识发现方法以及各种文献检索动因。本章结合具体案例演示运用常用文献检索工具检索文献的具体过程，以引导读者通过实践实现精通文献工具的目标。

2.1　利用综合型学术文献检索工具

本节所指的综合型学术文献检索工具的主要特点主要有文献类型多、学科专业领域广两个，往往提供文献类型或者学科专业领域这类检索入口，因此具有较高的使用频率。

2.1.1　中国知网及其他中文数据库

中国知网(CNKI)以中文文献为主体，同时集成了多个外文数据库的文摘检索；几乎包含了所有文献类型和学科，大部分中文文献提供全文下载。如图2.1所示，用户可以在其首页设定单个字段的检索条件以及跨库检索的范围(包括学术期刊、博硕、会议、报纸、年鉴、专利、标准、成果)后直接检索(以下简称“简单检索”)，也可进入“单库”(包括图书、古籍、法律法规、政府文件、企业标准、科技报告、政府采购)、“行业知识服务与知识管理平台”、“研学平台”、“专题知识库”等平台进行高级检索和出版物检索。

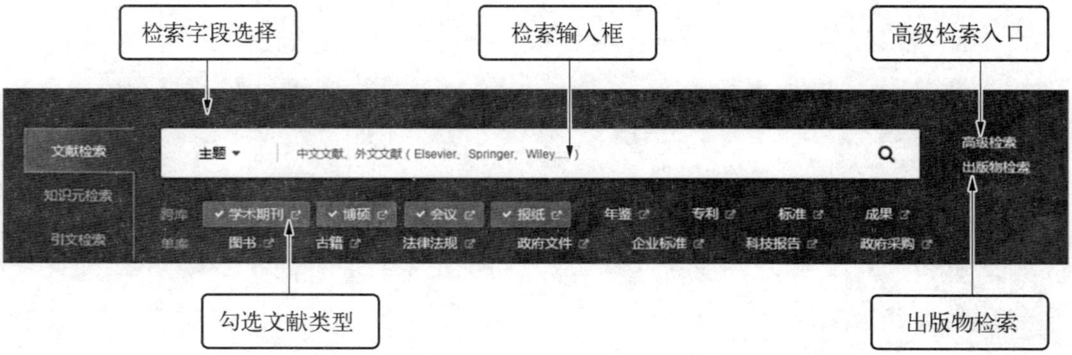

图2.1　中国知网首页的检索功能

需要注意的是，由于首页无法设定研究方向、专利号、标准号等学位论文、专利、标准文献所特有的检索条件，因此应该直接点击首页的“高级检索”，进入高级检索界面。

1. 简单检索

中国知网的简单检索，主要是指在首页的一框式区域，选择合适的检索字段，并设定符合中国知网规定格式的检索条件所进行的检索，默认检索的文献类型范围是学术期刊、博硕士论文、会议论文、报纸。检索输入框下方有“跨库”“单库”两类文献类型标签，单击“跨库”类文献类型标签，可重新设定检索的文献范围，单击“单库”类文献类型标签则进入相应文献类型的单库检索界面。

简单检索的规则：“空格”代表了逻辑“与”，也就是说，A“空格”B 相当于 A AND B，其他逻辑运算符是不能识别的。

2. 出版物检索

出版物检索主要提供通过出版物查找特定出版物或文献来源所发表文献的情况，对于期刊类出版物，还可了解到期刊的影响因子、所属刊源目录索引库（包括 SCI、SSCI、EI、CSSCI、中文核心期刊目录等）情况。点击首页上的“出版物检索”即进入出版物检索界面，默认的检索字段有来源名称（包括期刊名称或图书名称）、主办单位（主要针对期刊）、出版者（出版社）、ISSN 号（国际标准连续出版物编号）、ISBN 号（国际标准书号，一些会议论文集以专著形式出版，故也有 ISBN 号）、CN 号（中国期刊的国内统一刊号）。为了提高检索效果，建议首先点击“出版来源导航”选择不同的出版来源，如期刊、学术集刊、会议、学位授予单位、年鉴、报纸、工具书导航，不同出版来源的检索字段不同。

练习 2.1　查找“天津化工，2006，20(6)：45－46”的原文。

尝试以下两种检索方式，比较检索界面、检索结果界面的不同，并写出原文的标题。

方法一：直接在默认的出版物检索界面上检索，选择来源名称检索字段。

方法二：选择期刊导航后，选择“刊名（曾用刊名）”检索字段。

一般而言，中国知网的简单检索仅适合一个检索字段的检索条件，且检索条件的关系不能是逻辑“或”。当检索条件多于一个字段，或者检索词关系比较复杂时，应选择高级检索或专业检索。

3. 高级检索

点击中国知网首页上的“高级检索”即可进入“高级检索”的界面。在高级检索界面上，点击“专业检索”“作者发文检索”“句子检索”“一框式检索”，分别进入相应的检索界面。其中“一框式检索”界面即为简单检索界面。

检索系统默认同时检索期刊、博硕士学位论文、会议论文等多种文献类型，点击导航条上的“期刊”“博硕士”“会议”“报纸”等不同文献类型将仅检索期刊、博硕士、会议、报纸、专利、标准等单一类型的中文文献，点击“外文文献”将检索来自 Emerald、Tailor 等著名出版文献的摘要，点击“跨库检索”则可设定同时检索的多种类型文献，勾选不同的学科可以设定检索的学科范围。除作者、作者单位、文献来源外，每个检索字段还可设定两个检索词、检索词间的关系、检索词的频率以及匹配方式，但在检索词输入框内不能使用任何逻辑运算。系统会提供基于出版年、文献来源、出版物、相关词等分类统计功能，点击相应的统计条目可查看相应条目对应的相关文献，输入新的检索条件后点击“在结果中检索”将在上一次检索结果中增加新的条件再次检索，进而命中更少的文献。

4. 专业检索

翻转案例 2.1

检索与课题“废水中苯酚降解研究”有关的文献，你选用哪些检索词？

除了上述使用下列菜单选择检索字段的表单式简单检索或高级检索界面外，中国知网还提供了直接输入复杂检索式的检索界面，称为专业检索。

例 2.1　检索与“废水中苯酚降解研究”有关的文献。

首先分析课题，找出重要的核心概念：废水、苯酚、降解。确定这些核心词之间的关系：废水 AND 苯酚 AND 降解。然后找出检索词可能的同义词：“苯酚”也称“含酚”。据此构建通用检索表达式：废水 AND (苯酚 OR 含酚) AND 降解。最后将通用式调整为符合中国知网数据库规则的检索式：

SU=废水＊(苯酚+含酚)＊降解 OR TI=废水＊(苯酚+含酚)＊降解 OR KY=废水＊(苯酚+含酚)＊降解 OR AB=废水＊(苯酚+含酚)＊降解

中国知网的专业检索界面上提供了上述检索式的检索字段代码对应的实际检索字段名称、检索式示例以及检索表达式语法提示。将该检索式输入专业检索页面的检索式输入框(见图 2.2)，并选择合适的文献范围，即可检索“废水中苯酚降解研究”的相关文献。

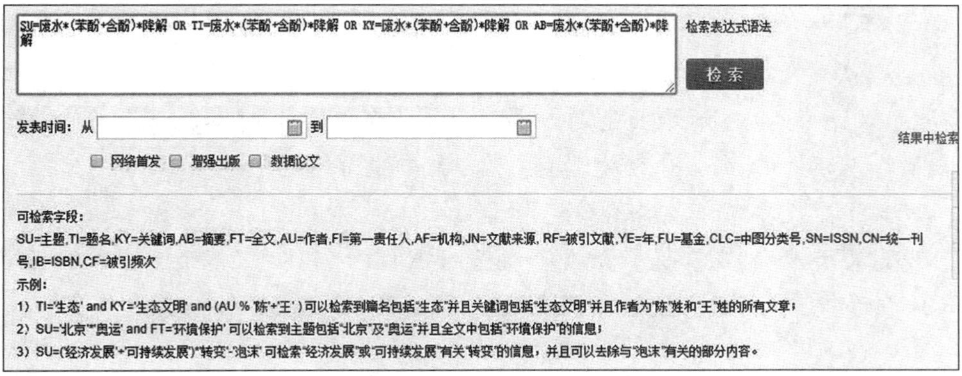

图 2.2　中国知网的专业检索界面

在中国知网的专业检索式中，需要注意以下几点：

(1) 检索字段代码必须大写。

(2) 检索词和 *、+、-(分别表示同一个检索字段的检索词之间的逻辑“与”、逻辑“或”、逻辑“非”)之间没有空格，字段和 AND、OR、NOT(分别设定不同检索字段之间的逻辑“与”、逻辑“或”、逻辑“非”)之间需要空一格。

(3) 如果检索词中含有 * 或 + 或 -，或检索词为词组、短语时，则使用单引号修饰，如 '4-硝基苯酚'。

练习 2.2

检索以下检索式，思考检索工具的工作原理：

(1) AU % ('陈'+'王')

(2) AU= ('陈'+'王')

(3) AF % '华东理工大学'

(4) AF= '华东理工大学'

翻转案例 2.2　理解检索字段的选择对检索结果的影响

请在中国知网的专业检索界面上，分别使用以下检索式检索，比较检索结果数量及内容的不同，讨论检索字段的选择对检索结果的影响。你认为通常情况下，对于以文献内容为检索条件的课题，应如何选择检索字段？

(1) TI=废水 *(苯酚+含酚) * 降解

(2) KY=废水 * (苯酚+含酚) * 降解

(3) AB=废水 * (苯酚+含酚) * 降解

(4) TI=废水 * (苯酚+含酚) * 降解 OR KY=废水 * (苯酚+含酚) * 降解 OR AB=废水 * (苯酚+含酚) * 降解

(5) SU=废水 * (苯酚+含酚) * 降解

(6) SU=废水 * (苯酚+含酚) * 降解 OR TI=废水 * (苯酚+含酚) * 降解 OR KY=废水 * (苯酚+含酚) * 降解 OR AB=废水 * (苯酚+含酚) * 降解

早期的文献检索工具仅提供与上述检索式相似的专业检索功能(也称 Expert Search),由于其要求检索者对检索工具的检索式编写规则十分熟悉,多数检索者更愿意使用表单式界面。但对于一些检索条件较复杂的检索课题而言,本教材仍推荐检索者使用专业检索界面而不是表单式的高级检索界面,这是因为:第一,检索式呈现的相同或不同检索字段的检索条件的运算优先层次级别十分清晰,便于审核其检索目标及合理性;第二,同一课题在不同检索工具中的检索条件基本相同,方便修改为检索工具对应的格式;第三,当使用表单式高级检索界面设定检索条件并检索时,如果希望保存检索条件以备后用,虽然可以将检索界面截图,但该截图却无法直接利用,代之以分别拷贝不同的检索词,操作会十分烦琐,而检索式为文本格式,更方便保存及再利用。

5. 检索结果处理

在检索结果页面上,可以从文献分类、年度、文献类型、来源、关键词等多个角度进一步筛选。

另有主题、发表时间、被引次数、下载数排序的功能,以及摘要浏览和列表浏览两个模式。在摘要浏览界面,可以直接对相应文献进行原文下载、在线阅读、引用、收藏。

选中感兴趣的文献,点击“批量下载”,可以同时下载多篇文献的全文。点击“导出与分析”弹出“导出文献”和“分析文献”两个按钮,选择“导出文献”又会弹出多种导出格式供选择,选择一种(通常选择“GB/T 7714—2015”)进入文献题录下载界面,可以下载多种格式的文献题录。

点击某篇文献的题名,可以进入该文献的详细介绍页面,页面包括文摘、知网节点及知识网络,并提供下载全文的按钮。中国知网提供 CAJ 和 PDF 两种格式的原文,阅读 CAJ 格式文件需要下载安装中国知网提供的 CAJView 阅读器,PDF 格式文件则可以使用各种网页浏览器阅读,也可以使用专用的 PDF 格式文件阅读器阅读。

2.1.2 万方数据

与中国知网相似,万方数据是一个综合性的中文文献检索工具,也提供全文下载。首页提供的“一框式检索”与中国知网的“一框式检索”略有不同，默认检索的文献类型为全部，可重新设定检索文献类型范围，当光标移到输入框内时，系统弹出检索字段下拉框，可选择检索字段，如果忽略检索字段，系统默认的检索字段为标题、摘要、关键词三个检索字段(统称为“主题检索字段”)。

与中国知网不同的是，万方数据未提供统一的出版物检索界面，仅当选定期刊、会议、方志这三种文献类型时，在“检索”按钮右侧增加了“搜期刊”“搜会议”“搜方志”的功能。

万方数据的高级检索界面上，可以设定检索的文献类型范围，但无法事先限定检索的学科范围。除一框式检索界面外，万方数据仅提供高级检索、专业检索和作者发文检索界面。

练习 2.3

(1) 以检索与课题“计算机文献检索”有关的文献为例，比较万方数据与中国知网一框式检索、高级检索界面、专业检索界面以及检索结果的不同。

(2) 分别注册成为万方数据、中国知网的个人用户，比较这两种检索工具的个性化服务功能的不同。

万方数据的检索规则与知网的检索规则差别较大，AND、OR、NOT 分别表示逻辑“与”、逻辑“或”、逻辑“非”，可以混合运用，且可以在高级检索界面的检索条件输入框中使用逻辑运算符；检索词为词组、短语时使用双引号修饰。

万方数据的检索结果界面提供的功能与中国知网的检索结果界面十分类似，可以同时勾选多篇相关文献，批量导出题录；显示每篇题录的同时，也提供了“导出”“在线阅读”“下载”等快捷导出或阅读单篇文献的按钮。点击文献的题名，进入单篇文献详细信息界面，界面上提供的相关文献包括学术文献、专利、标准、成果等以及博文、视频等媒体资源。

2.1.3　超星读秀、超星百链及超星电子图书数据库

超星读秀、超星百链及超星电子图书数据库同属一个公司，前两个工具的检索界面略有差别，超星读秀主要收录了各学科多种文献类型的中文文献，而超星百链则以各学科多种文献类型的英文文献为主。超星读秀数据库所覆盖的文献类型还包括政府信息、音视频、人物，其中“知识”“全部”为系统默认的所有文献类型，与万方数据、中国知网略有不同，且这两个工具提供了包括“全文传递”在内的多种原文获取途径。

当设定检索的文献范围为超星读秀的“知识”和超星百链的“全部”时，系统仅提供“一框式检索”界面，没有高级检索、专业检索等功能。当选择其他文献类型且非外文文献类型时，才能使用高级检索、专业检索功能。

练习 2.4

检索标题中含有“文献检索”的文献，请写出检索词，并与同伴分享你的检索过程与检索结果。

与前述几种检索工具不同的是，超星电子图书数据库是一个电子图书全文数据库，提供阅读器阅读和网页阅读两种阅读图书的方式。

在该工具的简单检索界面上输入检索条件时，两个检索词之间以空格分割，表示逻辑“与”，不能使用逻辑“或”、逻辑“非”。在高级检索界面上，同一个检索字段内不能使用逻辑运算符，不同输入框的检索条件之间是逻辑“与”关系，且只能精确匹配，检索词前后顺序不可颠倒。因此，如检索条件逻辑关系复杂，建议使用二次检索功能。

2.1.4 Web of Science

Web of Science(WOS)平台是一个集检索、分析、管理与评价于一体的平台，其首页顶部左侧是平台提供的数据子库或文献管理软件，默认的是所有数据库，提供文献检索和分析功能。

首页右上侧有“保存的检索式和跟踪”“历史”“标记结果列表”等个性化服务功能，注册成为数据库用户并登录后即可以使用这些个性化功能。页面中部有“选择数据库”列表，包括所有数据库、Web of Science 核心合集、Derwent Innovations Index、MEDLINE 等，默认的数据库为 Web of Science 核心合集。页面下部为平台内数据库的检索界面。

需要特别注意的是，选择“所有数据库”检索是对多个数据库进行跨库检索，尽管不同数据库提供的检索字段差异较大，但系统仅提供不同数据库中的共有检索字段，仅当选择单一数据库时，才能选择一些特色检索字段。因此，如果需要使用特色的检索字段，建议根据课题所属学科选择相应的数据库。比如：自控、物理及相关学科，选择 Inspec 数据库；医学及相关学科，选择 MEDLINE 数据库；专利，则选择 Derwent Innovations Index 数据库。如图 2.3 所示为 WOS 数据库的首页界面。

1. Web of Science 核心合集检索

Web of Science 核心合集仅收录了全球优秀期刊、会议或图书等类型的文献。

在系统默认的 WOS 核心合集检索界面上，点击“更多设置”可见引文索引选择项，即 Science Citation Index Expanded(科学引文索引扩展版，SCIE)、Social Science Citation Index(社会科学引文索引，SSCI)、Conference Proceedings Citation Index - Science(科学技术会议录引文索引，CPCI - S)；以及两个化学索引选择项，即 Current Chemical Reactions 和 Index Chemicus。实际上，WOS 核心合集还有 Art & Humanities Citation Index(艺术和人文学科引文索引，A&HCI)、Conference Proceedings Citation Index - Social Science

图 2.3 WOS 数据库的首页界面

(社科及人文会议录引文索引，SCPCI - S)。其中，SCIE 收录高水平自然科学、工程技术类期刊，SSCI 收录高水平社会科学领域期刊，A&HCI 收录高水平艺术和人文学科领域期刊，CPCI - S 收录高水平科技类会议文献，CPCI - S 收录社会科学类高水平会议文献，这些高水平学术论文索引可以根据需要单独购买使用权，因此不同机构用户的 WOS 核心合集中涉及的索引库不尽相同，同一索引库中可检索的年限范围也不同。但需要注意的是，虽然化学索引中的两个子库提供了化合物结构和反应检索，但对于需要使用化合物结构和反应检索的检索课题，建议优先使用 SciFinder 数据库。

WOS 核心合集提供多种检索途径：基本检索、被引参考文献检索、高级检索。

在基本检索界面上(见图 2.3)，有文献、研究人员两个检索界面。点击“添加另一字段”，可增加一条文本框，与前面的文本框构成逻辑组配关系，多次点击该按钮，可增加多条文本框。

检索规则如下：

(1) 逻辑运算符：AND、OR、NOT。

(2) 词组："",检索词之间用空格符分隔。

(3) NEAR：邻近算符，但不可用于“出版年”字段。

(4) SAME：仅用于地址字段。

(5) 截词：* 表示此处可有零或任意多个字符，如 pharmac * 可检出 pharmacy, pharmacology, pharmaceutics 等；$ 表示此处可有 0 或 1 个字符；*、$ 不能用于字符的最前端，且至少 3 个字符之后。

(6) 主题检索字段，实际检索题名、关键词、摘要三个字段。

(7) 如需设定作者单位检索条件，请使用“地址”检索字段。

练习 2.5

小王同学对两亲性(amphipathy/amphiphilic)聚肽(polypeptide/peptide polymers)的研究比较感兴趣,他打算利用 Web of Science 数据库,了解 2000—2016 年的文献报道情况。请分别说出用户、信息需求、检索需求、目标信息、检索工具、信息线索、信息资源分别是什么。请你替小王同学完成文献检索。

这里有两个核心检索词,一个是两亲性,一个是聚肽,两亲性有名词和形容词两种拼写方式,采用 * 截词,聚肽有两种表达方式:polypeptide、"peptide polymers "。

选择“基本检索”,选择“主题”检索框内输入 amphip * AND (polypeptide OR "peptide polymers"),时间跨度选择 2000 至 2016 年,数据库选择 SCIE,点击“检索”即可。

例 2.2　小王同学想进一步了解两亲性聚肽方面的研究,华东理工大学有没有这方面的研究?

该课题可以使用“基本检索”,也可以选择“高级检索”,这里以“高级检索”为例。

选择“高级检索”,在文本框内直接输入检索式:

TS=(amphip *) AND TS=(polypeptide OR "peptide polymer * ") AND AD =(E China Univ Sci & Technol OR ECUST OR 200237)

这里邮编将作为地址的限定条件,检索框右侧有字段标识说明。

浏览检索结果,发现第 3 条记录是华东理工大学(East China University of Science and Technology)林嘉平(Lin JP)教授 2016 年的研究,发表在 *Chemical Society Reviews* 刊物上。

翻转案例 2.3　理解各检索界面功能对于检索一篇文献被引情况的差异

继续了解华东理工大学(East China University of Science and Technology)林嘉平(Lin JP)教授 2016 年发表在 *Chemical Society Reviews* 上的论文的被引情况,分别使用高级检索、被引参考文献检索两种检索界面,比较检索结果的异同,与你的同伴讨论最佳方案。

翻转案例 2.4　理解各检索界面功能对于检索一名作者发文的差异

检索华东理工大学(East China University of Science and Technology)林嘉平(Lin JP)教授发表的论文被SCIE收录的情况,分别使用基本检索、高级检索、作者检索三种检索界面,比较检索结果的异同,与你的同伴讨论最佳方案。

2. 检索结果处理

与中国知网类似,WOS也在检索结果页面提供了“在结果中检索”、单篇文献全文链接(如果有的话)、文献题录导出、统计分析功能。但引文报告和跟踪功能比中国知网强大。

例 2.3　利用文献检索界面,检索华东理工大学林嘉平教授在1999—2020年发表的论文,浏览相关论文的研究内容,了解林教授团队主要成员、施引文献情况,并创建本次检索的跟踪服务,以便及时跟踪林教授所发表的被SCI收录的论文的被引用情况。

在文献检索界面,检索结果界面左侧给出了简单分析功能,可对出版年、Web of Science类别、文献类型、机构扩展、基金资助机构、作者等字段进行精炼(进一步限制检索条件)。

检索结果界面的右上角有三个重要的链接:创建引文报告、分析检索结果、创建跟踪服务。

点击“分析检索结果”,可对作者、研究方向、来源出版物、基金资助机构及合作机构等进行分析。

(1) 作者分析:团队成员或合作人员有魏东芝、林绍梁、王立权、蔡春华、陈涛等。

(2) 研究方向分析:主要研究方向有化学、聚合物、生物技术应用微生物学和材料学。

(3) 来源出版物分析:发表论文最多的刊物是*Polymer*和*JPCB*,在权威期刊*Angewandte*和*Nature Chemistry*上也有论文发表。

(4) 机构分析:合作机构有中国科学院、华东师范大学等国内机构,也有新加坡国立大学、日本工业大学等国外机构。

(5) 基金资助机构分析:研究受到国家自然科学基金、国家重点基础研究发展计划(973计划)和上海自然科学基金等的资助。

(6) 引文分析:在检索结果界面点击“创建引文报告”,得到引文报告。引文分析报告显示WOS收录论文集合的总被引频次、施引文献数量、施引文献出版物数量、去除自引的总被引频次和施引文献数量、h 指数、各年发表论文的被引频次和出版物分布图(可以全部下载到本地)。

由于一些文献被同一篇施引文献多次引用，因此，被引频次与施引文献数量通常不相同。

将林教授发表的文献从总的施引文献集合中去除，就得到去除自引的施引文献总数，这些文献引用林教授文献的总频次就是去除自引的总被引频次。

h 指数(h - index)：高被引指数，表示文献集合中有 *h* 篇文献被引用至少 *h* 次，能从总体上更客观地评价科研人员的水平，h 指数越大，表明科研人员的论文影响力越大。

从图 2.4 可见，林嘉平教授在 1999—2020 年发表的论文的 h 指数为 38，即有 38 篇论文的被引次数不少于 38 次。林嘉平教授发表的 SCI 收录论文数量(图 2.4 中的出版物)和被引频次数量都呈逐年上升趋势。

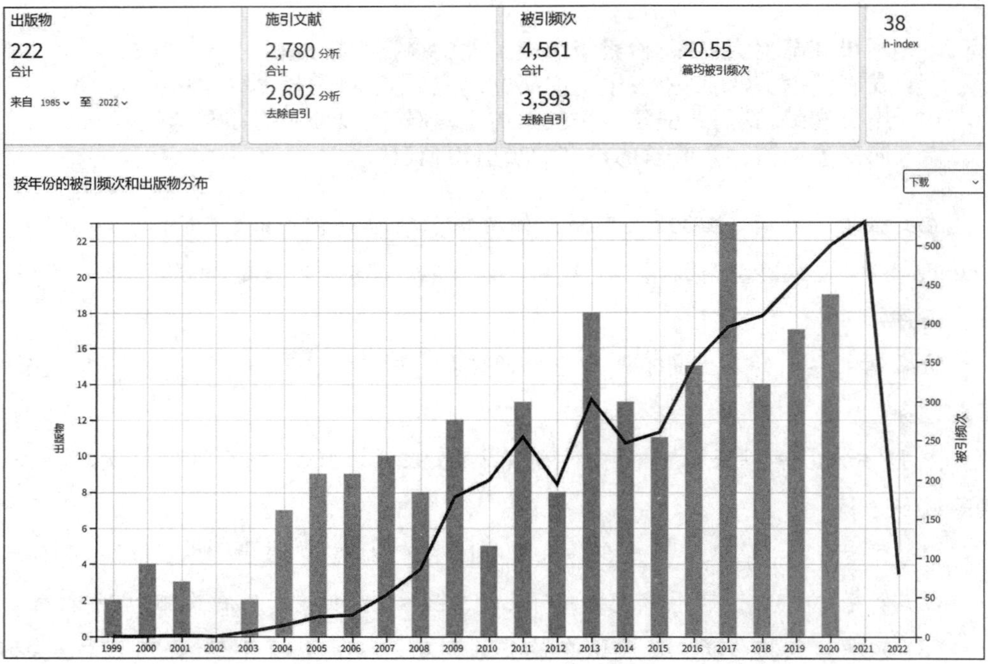

图 2.4　华东理工大学林嘉平教授 WOS 论文的引文分析报告

例 2.4　利用研究人员检索界面，对发文情况进行分析，了解华东理工大学林嘉平教授在 1999—2020 年发文指标数据。(检索时间：2022 年 4 月 12 日)

在研究人员检索界面，输入检索标识 Lin(姓)、JP(中间名以及名字的首字母)，在检索结果页面筛选华东理工大学(East China University of Science and Technology)

林嘉平(Lin JP)教授在 1999—2020 年发表的 223 篇文献后，进入新的界面。通过该界面，可以了解到：林教授的 h 指数是 38(有 38 篇论文至少被引用了 38 次)，有 2780 篇文献引用了 4563 次；林教授作为第一作者和通讯作者发表的论文占 75%，排名前 5(TOP5)的合作者分别是 Wang Liquan、Cai Chunhua、Lin Shaoliang、Tian Xiaohui、Zhang Liangshun。

从如图 2.5 所示的详细的作者影响力射束图，可以了解林教授所发表的每一篇论文在相应出版物上的影响力排名情况，点击左下角的"如何读取此射束图"可了解图例信息。从图 2.5 可以看出，林嘉平教授有多篇论文的影响力排名超过了所在出版物论文影响力排名的中位数。

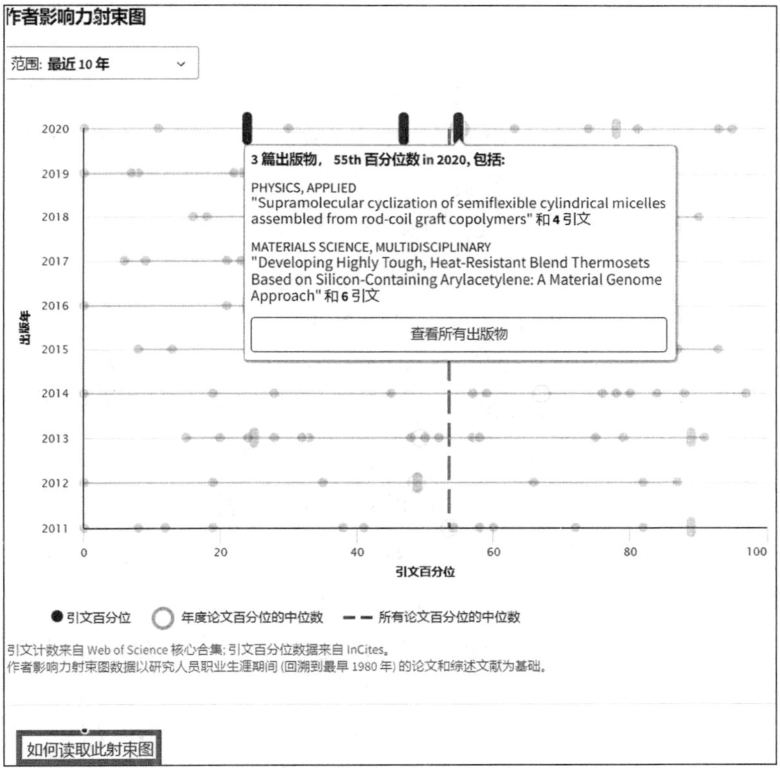

图 2.5　华东理工大学林嘉平教授 1999—2020 年 SCI 论文作者影响力射束图

进一步学习百分位数，请参考以下论文：

舒予.一种动态权重百分位数指标在学术活跃度评价中的应用[J].情报杂志，2021，40(8)：179-185.

点击施引文献数字后，进入与例 2.3 文献检索结果界面相同的界面，左上角显示有 2673 篇来自 WOS 核心合集。

点击引文报告，进入例 2.3 文献检索结果界面所提供的引文报告界面。

2.1.5 Scopus

Scopus 数据库是 Elsevier 出版集团提供科研管理解决方案的重要产品之一，收录了全球出版界(不限于 Elsevier)的经同行评议的专业文献(包括期刊、图书、会议、专利文献)摘要与引文信息，并提供与 WOS 数据库基本相当的文献检索及分析功能。具体包括：

文献检索：涵盖自然科学、医学、社会科学和生命科学全领域，支持跨库一键查看全文。

专利检索：涵盖五大国际专利库(美国、英国、日本、欧洲、世界知识产权局)多达 3900 万条国际专利记录。

文献检索及分析：提供对文献搜索结果进行来源出版物、作者、归属机构、学科类别等分析。

机构库：支持机构检索和分析功能。针对每个机构，统计机构文献信息(总发文量、总被引次数)、作者数、专利等信息，分析机构各学科类别发文占比及来源出版物发文情况。

作者库：支持作者检索和功能分析。针对每位作者，统计其文献信息(总发文量、总被引次数)，分析作者产出(来源出版物、引文、h 指数等)。

1. 检索规则

逻辑运算符有三种：AND(与)、OR(或)和 NOT(非)。

位置邻近算符有两种：pre/n(表示前后不可以颠倒)，W/n(表示前后可以颠倒)。例如：cat pre/10(dog AND mouse)(错误的表达式：不同的检索词用逻辑“与”AND 修饰时不需要加括号)，cat pre/10 dog AND mouse(正确的表达式)；(water OR vinegar OR wine) W/5 (oil OR yogurt)(正确的表达式：不同的检索词用逻辑“或”OR 修饰时需要加括号)。

检索短语时用大括号修饰，表示完全匹配，如：{computer design language}。用双引号修饰，表示大体或近似匹配，如："computer design language"。

截词符(也称通配符)：? 替换单词中任意位置上的一个字符，可以替换单词中任意位置上的 0 到多个字符。

字段：如果检索式中包含多个检索词，可以在一个文本框内键入这些检索词以及任意的运算符，不需要使用多个文本框。如：(seal * OR lubricat *) AND magnetofluid。如果使用高级检索，将检索式限制在字段名后的括号内，如：Title-abs-key ((seal * OR lubricat *) AND magnetofluid) 表示检索字段为 Title-abs-key(同时检索标题、摘要、关键词三个字段)，检索条件为(seal * OR lubricat *) AND magnetofluid。

例 2.5 比较位置算符和截词符对检索结果的影响。

在图 2.6 中，比较检索式 2 和 3，4、5 和 6 的检索结果，发现用位置算符 pre/2 和 W/2 检索结果比用 AND 少。

比较检索式 3 和 4 的检索结果，发现用 OR 增加了一个词，检索结果大大增加了。比较检索式 6 和 7 的检索结果，发现用截词符，检索结果增加了。

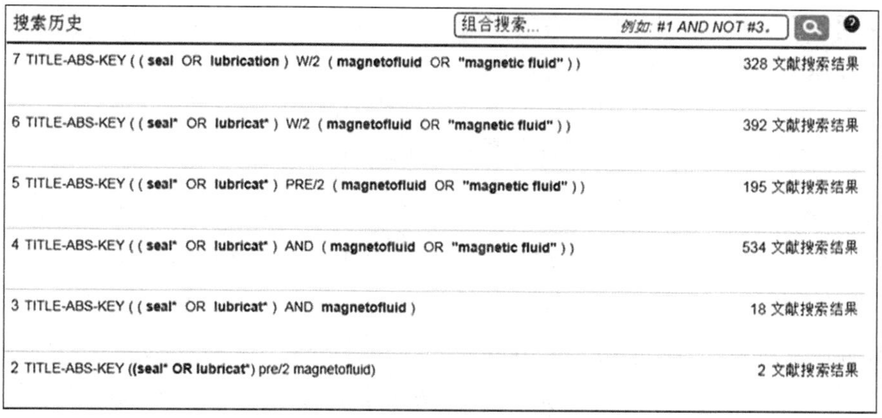

图 2.6　Scopus 中位置算符和截词符对检索结果的影响

2. 检索途径

Scopus 数据库有简单检索、高级检索、作者检索和归属机构检索，用户注册登录后，可以保存并管理检索历史及文献。

例 2.6　检索有关"膜生物反应器在废水处理中的应用"的文献。

解析：该课题所涉及的关键词有 membrane bioreactor (MBR)、wastewater treatment。

点击"搜索"，进入"文献"搜索界面，在检索界面上的①区选择默认的检索字段：论文标题、摘要、关键词，在②区输入检索式(点击"搜索"后，出现文本输入框)：

("membrane bioreactor＊" OR mbr) AND ("wastewater treatment＊" OR "waste water treatment＊")，点击③区的＋号可以增加多个检索条件输入框，在④区可以进一步设定出版时间、文献类型等限制条件。

检索结果界面结果导航区域分别显示"文献搜索结果""次要文献""专利搜索结果"的链接，分别可以查看 Scopus 收录的文献集、Scopus 收录文献的参考文献集、专利文献集中符合检索条件的文献。默认显示"文献搜索结果"，可以按照日期、施引文献、相关性、第一作者以及来源出版物名称进行排序，同时也可以按照年份、作者姓名、学科类别、文献类型、来源出版物名称、关键词、归属机构、国家/地区、来源出版物类型以及语言等分类进行分析，除了显示单篇文献题录基本信息外，还提供摘要、View at Publisher、相关文献的链接。点击 View at Publisher 可以查看该论文的出版商提供的更详细的信息，包括原文。

此外,Scopus 还同时检索 Zenodo、4TU、Mendeley Data 等多个数据集,如果有符合条件的数据文件、软件等,检索结果导航区会显示 Data Search 的链接。

3. 作者检索

在课题研究中,如果对某位作者的研究很感兴趣,或对作者进行学术评价时,可以使用作者检索功能了解其发表的所有论文。

例 2.7 检索华东理工大学许建和教授的文献。

点击"搜索",再进入"作者"检索界面。该界面上可以设定作者姓氏、作者名字、归属机构、ORCID 的检索条件,其中,ORCID 是 Open Researcher and Contributor ID (开放研究者与贡献者身份)的缩写。

输入作者的姓 Xu,作者的名字 Jianhe,为了避免同名作者带来的错误,也可以将归属单位"华东理工大学"的英文名称设定为归属机构的检索条件,但考虑到一些作者们在定义同一个单位的英文名称时未使用该单位标准的英文名称,易存在漏检,因此,这里暂不设定归宿机构的检索条件。为了便于检索者区分不同作者的文献,系统采用一定的算法对检索结果进行分析,分配每个作者一个编号,并分组显示不同编号的作者文献。

勾选归属机构为 East China University of Science and Technology(华东理工大学)的分组,然后点击"显示文献",即显示选中分组检中的 289 篇文献。

点击作者姓名,可以浏览作者详情、文献的篇数、被引用次数、合著作者、学科类型等信息,以及分析作者的产出,查看引文概览和 h - index。但此时,仅能逐条显示不同的作者检索结果分组中作者的详细信息,可以点击"请求合并作者",系统将引导你把不同分组的作者检索结果合并。

作者检索的检索标识一般为作者的姓名,由于普遍存在作者姓名的不同拼写方法,如果在检索条件中有所遗漏,将导致漏检;虽然 Scopus 提供了ORCID 检索字段,但使用 ORCID 无法检索到未标注 ORCID 的文献,所以具体检索时仍需要使用作者姓名,以避免由此带来的漏检。

4. 归属机构检索

在课题调研过程中,如果希望了解某机构所有作者的发文情况或者评价某机构的学术情况,可以使用 Scopus 的归属机构搜索功能。

例 2.8 检索华东理工大学教师发表的文献。

点击"搜索",进入"归属机构"界面,可以设定归属机构名称的检索条件,点击"按归属机构检索文献"后,也可限定机构所属城市、国家、论文标题或摘要、关键词、出版物等检索条件。本例中，输入 East China University of Science and Technology，系统同样会对符合条件的文献进行分析，并按机构分组显示，与作者搜索类似，也可以合并不同机构分组的文献。

练习 2.6

(1) 在 Scopus 数据库中，检索有关"复合材料(composite materials)模拟(simulation)研究进展"的文献，合理的检索式为(　　)。(单选题)

A. "composite materials" AND simulat *

B. "composite materials" AND simulation AND research

C. "composite materials" AND simulat * AND research

D. "composite materials" AND simulation

(2) Web of Science 核心合集数据库中，在检索式中出现 catalyst *，检索结果将包括(　　)检索词。(多选题)

A. catalyst　　B. catalysts　　C. catalytic　　D. catalysis

(3) Web of Science 核心合集中检索有关"光催化剂(photocatalyst)在空气(air OR atmosphere)净化(purificate OR clean)中的应用"的文献，最佳的检索式为(　　)。(单选题)

A. TS=photocatalyst * AND air OR atmosphere AND purif * OR clean *

B. TS=(photocatalyst * AND (air OR atmosphere) AND (purif * OR clean *))

C. TS=photocatalyst * AND air AND atmosphere AND purif * AND clean *

D. TS=(photocatalyst * AND air OR atmosphere AND purif * OR clean *)

(4) 在 Web of Science 核心合集中，查找作者 Zobalova Renata 发表的有关维生素 E 方面的论文，最佳的检索式为(　　)。(单选题)

A. TS=("vitamin e" OR tocopherol) AND (Zobalova Renata)

B. TS=("vitamin e" OR tocopherol) AND AU=(Zobalova Renata)

C. Topic="vitamin e" AND Author=(Zobalova Renata)

D. Topic=("vitamin e" AND tocopherol) AND Author=(Zobalova Renata)

(5) 在 Science Citation Index - Expanded(SCI - E)数据库中，查找有关课题"两性聚电解质溶液的结构研究"的论文，最佳检索式为(　　)。(单选题)

A. TS="study on the structure of polyampholyte solution"

B. TS=structure AND TS="polyampholyte solution"

C. TS=structure OR TS=polyampholyte solution

D. TS=structure AND TS=polyampholyte solution

(6) 在 Web of Science 平台进行检索,截词符可以用在词中或者词尾。(　　)(是非题)

(7) 在 Science Citation Index - Expanded(SCI - E)中查找华东理工大学(E China Univ Sci & Technol,200237)发表的题名中含有燃料电池(fuel cell or fuel cells)的文献,下列说法正确的是(　　)。(多选题)

A. "华东理工大学"在检索中,可以通过在地址字段中输入 200237 来表达

B. 高级检索的检索式为:TI="fuel cell * " AND AD=200237

C. 高级检索的表达式为:TS="fuel cell * " AND AD=200237

D. 高级检索的表达式为:TI=fuel cell * AND AD=200237

(8) 在 Scopus 数据库中,下列检索到的文献最多的检索式是(　　)。(单选题)

A. ABS(computer and control)

B. ABS("computer control")

C. TITLE("computer control")

D. TITLE - ABS - KEY(computer and control)

(9) 选择 JCR 社会科学 2015 版,查找学科为 *Social Work* 的期刊,正确的说法为(　　)。(多选题)

A. 该学科共有 41 本期刊被收录

B. 该学科期刊最高影响因子(Impact Factor)为 3.191

C. 该学科最高影响力期刊的全称为 *Trauma Violence & Abuse*

D. *Trauma Violence & Abuse* 期刊为季刊

(10) 在 Scopus 数据库中,在论文标题、摘要和关键词字段中检索 2016 年有关共享单车("bicycle shar * "OR"bike shar * ")的文献,下列说法正确的是(　　)。(多选题)

A. 有 24 篇文献

B. 被引次数最多大于 10 次

C. 学科类别中文献数量第二多的是 Computer Science

D. 归属机构中 Zhejiang University 发表论文数量最多

(11) 在 SSCI 中查找题名为"Supply Chain Inventory Management and the Value of Shared Information"的文献,下列说法正确的是(　　)。(多选题)

A. 该文的通讯作者为 Cachon,GP

B. 参考文献共 26 篇

C. 该文的出处为 Management Science，2 000，46(8)：1032 - 1048

D. 该论文被引用了 600 次上

(12) 搜索 Web of Science 中的 Science Citation Index - Expanded(SCI - E)及 Conference Proceedings Citation Index - Science(CPCI - S)数据库中 2008—2010 年出版的题名中含有 carbon fiber 的文献，以下说法正确的是(　　)。(单选题)

A. 研究方向 Materialas Science 的文献最多

B. LIU L 发表的文献最多

C. USA(美国)发表的文献最多

D. 原文语种是 Chinese(中文)的文献最多

(13) 期刊*Journal of the American Chemical Society*(*JACS*)的论文被 Science Citation Index - Expanded(SCI - E)数据库收录的情况为(　　)。(多选题)

A. 2009 年收录文献 3389 篇　　B. USA(美国)发表的文献最多

C. 文献类型为 REVIEW 的最多　　D. 基金资助机构 NSF 的文献最多

(14) 在中文数据库中搜索文章"李化义，张迎春，李葆华，等.高精度转动惯量测量仪分析与设计[J].计量学报，2004，25(3)：250 - 253."，下列说法正确的是(　　)。(多选题)

A. 该论文共有 4 位作者　　B. 该论文共有 8 篇参考文献

C. 该论文由两家单位完成　　D. 该论文"测量原理"部分在第 251 页

(15) 在万方数据库(新版)高级检索界面中检索 2007 年"中国机械工程学会"举办的会议共有会议论文约有(　　)篇。(单选题)

A. 546　　B. 2651　　C. 3815　　D. 789

(16) 在万方数据库(新版)高级检索界面中检索 2009—2010 年摘要中包含"网络安全"的期刊文献，下列说法正确的是(　　)。(多选题)

A. 检索结果共约 5345 篇

B. 2009 年发表的文献比 2010 年的文献多

C. 工业技术领域发表的期刊论文最多

D.《科技信息》期刊发表的文献最多

(17) 在 ScienceDirect 数据库中检索论文"*Catalysis Today*，Volume 280，Pages 21 - 28."，下列说法正确的是(　　)。(多选题)

A. 论文的题目为：Innovative W-doped titanium dioxide anchored on clay for photocatalytic removal of atrazine

B. 共有4位作者

C. 第一作者的单位是：Environmental Engineering and Science Program，Department of Biomedical，Chemical and Environmental Engineering，University of Cincinnati，Cincinnati，OH 45221 - 0012，USA

D. 有45篇参考文献

(18) 在中国知网(CNKI)数据库中检索华东理工大学发表于2001—2011年的文献，检索结果为(　　)。(单选题)

A. 期刊论文大于15000篇　　B. 有3000条中国专利

C. 有3000篇国内会议　　D. 有2000篇成果

2.2 特定专题或学科文献检索工具

与综合类检索工具相对的是，一些检索工具主要为特定专题或学科人员提供服务，因此采集的是特定专题或学科相关文献，检索原理与综合类检索工具完全相同。相比之下，就特定专题或学科的检索需要而言，此类检索工具的检索效果要优于综合类检索工具。遗憾的是，目前这类检索工具的数量并不多。

2.2.1 人文社科课题

1. 常用的人文社科电子资源数据库

中文数据库，推荐使用同学们熟悉的中国知网、维普、万方数据和超星读秀。

英文数据库，除综合性的如 Web of Science 和 Scopus，再介绍几个具有学科特色的资源。

教育学，推荐 ERIC。ERIC 是世界上最全的教育文摘数据库，文摘可以帮助同学们通过标题、摘要快速了解领域的研究进展。在图书馆网站找到 EBSCO，选择“EBSCOhost 一站式检索(ASC+BSC)”，首次进入时，会进入子数据库选择界面(见图 2.7)，选择 ERIC，或者点击 EBSCO 检索框的上方的 Choose Database(选择数据库)。

选择 ERIC 后，检索界面呈现为 ERIC 的基本设置。ERIC 数据库收录了多种类型的文献，在检索设置(Search Options)界面中，可以选择出版物类型、文献语种类型等，若选择 Tests/Questionnaires 类出版物类型(见图 2.8)，在检索框内输入检索词后，结果呈现的就是与研究相关的“量表”。

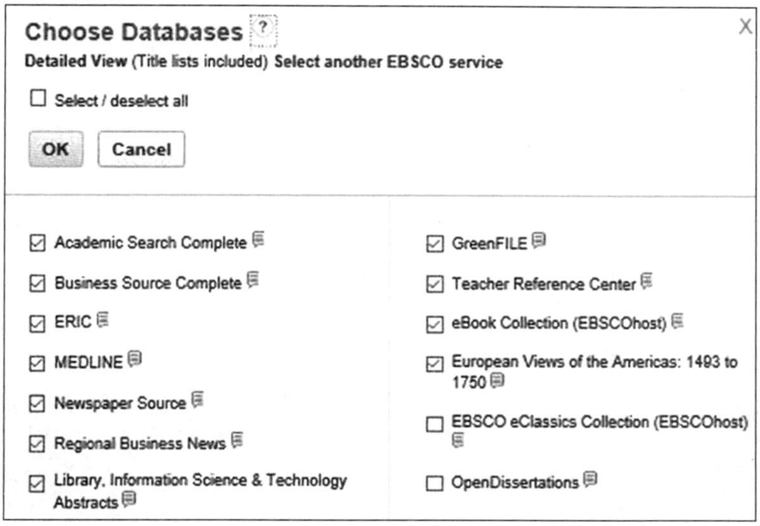

图 2.7　EBSCO 的子数据库选择界面

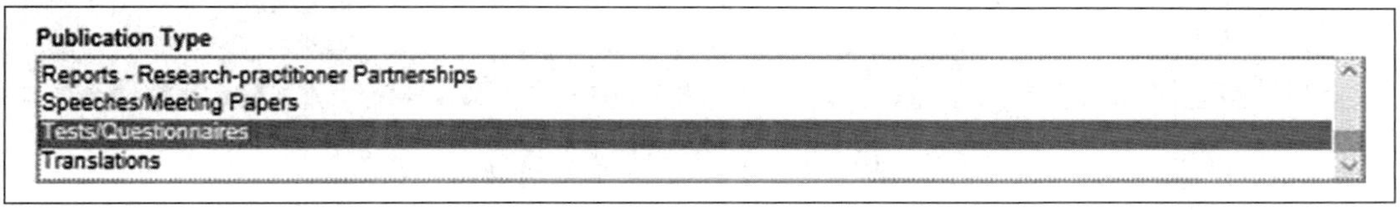

图 2.8　在 ERIC 数据库中选择 Tests/Questionnaires 类出版物类型

EBSCO 是一个综合了多种学科资源、多种文献类型的大超市，EBSCO 还拥有世界最大的全文数据库 Academic Search Complete(ASC)，其中有多个子数据库。人文社科可以借助 EBSCO 找到需要的文献。鉴于学科交叉研究的趋势，建议在使用 EBSCO 时选择所有数据库。但需要注意的是，由于各高校或机构的学科侧重点不同，所购买的子数据库有所不同。比如，美国心理学学会的全文数据库 PsycARTICLES、文摘库 PsycINFO 和量表库 PsycTest，以及传媒学数据库 Communication Source，有的高校可以通过 EBSCO 访问这些数据库，但有的高校没有购买。

例 2.9　利用 EBSCO 检索与教育领导力有关的文献。

在 EBSCO 检索框输入检索词，进入结果界面，这里可以看到通过 Education Leadership 找到了相关文献。左侧可以限定同行评审期刊和全文，结果界面会呈现出全文中的图表，并提供 PDF 和 HTML 两种格式的全文，其中 HTML 实现了英译中的功能。左侧 Refine Result 可对结果分类。Source Type 呈现了 EBSCO 的多种类型文献，比如只查看 Book Review，即选择 Book Review 后点击 Update。

JSTOR 是另一个以人文社科为主的全文期刊数据库(见图 2.9)。不过最近 1~5 年的期刊在 JSTOR 上是查找不到的。但是,有的期刊最早可以回溯到 1665 年。可见,JSTOR 是一个获取较旧的期刊论文的好选择,即使学校没有购买,也可当免费文摘库使用。目前的访问网址是 http://www.jstor.org。

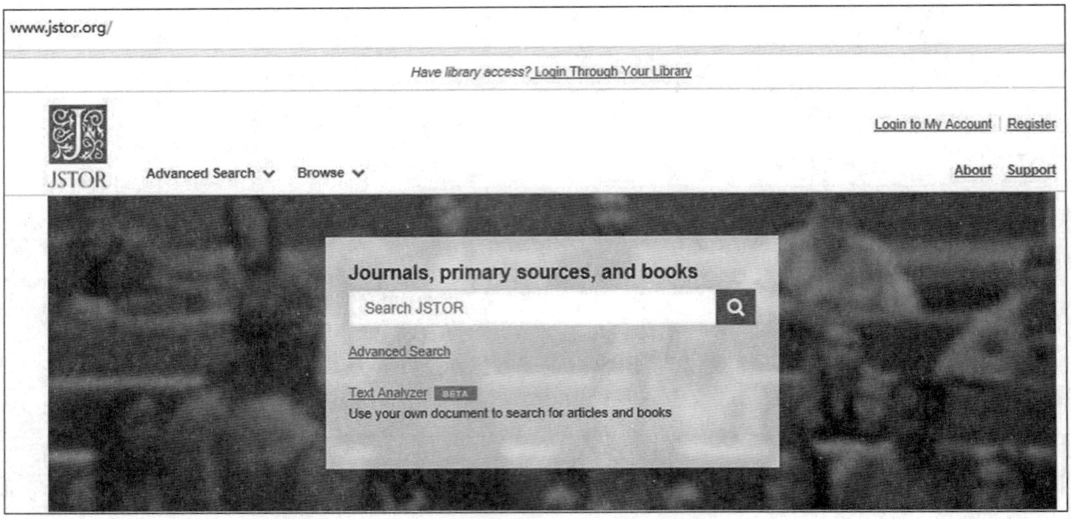

图 2.9 JSTOR 数据库首页

文学、音乐、艺术、电影、建筑、宗教、社会学专业可以使用 Projet MUSE 数据库(见图 2.10)。这是一个全文数据库,可以免费检索文摘。目前的访问网址是 http://muse.jhu.edu。

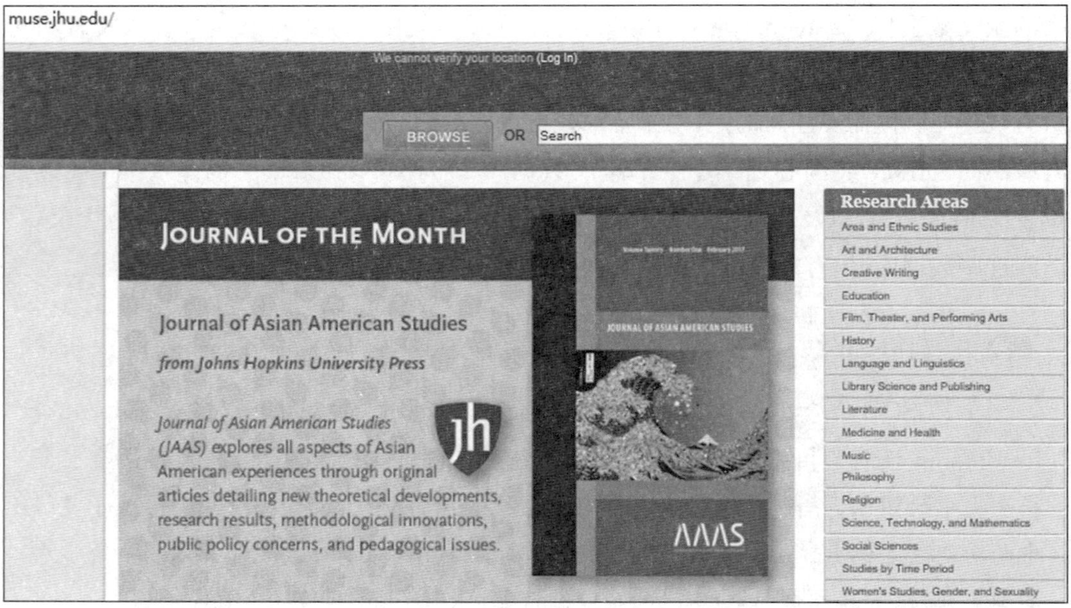

图 2.10 Projet MUSE 数据库首页

法律和经济专业可以使用 LexisNexis(见图 2.11),该数据库是面向法律专业人员设计的,是全球收录文献最全的法律资料库之一。目前的访问网址是 http://advance.lexis.com。

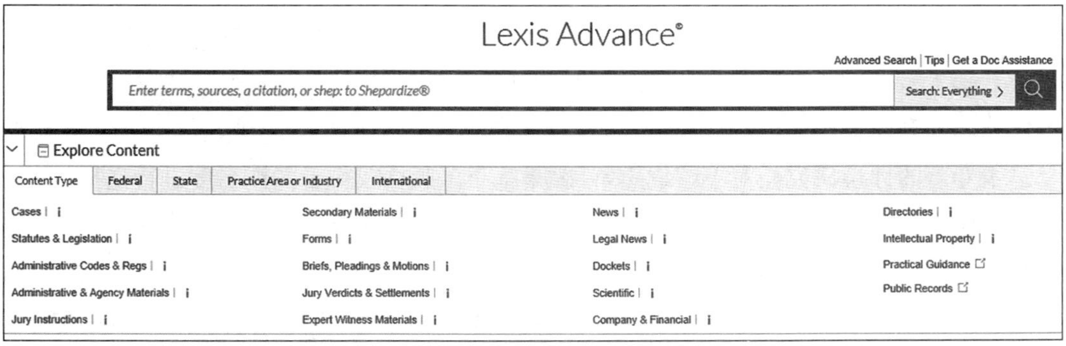

图 2.11　LexisNexis 数据库首页

不同学科都有其特色资源,可以到学校图书馆主页,打开数据库列表,按学科分类选择对应学科的数据库。

总之,虽然数据库五花八门,查找人文社科中文资源时,推荐使用维普、中国知网、万方数据、超星读秀;英文使用 WOS、Scopous、EBSCO、JSTOR。如果特别关注自己的学科,可到图书馆主页按学科浏览专业数据库。

本教材的前述章节中分别介绍了具体的检索策略和技巧,各个数据库的检索方法比较雷同,常用到 AND(与)、OR(或)、双引号和星号,在检索框内输入检索词即可。但在具体应用中,尤其是人文社科类,感觉对课题的分析及检索策略的制定都不太好把握,检索结果总是不符合自己的预期。接下来,我们将结合具体的案例详细分析实际应用方法和步骤。

2. 人文社科课题检索

翻转案例 2.5　理解人文社科课题的检索策略

老师在课上布置了课程论文,需要做关于"恋爱"的研究。请写下你的检索策略。

这个课题看似简单,实际上却有点复杂。如果直接以"恋爱"为检索词做检索,借助中国知网,发现文献虽多,但是多数研究不够深入。可以从以下几个方面调整检索策略和技术,改进检索效果。

1) 检索高质量学术文献

高质量学术文献主要指以下几类:高质量刊源目录文献、学位论文、高等级学术会议论文、高质量学术专著。关于学位论文的相关知识已经在本书的第1章介绍了,这里不再赘述。与其他出版类型的学术论文相比,学术会议论文具有报道及时的优点,一般反映领域最新研究,Engineering Village 和 Web of Science 核心合集中分别收录的学术会议论文,一般被认为是高水平的学术会议论文。但是,国内目前还没有权威的高水平学术会议目录。学术专著一般有以下几类:第一类是以博士学位论文为主要内容,第二类是以已经发表的期刊论文或会议论文为主要内容,第三类是未发表的新的研究成果。关于高水平学术专著的评价研究相对不够成熟,一般是基于出版社或作者的知名度进行选择。

高质量刊源目录主要指经第三方机构评价并被学术界广泛认可的期刊目录,目前的高质量刊源目录主要包括 SCI、SSCI、CSSCI、EI、北大核心刊源,一般不定期更新,如 SCI、SSCI、EI 均每年更新一次,CSSCI 和北大核心的更新周期为1年以上。不同的期刊文献检索工具所收录的期刊范围不同,如中国知网、万方数据、维普、超星读秀、超星百链、Scopus 几乎收录了所有期刊文献,因此在这些数据库中检索文献时,需要限制高质量刊源目录类型来获得高水平的期刊论文。而 Engineering Village 仅收录高水平工程领域学术期刊文献,Web of Science 核心合集中的 SCI、SSCI 子库仅收录高水平的自然科学、人文社科和艺术类期刊文献。在高质量刊源目录中检索文献时,如果文献量较多,可以通过文献的被引频次、期刊的影响因子等指标进一步减少文献量。

例 2.10　利用中国知网查找研究"恋爱"的高质量期刊论文。

在快速检索界面上,选定"期刊"检索,检索字段设为"主题",输入检索词"恋爱",检索结果如图 2.12 所示。左侧提供基于刊源目录类型的分类统计,点击"中文社会科学引文索引(CSSCI)",即得 CSSCI 刊源目录文献 800 多篇。

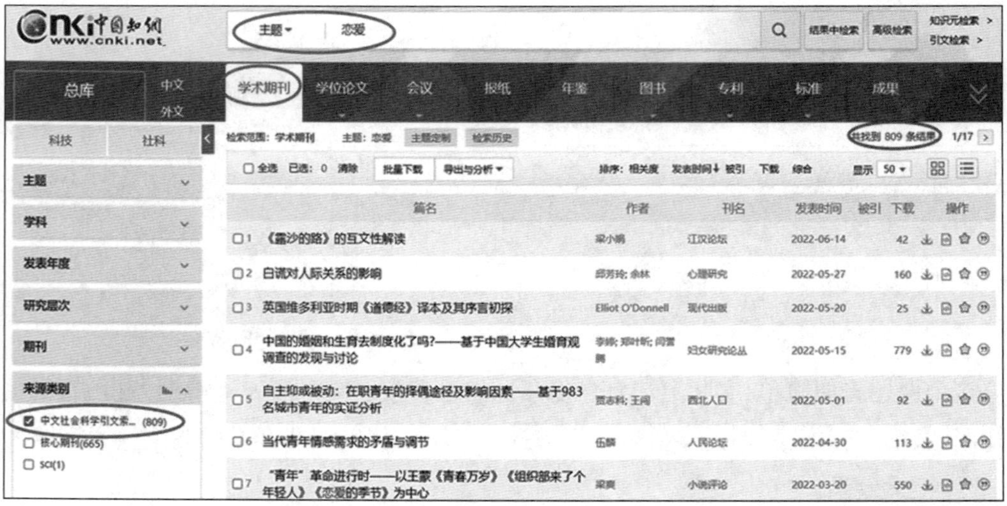

图 2.12　利用中国知网查找研究"恋爱"的高质量期刊论文

在快速检索界面上把“期刊”检索调整为“文献”检索，重新检索，检索结果界面的右上方则显示博硕士、会议等多种文献类型。

2）检索词的把握

对于一个大方向，800篇文献虽然不少，但是否真的找全了呢？

仍然将中国知网来源期刊限定为CSSCI，同样是主题检索，但是增加了几个检索词“婚恋”“网恋”“早恋”“两性关系”“浪漫关系”后，新的检索结果增加了很多。

可见，检索词的选择对检索结果的影响是显著的。那么，我们如何拓展检索词呢？有以下几点建议：

第一，可以结合自己的专业及生活经验，罗列出相关词，如由恋爱会想到网恋、两性关系。

第二，可以关注结果界面左侧“关键词”的提示，如“婚恋观”。

第三，可以从检索结果中挖掘，比如《回应〈早恋的困惑〉》这篇文章中提到早恋。

第四，借助英文表达。利用中国知网主页中部翻译助手，可以查看恋爱的英文表达，发现有romantic love一词。在WIKI中查找该词条，文中提到了romantic love relationships一词，结合“两性关系”“同伴关系”这样的表述，推测恋爱还可以表述为“浪漫关系”。在读秀知识库中验证，确认“浪漫关系”为恋爱的学术表达。

3）研究主题的精炼

补充了检索词后，新的检索结果有2000余条。查看检索结果，可以发现学者从多种角度探讨了恋爱问题，比如对象有青少年、大学生等，内容有恋爱与自尊、恋爱与家庭教养方式等。这就说明需要在恋爱这个大方向上进一步精炼研究主题。

以“大学生恋爱与家庭教育”的研究主题为例，可以在“恋爱”主题基础上添加“大学生”和“家庭”两个限定条件。

通常，人文社科相对于理工科检索，在检索词和确定研究内容时有更多的不确定性。因此要充分利用数据库的高质量文献检索功能（如限定来源期刊级别），并尽量找全与研究相关的检索词，进而善于精炼研究主题。

2.2.2 商业课题

1. 商业信息特征分析

商业信息，就是与整个社会经济运行相关的各种类型的信息。从类型上看，商业信息主要分为文献资料和统计数据两大类。从主题和涵盖范围上看，我们大致可以将商业信息分为宏观、中观、微观三个层面（见图2.13）。

宏观层面，主要是有关国家或地区的宏观经济信息，以及政治法律、社会文化等背景信息。这些信息有时需要包含多个国家，以便进行比较研究。

中观层面，主要是关于社会经济活动中的各个部门、行业、市场等信息。比如，研究行业的信息主要有行业规模、行业份额、上下游价值链、竞争态势、趋势展望等。市场研究方

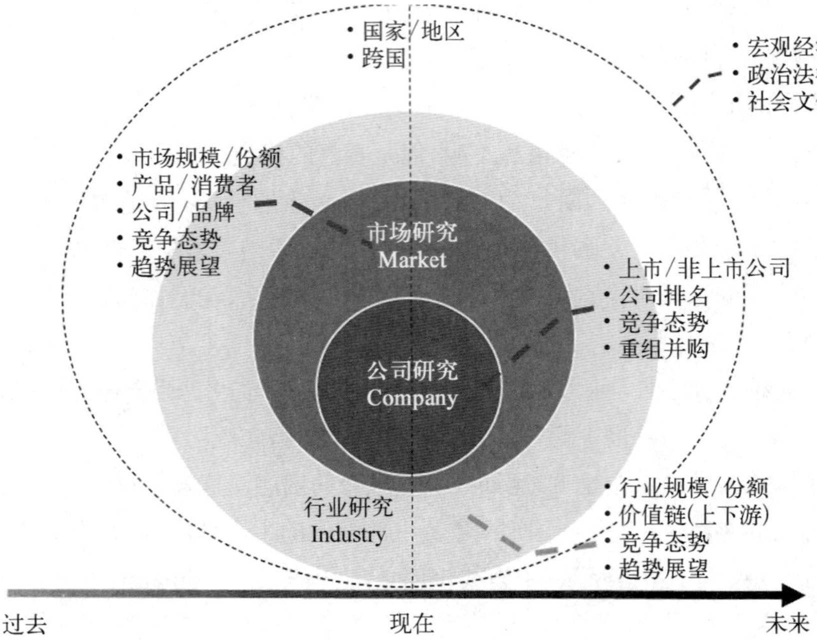

图 2.13　商业课题检索内容

面主要涉及市场规模/份额、产品及消费者、公司与品牌、竞争态势、趋势展望等。

微观层面，主要涉及具体的经济参与者，比如公司或企业。公司研究的内容涉及上市与非上市公司概况、公司排名、公司新闻、公司金融财务数据等。

此外，从时间上看，我们还会考虑所需信息是历史信息、当前信息，还是对未来趋势的预测。

2. 商业信息获取途径

通常，我们可以利用图书馆的订购资源或者互联网开放获取资源这两种渠道，获取所需的商业信息。以下介绍几个图书馆通常会订购的商业数据库。

1) EBSCO BSI for Business Source Complete

EBSCO Host 平台上的商业信息数据库 Business Source Complete(BSC)是一个面向财经领域研究人员的学术全文库，收录了 4000 多种商业、管理类期刊索引及摘要。而 BSI for Business Source Complete，则是 EBSCO 整合了 BSC、Econlit 全文数据库以及地区商业新闻三个子库的一站式服务，为我们获取不同类型的商业信息提供了快捷实用的途径。EBSCO 的 BSC 检索界面如图 2.14 所示。

EBSCO 收录的文献类型非常庞杂，在 BSC 中，主要提供了公司信息(Company Information)、公司概况(Company Profiles)、行业概况(Industry Profiles)、市场研究报告(Market Research Reports)，以及部分哈佛商学院视频等主要类型。

我们可以直接点击进入，浏览或检索这些专题信息；还可以直接输入关键词、主题词，搜索整个 BSC 中的信息。

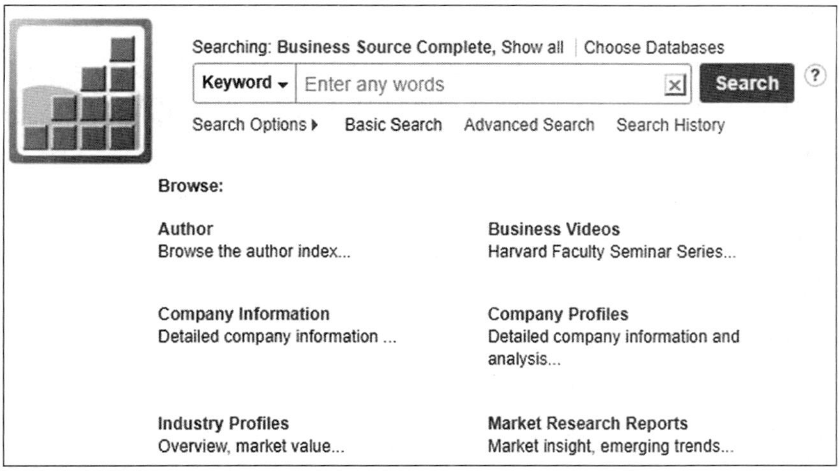

图 2.14　EBSCO 之 BSC 检索界面

根据 Big6 信息问题解决模式，在开始检索之前，我们需要明确所需的信息类型。比如，想要了解迪士尼公司(Walt Disney Co.)的基本信息，我们可以直接进入 Company Information 专题，输入公司名称关键字 Disney，检索有关的信息条目。我们可以点击检索结果中任意一条，进入公司的详细介绍页面，了解它的注册信息、关键财务信息、管理团队、附属机构、所属行业等基本信息。

当我们需要查看行业信息或市场研究报告时，也可以依照类似的方法，找到专题资源的链接，检索数据库中的相关内容。

如果使用检索框，直接检索所需信息，我们将得到 BSC 中与输入的关键字匹配的所有记录。

这时，我们可以通过页面左侧的筛选面板，精炼检索结果。

例 2.11　检索与 Disney 公司有关的文献。

输入 Disney 后，全部检索结果数量超过 3.7 万条。左侧的筛选面板可以帮助我们将结果类型限制为“学术(同行评审)期刊”，出版时间限制为 2000 年至今，我们还可以按照来源类型分类查看检索结果。这样一来，我们可以根据所需的特定条件，获得精确的检索结果。

在 EBSCO 的 BSC 数据库中，我们可以获得的商业管理类文献类型除了学术(同行评审)期刊中的论文之外，还有公司概况、市场研究报告、行业概况、新闻、行业出版物、SWOT 分析、研究报告、书评、案例研究、工作论文等多种类型。这是一个了解商业信息概况的重要信息源，需要特别留意的是：我们可以根据所需信息类型，灵活使用预设的专题信息，或者对检索结果进行精炼。

2) ProQuest Hoover's Company Profiles

ProQuest Hoover's Company Profiles 是专门提供公司概况的数据库。我们可以搜索和下载由 Hoover's 公司专门制作的公司概况 PDF 文档,里面包含公司的关键信息、所属行业、管理团队简历、主要金融指标、主要竞争对手等信息。

与此同时,ProQuest 的 ABI/INFORM 数据库是一个与 EBSCO BSC 并驾齐驱的商业管理类数据库。同样提供了简单检索和高级检索功能,可以为我们提供一站式了解各种类型商业信息的内容平台。

3) Passport GMID

Passport GMID 提供行业及市场研究信息,市场信息的分析维度有:市场概况,按产品服务或地理区域所做的市场细分,消费者研究,驱动力,挑战风险,以及趋势分析等方面。

研究市场及行业的文献资料涉及学术文献、新闻以及各种市场研究出版物,如市场概况、市场研究报告、公司研究报告、行业期刊、地区研究报告等。

统计数据主要涉及市场规模(Market Size)、市场占有率(Market Share)、家庭户数(Households)、收入支出情况等。

Passport GMID 就是一个专门提供全球市场研究信息的专题数据库,并且以快速消费品行业为主。

例 2.12　基于统计数据及分析文献,了解国际烟草市场研究情况。

最简单的方式是,在 Passport GMID 的检索框中直接输入关键词 Tobacco,可以在检索结果页面浏览常用的统计数据和推荐的分析文献,图 2.15 显示的是与 Tobacco 相关的 Cigarretes 的文献可视化分析界面。

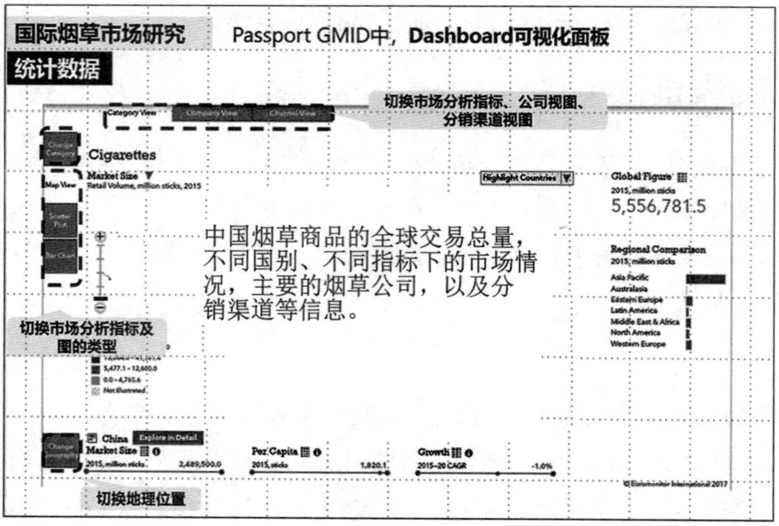

图 2.15　Passport GMID 检索界面

通过 Dashboard 可视化面板，我们可以进一步探究在全球版图上各国烟草市场的情况。比如：交易总量，不同国别、不同指标下的市场情况，主要的烟草公司，以及分销渠道等。图 2.15 是以中国(China)为例，在“市场份额”(Market Sizes)界面上显示中国在全球各国市场香烟零售量。

在 Passport GMID 中，可以便捷地在数据与文献之间进行切换；根据历史数据，获得系统推算出的烟草市场规模预测值；分类浏览不同国家香烟品牌的份额，以及香烟零售量现状和趋势。

在浏览市场分析报告时，我们也可以根据左侧提供的快速访问链接，查看相关统计数据、行业报告和公司概览(见图 2.16)。

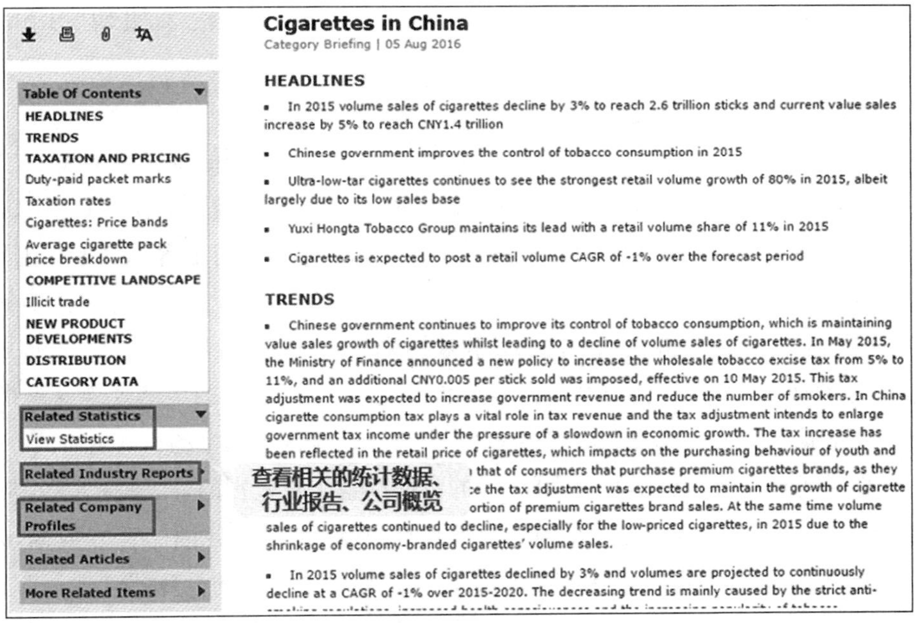

图 2.16　市场分析报告界面

Passport GMID 对于市场研究的专业性还体现在提供消费者行为习惯的统计数据及研究分析文献。比如，我们可以查找全球各年龄段人群中每天吸烟的人群占比。

4) EMIS

EMIS 是另外一个研究各国市场的数据库，即全球新兴市场数据库。这个数据库提供了 80 多个亚非拉地区的国家经济发展信息，类型包括统计数据、新闻、市场研究报告等。我们可以在页面检索框中输入检索词、直接检索研究报告、统计数据、行业新闻等信息。这个数据库也集成了很多知名的市场分析报告出版商，比如 Market Line、Technavio、Mergent 等。

上面介绍的 Passport GMID 和 EMIS 数据库都集成了数据、研究报告、新闻等多种类型的商业信息,可以一站式了解特定行业、特定市场及其中的主要公司的历史及当前情况。它们在内容特点上各有侧重,比如:前者覆盖全部国家和地区,后者覆盖发展中国家和地区;前者关注快消行业,后者关注全行业;前者提供预测数据,后者提供多种定制化的会计工具等。我们可以根据分析研究需要,比如关注的行业、地域,有选择地利用这两个数据库,找到与行业及市场分析相关的有用信息。

5) 统计数据数据库

除了融合了数据和文献的综合数据库之外,我们还会经常用到很多以提供数据信息为主的数据库,它们的信息类型是统计数据(Statistics)以及数据集(Datasets)。

通常,利用这样的数据库要遵循如下步骤:第一步,在给定的指标系列中选择所需指标集;第二步,选择时间范围;第三步,选择输出格式,第四步,一键导出数据。数据输出格式通常有 Excel、CSV、TXT,也有针对专门的统计软件的输出格式,如 SPSS file、Stata file、SAS dataset 等。

6) 宏观经济及产业研究数据库

在宏观经济及产业研究方面,我们可以利用中经网和国研网的统计数据库,也可以使用国家统计局的"国家数据"开放获取服务,查找和下载所需的统计数据。这些数据库的界面非常简单,易于上手。适合做全国各省份、地区、城市、特定行业等维度的数据研究。

7) 国别研究数据库

在国别研究中,很多世界组织都提供开放数据服务。比如:世界银行的 DataBank 系列数据库,提供了全球 200 多个国家和地区,自 20 世纪 60 年代以来的经济社会发展指标、国际债务、国际金融等信息;OECD.Stat 平台提供了 34 个市场经济国家的经济发展核心数据。

在这些国别研究统计数据库中,可获得的数据都是国家级别的,无法深入到国家中的地区或城市。不过,它们有明显的优点:数据来源权威,集中了各国的官方数据,并且对统计口径进行了标准化,方便开展比较研究;而像世界银行这样的全球统计数据库还提供可视化地图工具,可以清楚地显示某一经济发展指标在不同国家的表现情况。

8) 公司金融研究数据库

在公司金融研究中,国内公司研究常用的数据库有 CSMAR 国泰安数据服务、Wind 万德金融终端;国外公司研究常用的数据库有 Bloomberg 彭博终端、WRDS 沃顿研究数据服务、标普 Capital IQ 数据库,以及 BvD 平台下的 Oriana 亚太企业分析库等。

公司金融研究数据库的主要特点:提供公司的一手基础数据,如运营数据、财务数据,特别是年报数据;提供步骤向导,方便数据的下载获取。此外,与国别研究和宏观经济研究数据库相比,公司金融研究数据库更新频率较高,有些甚至是实时更新,比如 Bloomberg 彭博终端。利用好金融研究数据库,不论是对学习研究还是今后的职场发展都会产生积极帮助。

综上所述,商业信息资源种类繁多,数据库不下百种,如何选择与取舍,以下建议供参考:

(1) 了解自己的信息需求:研究对象的地理范围是国际还是国内,是省份还是城市?

时间范围是历史信息还是当前信息？数据更新的频率是按年、按季度还是按月？

（2）了解数据库的特色及主要提供的文献类型：在利用图书馆订购的数据库之前，仔细了解数据库简介，确定其是否与需求相匹配。也可以进入数据库浏览文献专题、文献类型，对于统计数据，则需要特别留意指标集的主题和范围。

（3）在检索时，就统计数据而言，我们检索的是匹配的指标；就文献资料而言，与常用的全文数据库的查找方式无二。同样需要注意的是检索关键词的选取以及布尔逻辑运算的使用。

（4）利用好商业信息资源，不仅可以帮助同学们更好地开展相关研究，也可以在实习、求职的过程中，帮助同学们尽早融入商业实战环境。

2.2.3　海事航运课题

翻转案例 2.6　油轮市场走势分析

有业内人士注意到最新有这样一则新闻，它报道了现代商船掷重金抄底造船，包括 5 艘 30 万吨级 VLCC（超大型油轮）。于是这位业内人士就提出了以下问题：

近期油轮市场走势如何？是否出现了复苏迹象？

历年的 VLCC 的新造船价格是多少？

还有哪些企业也在订造 VLCC？

我们可以利用海事特色信息资源找到这些问题的答案。

1. 海事新闻、行业杂志信息数据库

表 2.1 列举了海事新闻、行业杂志信息数据库。

表 2.1　海事新闻、行业杂志信息数据库

数　据　库	资　源　类　型
Lloyd's List	新闻、杂志、分析报告、统计数据、词典等
American Shipper	杂志
TradeWinds	近 2 周的新闻
中国航贸网	新闻、统计数据
国际海事信息网	新闻、杂志、统计数据

Lloyd's List 是劳氏出版集团的资源,包含新闻、杂志、分析报告、统计数据、海事行业名录等信息内容。图 2.17 为 Lloyd's List 数据库的首页。

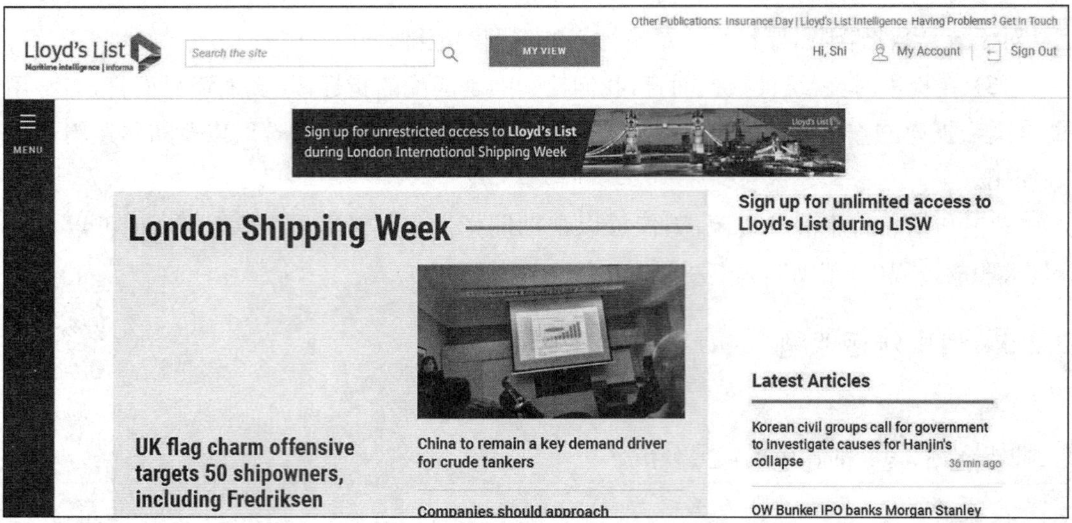

图 2.17　Lloyd's List 数据库的首页

在这里可以查找到航运市场风向标——波罗的海系列的价格指数(如图 2.18 所示)、海难事故统计(如图 2.19 所示),还可以通过港口名称、船公司名称、航线名查阅它们的主要信息(如图 2.20 所示)。

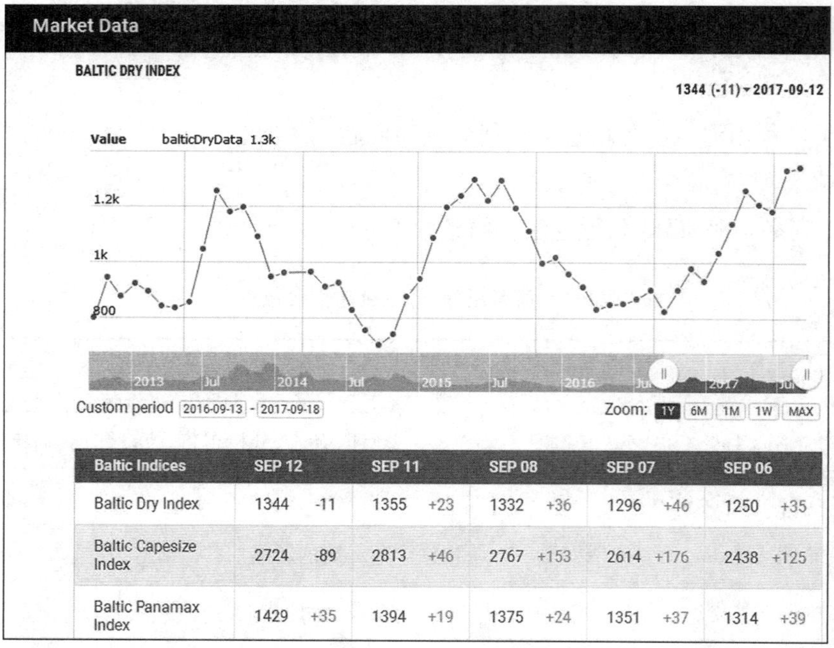

Baltic Indices	SEP 12		SEP 11		SEP 08		SEP 07		SEP 06	
Baltic Dry Index	1344	-11	1355	+23	1332	+36	1296	+46	1250	+35
Baltic Capesize Index	2724	-89	2813	+46	2767	+153	2614	+176	2438	+125
Baltic Panamax Index	1429	+35	1394	+19	1375	+24	1351	+37	1314	+39

图 2.18　Lloyd's List 数据库中的波罗的海系列的价格指数

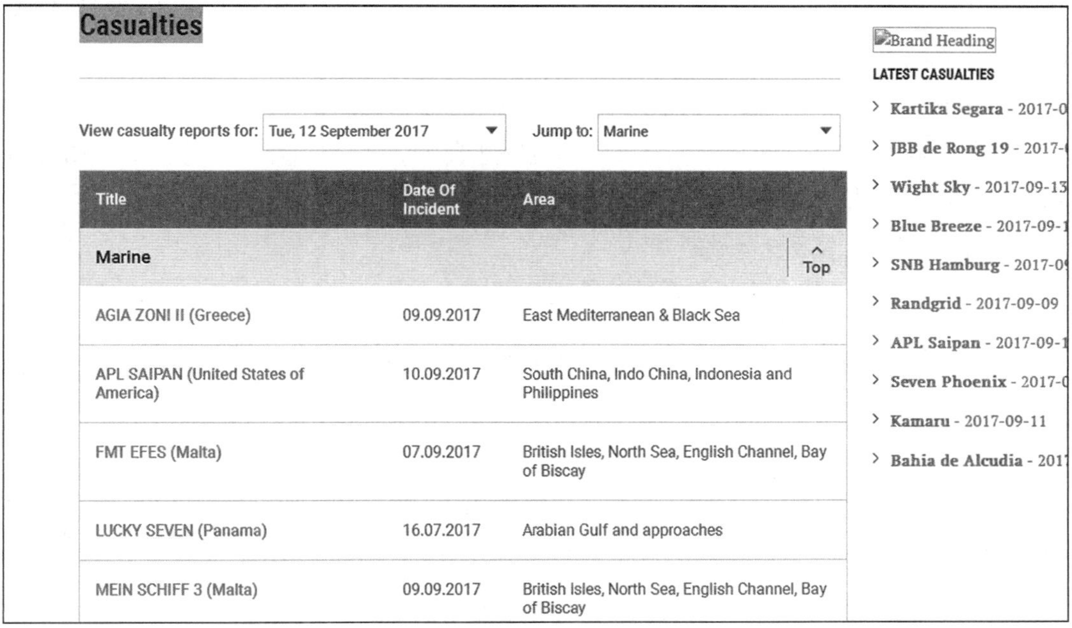

图 2.19　Lloyd's List 数据库中的海难事故统计

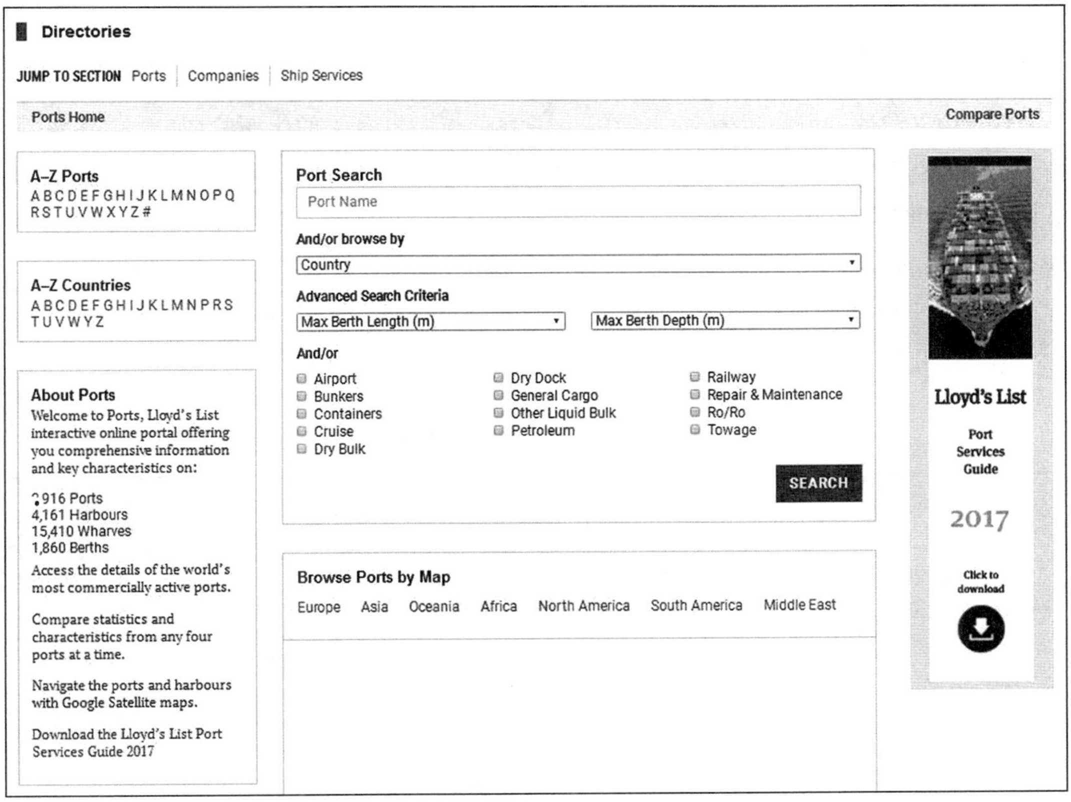

图 2.20　Lloyd's List 数据库中的机构或航线名录

基于业内熟知的《美国承运人》杂志发展而来的 American Shipper 以及由《贸易风》报纸发展而来的 TradeWinds,主要提供新闻信息。

国内航运信息资源主要包括中国航贸网、国际海事信息网、中华航运网等。

这些新闻、杂志可以让同学们掌握最新的行业发展动态,也可以从中寻找海事相关问题研究的选题灵感。

2. 市场分析报告和统计数据库

表 2.2 列举了市场分析报告和统计数据库。

表 2.2 市场分析报告和统计数据库

数 据 库	资 源 类 型
BIMCO(波罗的海航运公会)	出版物(合同范本、手册、指南、报告、刊物)
Clarkson SIN(克拉克森海运情报网)	统计数据、分析报告、指数图标等
Drewry(德鲁里航运报告)	分析报告
Lloyd's List	新闻、杂志、分析报告、统计数据、词典等
中国航贸网	新闻、统计数据
国际海事信息网	新闻、统计数据、期刊

BIMCO(波罗的海航运公会)平台提供了大量与海事有关的出版物(如合同范本、手册、指南、报告等)。Drewry(德鲁里)航运咨询公司的市场研究报告可以提供航运问题的分析思路,同时也包含大量实证分析所需的统计数据。前面提到过的 Lloyd's List、中国航贸网、国际海事信息网等也收录了大量的市场分析报告及海事统计数据。

3. 海事学术类信息数据库

表 2.3 列举了海事学术类信息数据库。

表 2.3 海事学术类信息数据库

数 据 库	资 源 类 型
Marine Technology Abstracts(海事技术文摘数据库),免费	文摘
i-Law	以 Lloyd's Law Reports(劳氏法律报告)为主的海商法类案例报告、案例分析、法律条约、实时通讯等

海事技术文摘数据库是由英国航海工程科技协会开发的海事领域文摘索引工具;而以劳氏法律报告为主要特色的 i-Law 在线访问平台,涉及领域包括海商法、保险与再保险等。

接下来，将结合案例，选择几个典型信息资源介绍相关的检索及利用技巧。

4. 典型海事特色数据库利用技巧

1) Lloyd's list 平台

Lloyd's list 是由《劳氏日报》发展而来的，通过先后的整合和并购，已将业内熟悉的杂志《航运经济学家》《国际集装箱化》以及主要班轮市场数据库 CI－Online 都整合了进来。

例 2.13 利用 Lloyd's list 平台查找与 VLCC 邮轮趋势有关的文献。

进入 Lloyd's list 的平台首页，可以通过付费账号或申请的试用账号登入。利用页面上方的检索条，结合案例中的关键词，输入 VLCC 进行简单检索，得到了 4014 条检索结果。在左侧的搜索过滤器可以对结果进行精炼，限定时间为 2000 年 1 月 1 日至今，选择 news 以及带有图表的信息。这样，检索结果精炼为 235 条。点击检索结果的链接即可在线浏览全文。

当然，还可以限定更多关键词，比如我们输入 VLCC newbuilding price 直接查找 VLCC 新造船的价格。并选择带有图表的信息，得到 38 条检索结果。

但是，这些检索结果似乎并不十分让人满意，能不能找到更加方便使用的统计数据表格呢？

在查询船舶的相关统计数据时，推荐使用 Clarkson SIN(克拉克森海运情报网)平台。

2) Clarkson SIN 平台

之所以选择这个平台，是因为克拉克森研究公司是基于船舶经纪业务发展起来的。该公司多来年占据行业龙头地位，故而积累了大量关于船舶交易的数据，也是目前业内公认的比较权威的数据来源，包括联合国贸易和发展会议的年报《世界海运回顾》(*Review of Maritime Transport*)中也引用克拉克森研究公司的统计数据。

例 2.14 利用 Clarkson SIN 平台检索与邮轮趋势有关的文献。

克拉克森海运情报网首页左侧不同的栏目中，列出了平台上所包含的信息内容。

在获取账号和密码之后，可以从最上方的 Login 登入。选择 Publication 栏目，在这里，可以找到克拉克森公司的各种市场研究报告。带有下拉条的方框里列出了所有报告的名称，包括周报、月报、季报、半年报、年报，内容涵盖干散货、油轮、造船等多个领域。

可以选择所需要的邮轮市场相关报告，比如 *Oil and Tanker Trades Outlook*，点击即可在线阅读 PDF 格式的全文，或将全文下载到本地电脑。

在市场分析报告中,可以通过检索 VLCC market 进一步定位到 VLCC market trends 栏目,这就是对 VLCC 市场走势的分析,并且含有大量的统计数据。

在 Timeseries & Graphs 栏目下,可以直接按照 Timeseries 名称以展开数据类型。比如,同样查找有关 VLCC 新造船价格方面的数据,我们可以点击 Oil Tankers,找到 VLCC,在展开项目中选择 Price,并勾选 New Building Prices,最后点击上面的 View Select 或 Chart Select 获取数据。

也可以在上方红色条中找到高级检索的入口,通过关键词查找你所需要的统计数据。比如,输入 VLCC new building price,可以查找到相关条目,选择单位、时间跨度、数据输入格式,即可直接下载所需的数据图表。从表格中可以看到,2010 年以来 VLCC 新造船的价格一直在下降。

另外,还可以在 Orderbook 栏目下,选择 Vessel Type,可以通过检索或者直接找到 VLCC tankers,从而得到目前全球 VLCC 订单的详细情况,也可以下载到本地。

3) 国际海事信息网

国际海事信息网是由上海国际海事信息研究中心主办的资源平台。在首页上,可以看到网站包含了海事的不同板块。在这个平台上,同学们可以查阅最新的行业新闻。

例 2.15 利用国际海事信息网查找 VLCC 的相关新闻。

可以从期刊订阅入口进入,浏览月度出版物《海运纵览》。这本刊物上有对行业最新热点问题的评述,也有与海事有关的统计数据整理。

在检索条中输入关键词 VLCC,从而获得更多相关信息。从这些相关信息中我们发现,对于 VLCC 市场是否复苏尚存争议,还需要同学们结合专业知识去分析。

综上所述,我们利用海事特色数据库中新闻类、杂志类的信息来积累行业知识、寻找选题灵感;利用报告类、数据类信息来学习研究思路和搜集数据;利用文摘、法律报告等学术性文献为与海事有关的学术研究提供权威参考文献。在使用海事特色数据库前,有必要了解建设该平台的公司背景及大致发展历程,从而了解该数据库中的内容特色。

2.2.4 法律政策课题

1. 法律课题文献检索

1) 法律检索的概念

法律检索就是利用工具查找法律资料以解决问题的过程,其结果是获得与问题相关的法律参考信息。

与法律有关的问题来源于人们的学习研究、工作实践以及日常生活。前两种问题与法律专业人士包括法科学生有关，而第三种问题则是所有人在社会生活中都可能遇到。

例如，简要分析“保护伞条款”是法律专业的学生经常遇到的问题，“涉信息网络违法犯罪行为法律规制研究”的课题是法学研究者经常面临的问题，而在社会生活中人们则会遇到诸如婚姻、继承、合同、侵权、邻里纠纷等法律问题。

2）法律检索的过程

法律检索的过程包括：查什么、在哪儿查、怎么查、如何用。这一过程和社科文献检索基本类似，如图 2.21 所示。

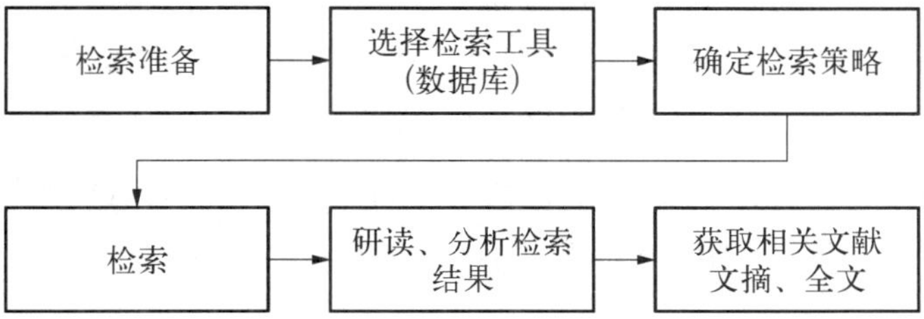

图 2.21　法律文献检索过程

但由于法律检索有其特有的资源类型和信息特点，因此两者并不完全相同。主要体现在两方面：一方面，法律文献有法规、案例等特有的文献类型；另一方面，法律信息具有权威性和时效性。

3）法律文献检索类型

法律文献分为两类，分别对应英美法系国家的原始法律资源（Primary Legal Sources）和二次法律资源（Secondary Legal Sources）。前者是包含法律渊源的文献，如法律法规、裁判案例等；后者是评论阐释法律渊源的文献，如法律评论、法学专著等。而法律文献检索工具，如法律索引、案例索引、论文索引等则是基于上述两类资源，提供原始文献的线索。

法律渊源是由不同国家机关制定、认可和变动的，具有不同法的效力或地位的各种法的形式。就我国来说，正式的法律渊源文献包括：宪法、法律、行政法规、部门规章、地方性法规及规章、民族自治地方的条例和单行条例、军事法规、国际条约。此外，法律解释也具有与法律相同的效力。

法律文献具有如下特点：

（1）权威性：法律是由国家权力发布并具有强制执行力。

（2）时效性：法律效力随时间变化，可能因被废止或被修订而全部或部分失去效力，如《中华人民共和国公司法》自 1993 年 12 月 29 日颁布以来经过了四次修订，之前的有些条文就失效了。

（3）专业性：法律文书使用法律语言，抽象而概括。

（4）关联性：法律问题往往比较复杂，需要法规、案例、论文等各种资料共同支撑，才能说明和解决问题,这一点在法律研究中颇为常见。

4) 检索结果运用

运用检索结果时,应注意正确规范标明文献来源,并做到合理适当引用:一方面让他人能根据规范的引用精确找到原始文献,另一方面不能大量摘抄他人观点。具体包括:摘录检索结果,作为解决问题的参考依据;准确标明文献来源,提供核对原文线索;合理适当引用,尊重学术规范。

详细请参考:罗伟.法律文献引证注释规范[M].北京:北京大学出版社,2007.

总之,法律检索是一个过程,具体包括:明确目标问题,正确选择资源,定制检索条件,评价查询结果,合理使用并解决问题。法律数据库检索是其中重要的环节。

5) 法律检索工具

目前,从检索角度来说,图书以纸质来源为主,期刊、法规、判例、条约则一般为电子资源。

当然,现在电子图书发展迅速,但由于版权的影响,还不能替代纸本图书的作用;其他文献虽以电子为主,但相应的纸本资源还有一定的作用,不能完全忽略。因此,为保证查全资料,两种资源均需要查找。

一般情况下,检索工具可以使用图书查找书目系统。其他文献可在各种数据库或是网站查找,检索之前要通过图书馆的简单介绍,或是数据库商的说明材料了解资源情况。

法律检索涉及最多的是查找法规、案例,所使用的法律文献数据库一般按照国别和学科分类。

中国法律数据库主要有:

(1) pkulaw.com(北大法宝);

(2) Westlaw China(万律);

(3) LexisNexis China(律商联讯);

(4) PrimeLaw(威科)。

外国法律数据库包括:

(1) 美国:Lexis、Westlaw;

(2) 德国:Beck - Online;

(3) 法国:Lextenso;

(4) 日本:Westlaw Japan。

专门学科法律数据库包括:

(1) 国际法:Oxford Reports on International Law;

(2) 国际贸易法:WorldTradeLaw.net;

(3) 法律史:The Making of Modern Law;

(4) 仲裁法:Kluwer Arbitration;

(5) 知识产权法:Kluwer IP Law;

（6）海商法：i-Law。

练习 2.7

某人乘坐飞机进行国内旅行，托运的行李出现损坏，如要追究航空公司责任，有哪些法律依据？

2. 政策课题

1）找政策

翻转案例 2.7　理解并运用政策

你认为政策是什么？你了解哪些政策？

如果你打算创业，你该首先了解哪些政策呢？如何找到这些政策？

2）研究政策

例 2.16　为什么要研究政策？如何研究政策？

使用"政策研究"在中国知网中检索到了多篇相关文献，介绍其中的一项研究背景和方法。

文献信息：赵艺为，刘宏刚.美国国防供应链安全建设政策研究及我国应对举措建议[J].情报杂志，2022(5)：39-48，65.

研究目的：国防供应链的安全及自主可控能力是国家安全的重要保障基础。美国高度关注并大力发展"国防供应链"自主可控发展，同时美国将中国作为主要的战略竞争对手，因此系统研究美国国防供应链政策对我国国防供应链的未来发展及应对能力建设具有现实及战略意义。

研究方法：通过美国公开数据及文献资料，对美国国防供应链中的问题及原因、美国智库专家对美国国防供应链的主要研究观点、美国维护国防供应链安全的主要政策手段及对华主要政策进行分析，预测美国对华政策的未来走向，为构建我国国防供应链安全建设及应对美国打击的路径提供新思路。

通过该案例,我们能够理解政策是党政机关、企事业单位和各种社会组织为达到一定目标,结合特定情况所制定的行动准则和方案。政策主要来自政府或组织的官方网站以及有关出版物,受出版物的发行范围限制,有些政策文件需要借助其他文献或者直接索取的方式获得。

2.2.5 工科课题

1. 精通 SciFinder 检索

SciFinder 是美国《化学文摘》的 Web 版,是美国化学学会旗下的化学文摘服务社出版的化学资料电子数据库,是化学和生命科学领域中资料量最大的出版物。美国《化学文摘》创刊于 1907 年,SciFinder 包含了创刊以来的所有内容,整合了包括 MEDLINE 医学数据库以及欧洲和美国等近 61 家专利机构的全文专利资料等。收录生物化学、有机化学、高分子化学类、应用化学和化学工程、物理化学、无机化学和分析化学等学科领域,几乎覆盖了上述学科领域科技文献的 98%,涉及的专利有 99%以上,含 6 个各具特点的数据库,分别是:CASREACT(化学反应数据库)、CAplus(文摘数据库)、REGISTRY(物质数据库)、CHEMCATS(商品来源数据库)、CHEMLIST(管制品物质数据库)、MEDLINE 文摘数据库。

CAplus 文摘数据库收录了 1907 年以来的世界上 50 多个专利发行机构的专利文献、期刊论文、会议录、技术报告、图书、学位论文、评论、会议摘要、电子期刊、网络预印本。

REGISTRY 是查找结构图示、化学物质登记号和特定化学物质名称的工具。其中的化合物,包括合金、配合物、矿物、混合物、聚合物、盐和序列,此外还有相关的预测性质和实验性质。

CHEMLIST 是查询备案/被管控化学品信息的工具。可以利用这个数据库了解某化学品是否被管控,以及被哪个机构管控。

CASREACT 可了解反应是如何进行的,包含 1840 年以来的单步或多步反应。

CHEMCATS 可查询化学品提供商的联系信息、价格情况、运送方式或了解物质的安全和操作注意事项等信息。

MEDLINE 是美国国家医学图书馆出品的书目型数据库,主要收录 1951 年以来与生物医学相关的期刊文献。

使用 SciFinder 数据库,必须注册成为 SciFinder 用户,输入用户名和密码,认证通过后才能进入数据库的检索界面(见图 2.22),数据库提供了文献检索(References)、物质检索(Substances)和反应检索(Reactions)三种途径。

文献检索界面提供主题、作者姓名、公司名称、文献标识号、期刊和专利等检索途径,默认为主题检索。

物质检索提供化学结构(Chemical Structure)、马库什结构(Markush)、分子式(Molecular

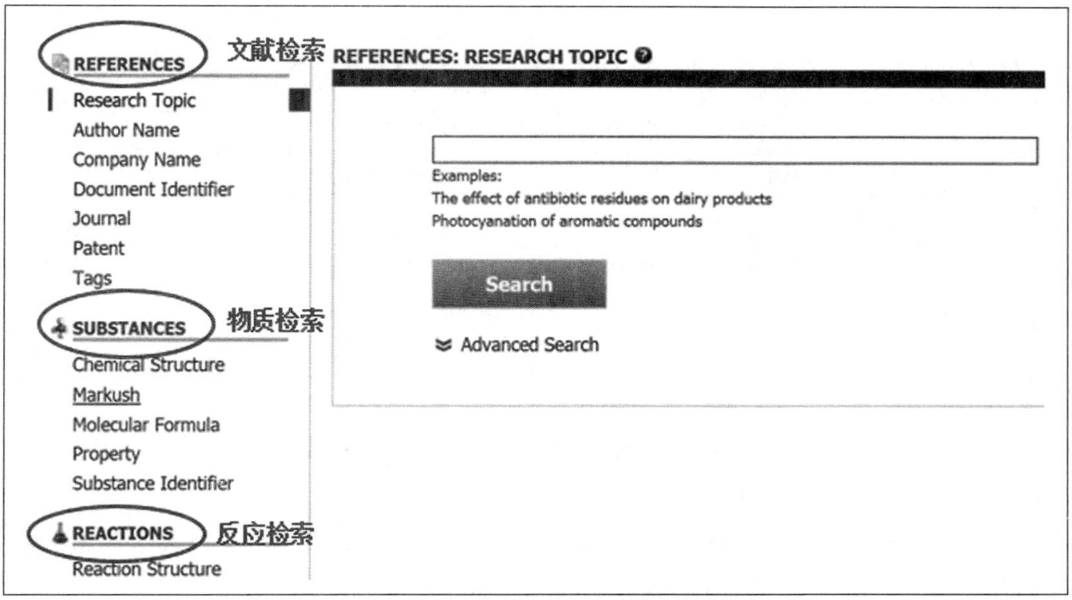

图 2.22　SciFinder 检索页面

Formula)、性质(Property,包括实验性质或者预测性质)以及物质标识号(Substance Identifier,包括 CAS 登记号和物质名称等)。

下面通过案例来介绍 SciFinder 文献检索与分析的步骤。

例 2.17　检索与课题“甲醛的催化燃烧”(catalytic combustion of formaldehyde)有关的文献。

第一步,在检索框中输入要检索的课题 catalytic combustion of formaldehyde。

注意:术语之间用介词连接,介词没有实际意义,起到间隔作用。点击检索框下方的 Advanced Search,可对检索文献进行年代、文献类型、出版语言、作者姓名、机构名称等条件限制。

第二步,点击 Search 按钮,得到检索结果选项(见图 2.23)。其中有 9 篇文献包含输入的短语,有 1506 篇文献包含输入的 3 个术语的概念并且同时出现在同一个句子中,有 4226 篇文献包含输入的 3 个术语的概念且同时出现在一篇文献中,其余选项为包含 2 个或者 1 个术语的概念的文献。

可见,5 条关于检索结果的说明文字中有 4 条含有 concept(概念)一词,这里的 concept 是指包含检索词的单复数、英美文法上的差异以及动词、形容词、副词、名词形式。其中,有 9 篇文献仅包含输入短语,有 1507 篇文献的同一句话中同时含有检索短语中的两个主要概念,有 4234 篇文献同时含有检索短语中的两个主要概念(可能距离较远),单独包含其中一个概念的文献分别为 51007 篇和 286652 篇文献。

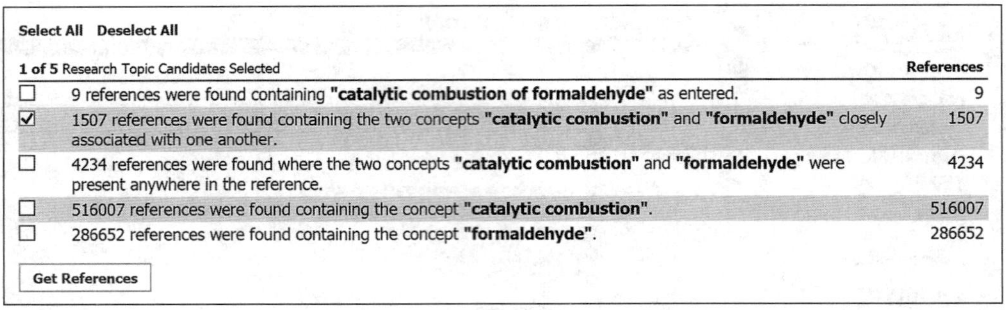

图 2.23 SciFinder 检索结果页面

第三步,选择有同一句中同时包含两个主要概念的 1507 篇文献,点击 Get References,查看相关文献。

检索结果中包括期刊、专利、会议录、图书、学位论文、技术报告 6 种文献类型,并包含 Analyze(分析)功能、Refine(精炼)功能、Categorize(分类)功能。

左边分别有 Analyze、Refine、Categorize 标签,方便进一步限定检索条件。其中,Analyze 提供了作者姓名、CAS 登记号、公司名称、文献类型、索引词、期刊、语言以及出版年等的分析功能;Refine 提供了主题、作者姓名、公司名称、文献类型、出版年、数据库等限定功能;Categorize 功能会把当前页面的检索结果分成几个学科类别放在 Category Heading 下面,点击某一学科类型,系统会在 Category 下面罗列出该学科下属的子学科。

如需进一步获取"甲醛的催化燃烧"的文献中与铂或钯催化剂有关的文献,可以利用 Categorize 分类功能,点击 Category Heading 中的 Catalysis,选择 Category 下的 Catalysts,再选择 Index Term 中的"铂和钯",点击 Ok 按钮,即出现符合需求的检索结果。

利用检索结果页面的 Sort By,可根据登录号、作者姓名、引文、出版年及标题进行排序。点击"引文"可以将被引次数最多的文献显示在检索结果最前面。

虽然 SciFinder 是文摘数据库,但可通过文献题目下方的 Other Sources 链接,获取全文。

点击检索结果页面右上方的 Export,可对检索结果进行批量保存,其中 RIS 格式可以导入 Endnote 等文献管理工具中,AKX 为系统自带格式,但只能在 SciFinder 中打开,最多可保存 20000 篇。

主题检索小结:

(1) 关键词之间用介词链接,如 with、in、on 等。

(2) 候选项选择同时包含两个主要概念的选项。

(3) 可以使用引文排序获得被引次数最多的文献。

(4) 尽可能使用 Analyze、Refine、Categorize 功能进一步限定检索条件。

练习 2.8

(1) SciFinder 数据库的物质检索(Substance)可提供多个检索入口,下列说法正确的是(   )。(多选题)

A. Chemical Structure、Markush 入口为基于结构式的检索

B. Molecular Formula 入口为化合物分子式的检索

C. Property 入口为基于物质的实验或预测性质如沸点、熔点的检索

D. Substance Identifier 入口可提供化学名、俗名、CAS 登记号的检索

(2) 关于 SciFinder 数据库,说法正确的是(   )。(多选题)

A. 除通常基于文献词的检索(Reference)外,还可以进行基于化学物质结构及化学反应的图形检索

B. 主题检索可直接输入英文自然句子,系统自动利用介词或词义进行分隔表达的短语,并进行检索

C. 化学物质检索中可利用 CAS 登记号或物质俗名检索

D. SciFinder 数据库集成了美国化学文摘 1907 年至今的所有内容

(3) SciFinder 数据库 Research Topic(主题检索),输入 Design of new anticancer drugs,出现不同关键词组合的结果,下列说法正确的是(   )。(多选题)

A. 70 references were found containing "Design of new anticancer drugs" as entered,表示检中 70 篇文献,包含输入的短语

B. 12746 references were found containing the concept "new anticancer drugs",表示检中 12746 篇文献,包含该词及该词的同义词

C. 1132 references were found containing the two concepts "Design" and "new anticancer drugs" closely associated with one another,表示检中 1132 篇文献,两个关键词同时出现在同一句话或者题目中

D. 2520 references were found where the two concepts "Design" and "new anticancer drugs" were present anywhere in the reference,表示检中 2520 篇文献,两个关键词同时出现在文献中的任意地方

(4) 4-氨基苯酚的化学物质名称、分子排列式、结构式、CAS 登记号如下所示,请分别使用化学物质名称、分子排列式、结构式、CAS 登记号检索得到该物质,以及含有制备该物质方法的文献。

化学物质名称为 4-amino phenol,分子排列式为 C_6H_7NO,CAS 登记号为 123-30-8,结构式为

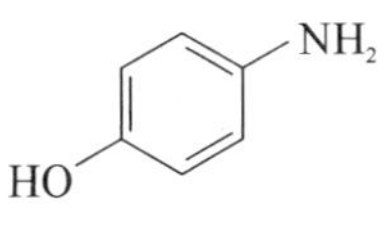

(结构绘图与 chemdraw 类似,也可阅读帮助文件)。

Scifinder系统除了给出物质的基本信息外,还提供获得相关文献(Reference)文档型图标,点击该图标即可进入Get References的Limit Results to(精选)界面(包括:Analytical Study、Biological Study、Preparation、Process、Properties等),选择Prepration后点击Get,即可得到制备相关的文献。点击图标,从随后弹出的窗口中选择该物质在反应中的角色,如Product,点击Get,得到该物质作为产物的相关文献。

点击图标 ~125,获取该物质的商业来源信息。点击图标 »,选择弹出的窗口中的Synthesize This,即可得到合成该物质的相关文献。

点击Key Physical Properties,可获取该物质的主要物性数据,如相对分子质量、熔点、沸点、密度等。点击Regulatory Information,可获取该物质的管制信息。

点击Spectra,可获取该物质的图谱信息。点击Experimental Properties,可获取该物质的实验性质。

物质检索小结:

(1) 可通过物质结构、物质名称、分子排列式、结构式、CAS登记号检索物质。

(2) 可获取该物质的物性数据、图谱信息、管制信息及实验性质。

(3) 可获取与该物质相关的所有文献、反应以及商业来源。

例2.18 检索以4-氨基苯酚作为产物的化学反应及含有相关反应的文献。

选择反应检索(Reactions),进入结构编辑器,通过画出结构式或者通过CAS登记号导入结构式,点击图标,从随后弹出的窗口中选择该物质在反应中的角色Product,点击Ok按钮,返回检索界面,点击Advanced Search按钮,可通过输入反应步数、反应类型或出版年等条件对结果进行限定,然后点击Search按钮进行检索,得到符合条件的反应。

SciFinder结构检索小结:

(1) 可通过结构式进行检索。

(2) 可检索到符合反应式的相关反应及相关文献。

2. 精通Engineering Village

Engineering Village数据库创建于1884年,由美国工程信息公司(The Engineering Information Corporation,EI)编辑出版,现由著名出版商Elsevier经营。它是世界上著名的有关工程技术方面的文摘性、综合性的检索工具,也是世界上鉴定、评价科研人员、工程技术人员学术成果的权威性工具。可以检索1969年至今的文献,不同类型的付费用户可检索的数据库不同,最多可检索EI Compendex、INSPEC、GEOBASE、GeoRef、EnCompassLIT & PAT、USPTO&EPO、NTIS、PaperChem、CBCN、Chimica这10个数据库,文献类型包括期刊、会议、报告、学位论文、专利等。用户注册登录后,可以保存并管理检索历史及文献。

进入 Engineering Village 数据库首页，界面上自动弹出特选专题文献浏览页面，首页上的 Search 标签可选择：Quick Search（快速检索，最多可同时输入 12 条检索条件）、Expert Search（高级检索）、Browse Indexes（浏览检索）和 Thesaurus Search（主题词表检索）以及 Search History（检索历史，用于回顾检索过程或对不同的检索过程进行进一步的组合操作、订阅）。注册成为个人用户后，可使用个性化功能。在检索结果界面提供出版商原文链接，方便获取原文。

1）检索规则

（1）布尔逻辑运算符：AND、OR、NOT。

（2）位置邻近算符：NEAR/n、ONEAR/n。

NEAR 表示两词之间可插入 n 个词，词序可颠倒。

ONEAR 表示两词之间可插入 n 个词，词序不可颠倒。

（3）词组检索时用双引号""进行修饰。

（4）高级检索时用 wn＋字段进行限制，如 methanol wn TI，表示在 TI 字段检索 methanol；

（5）截词：用 * 表示任意多个字符。

2）常用检索字段（缩写，说明）

（1）All fields（ALL，所有字段）；

（2）Subject/Title/Abstract（KY，关键词/题名/文摘）；

（3）Abstract（AB，摘要）；

（4）Title（TI，标题）；

（5）Author（AU，作者）；

（6）Author Afiliation（AF，作者单位）；

（7）Source Title（ST，出版物名称）。

3）检索

例 2.19 检索"小波理论在图像和信号处理中的算法"的相关文献。

课题关键词：小波理论、图像、信号、算法。

英文关键词：wavelet theory、image、signal、algorithm。

通用检索式：wavelet theory AND (image OR signal) AND algorithm。

默认的 Search（检索）界面为 Quick Search，有一个检索条件的输入框，如果有多个不同检索字段的限制条件，可以先点击＋Add Search Field，再分别点击 Database、Date、Language、Document Type、Sort By、Browse Indexes、AutoStemming、Discipline、Treatment 设定数据库、日期、语种、文献类型、排序方式、文献处理方式以及排序方式。

进入 Quick Search(快速检索)界面,选择字段 Subject/Title/Abstract,输入相应的检索项。

如果采用高级检索,先要写出检索式,分别选择主题词/题名/文摘(KY)、摘要(AB)、题名(TI)字段高级检索式,词组用双引号修饰。检索式如下:

("wavelet theory" AND (image * OR signal *) AND algorithm) wn KY

("wavelet theory" AND (image * OR signal *) AND algorithm) wn AB

("wavelet theory" AND (image * OR signal *) AND algorithm) wn TI

通过对检索结果的比较,可以看出文献数量从多到少排列为 KY>AB>TI。

通过浏览检索结果,发现有些文献题名中出现 wavelet analysis,如 Image fusion algorithm using rough sets theory and wavelet analysis,因此调整检索式如下:

(wavelet * AND (image * OR signal *) AND algorithm) wn KY

(wavelet * AND (image * OR signal *) AND algorithm) wn AB

(wavelet * AND (image * OR signal *) AND algorithm) wn TI

练习 2.9

在 Quick Search 界面上,选择 Subject/Title/Abstract 检索字段,分别使用 wavelet theory 及 wavelet ONEAR/0 theory 检索,比较两次检索结果的异同,并讨论检索结果相同或不相同的原因。

4) 检索结果分析

练习 2.10

利用检索式(wavelet * AND (image * OR signal *) AND algorithm *) wn AB 进行检索,年限为 2013—2015 年,请回答以下问题:

哪个国家发表文献最多?

哪个机构发表文献最多?

最多的文献类型是什么?

撰写文献排名前 5 名的作者分别是谁?

出现频率最多的控制词(controlled vocabulary)是什么?

哪个期刊上发表的文献最多?

在上述练习中,利用数据库的分析功能,可针对作者、机构、控制词、国家、文献类型、语种、年代、期刊名称等进行分析统计。

5）其他功能

由于作者、机构（作者单位）等可能有多种拼写方式，为了查全，建议采用 Browse Indexes 进行检索。

翻转案例 2.8　理解 EI 的作者检索

尝试利用 EI 提供的作者检索功能，检索袁谓康院士发表的论文被 EI 收录的情况。

Engineering Village 除了提供上述关于作者、机构、出版物等的 Browse Indexes 外，也提供了限定文献内容的检索词的索引，即 Thesaurus Search（同义词、控制词词典），可以检索到含有某检索词但内容无关的文献，如：检索词为 wavelet，但实际的研究包括 wavelet analysis、wavelet decomposition、wavelet transforms，使用三个控制词或之一作为检索词，将大大减少不相关的文献量。

点击 Search 标签进入 Thesaurus Search 界面，有三种方式：Vocabulary Search、Exact Term、Browse。

练习 2.11

执行以下操作，了解 Engineering Village 的 Thesaurus 功能。确定检索课题“小波理论在图像和信号处理中的算法”相关文献的检索词。分别用 wavelet、image、signal、algorithm 在 Thesaurus Search 界面用 Exact Tearm 或 Vocabulary Search 方式检索。从中挑选下列检索式（1）中的控制词，使用 Expert Search 界面检索（1）（2），比较检索结果的不同。

（1）(("wavelet analysis" OR "wavelet decomposition" OR "wavelet transforms") AND ("image fusion" OR "image analysisy" OR "signal analysisy" OR "signal encoding") and algorithms) wn CV

（2）(wavelet * AND (image * OR signal *) AND algorithm *) wn KY

2.2.6　艺术课题

文献是记录各门类知识和信息的一切载体，其中艺术文献是指包括造型艺术、音乐、舞蹈、戏剧、戏曲、曲艺、电影电视等艺术门类在内的各种作品、论著、资料等。艺术文献资料种类繁多,想要快速获得所需的信息,需要掌握一定的检索方法和了解更多获取途径。

为了介绍方便,将艺术文献分为文字型和图片型两类。

1. 文字型艺术文献检索

日常学习中,我们经常会查找类似下面这种类型的文字资料:

(1) 某同学在做关于“现代科技发展对视觉艺术思维有什么样的影响”的研究,请协助她利用期刊数据库查找相关文献。

(2) 万方数据库有收录一篇2013年南京艺术学院关于文化创意产业的博士论文,请查找具体信息。

(3) 某同学想查找中国和英国在时装设计思维方面的研究,如何查找英文资料?

(4) 如何查找2018年秋冬女装的设计趋势?

这些不同的问题,代表了不同的检索需求,我们可以利用不同的艺术信息源来进行相应的检索和获取。常用的艺术文献的检索获取途径有以下几种:

(1) 综合型全文数据库,如中国知网、万方数据、JSTOR等数据库均收录艺术门类的文献。

(2) 艺术类全文数据库,如Art &Humanities Full Text(艺术与全文数据库)、Wilson Art Full Text(威尔逊艺术全文数据库)、Grove Art Online(牛津格罗夫艺术在线数据库)等。

(3) 艺术类文摘索引数据库,主要有Arts & Humanities Citation Index(艺术与人文引文索引)、Index to Social Sciences and Humanities Proceedings(ISSHP,社会科学与人文会议录引文索引)、ProQuest Artbliographies Modern(ABM,现代艺术书目文献数据库)。

(4) 专业型艺术数据库,主要收录某一具体的艺术门类,如音乐、舞蹈、戏剧与影视、艺术设计、建筑艺术、时尚艺术等,这类资料专指性强,内容更专业、更权威。常用的专业型艺术数据库如下所列:

音乐与舞蹈艺术数据库:库客数字音乐数据库、牛津格罗夫音乐在线数据库、国际音乐期刊资料库(IIMPFT)、EBSCO系列音乐参考资料、ASP世界音乐在线数据库。

戏剧与影视数据库:ASP表演艺术戏剧与电影视频库、Film Indexes Online全球电影资料库、Entertainment Industry Magazine Archive、FIAF国际电影期刊索引及全文数据库、American Film Institute Catalog(美国电影学院目录数据库)。

艺术设计类数据库:数据公园数据库、Design and Applied Arts Index数据库、WARC数据库、Lynda艺术设计软件视频学习平台。

建筑艺术类数据库:Lifestyle & Interior Design Trends Forecasting(WGSN)、International Architecture Database:archINFORM、Avery Index to Architectural Periodicals(建筑期刊索引)、Art & Architecture Complete(艺术与建筑全文数据库)。

时尚艺术类数据库:WGSN/Stylesight(国际时尚趋势及市场专业数据库)、The

Women's Wear Daily Archive、The Vogue Archive、Berg Fashion Library、Pattern、Textile & Concept(布样与概念设计数据库)、firstView(国际时装图片数据库)。

(5) 网络艺术资源。除了商业数据库之外，互联网也是查找艺术资料的重要来源。既有艺术博物馆提供的高大上的“阳春白雪”的信息，也有艺术类社交网站中通俗易懂的“下里巴人”的信息；既有 IMDB(互联网电影资料库)这种专业网站，也有艺术百科这种综合型艺术网站。互联网上提供艺术类信息的网站类型大致可以分为如下几类：艺术博物馆网站、艺术资讯网站、艺术设计网站、品牌公司网站、艺术出版机构网站、艺术行业协会网站。可以利用搜索引擎直接搜索相关艺术文献资料。

2. 图片型艺术文献检索

除了文字资料的检索，图片检索也是在日常学习生活中无处不在，我们经常会碰到类似这样的问题：

想给电脑桌面换个有特色的壁纸，如何查找图片?

如何查找更多一种名为“丝鳍天竺鲷”的小鱼的图片?

手头上有一张图片，如何查找有关这张图片的更多信息?

想找一张高清山水画进行临摹，哪里可以下载?

接下来，结合几个案例，介绍如何利用各类不同工具实现图片检索。

进行普通的图片搜索时，我们首选搜索引擎的图片检索，如百度图片。百度图片是非常简单易用的图片搜索引擎，使用人工智能技术，给用户带来流畅、快捷、精准的搜图体验。利用搜索引擎搜索图片时，一般可以使用以下几种方法进行搜索。

第一，目录浏览。百度图片目录是根据大部分用户的搜索浏览喜好，将一些热门词汇分门别类整理而成的目录。在百度图片目录页里，可以方便地点击所感兴趣的关键词链接来查看相关图片。目前百度图片目录包括有“明星”“壁纸”“时尚”等十余个分类。用户可以通过点击百度图片首页或结果页侧边栏的热点目录文字链接进入百度图片目录。

第二，文字检索。百度、Bing 等搜索引擎均提供直接利用文字描述搜索图片。其中微软必应旗下图片搜索一直是用户美誉度较高的垂直搜索产品之一，可以在全球范围内发现最适合的精美图片。目前，Bing 中国网站分为国内版和国际版。

例如：如果要寻找有关“丝鳍天竺鲷”的图片，可以直接通过中文文字检索即可，如果不能找到满意的图片，还可以利用搜索引擎先查询到丝鳍天竺鲷这种小鱼的英文名称，利用英文名称在 Bing 的国际版中查找更多图片。

第三，高级检索。在百度图片搜索首页有高级搜索的文字链接，点击该文字链接，将会进入高级搜索页面。在高级搜索页面内，可以对搜索进行更精确的限制，包括“关键词”“图片格式”“站点限制”等。另外，百度图片搜索支持图片尺寸选择，可以在搜索结果页面上方的筛选栏中，筛选大、中、小三种不同尺寸的图片，其中百度对大、中、小图片的定义如下：

大图：最长一边大于 640 像素(包括 640 像素)的图片。

小图：最长一边小于 200 像素(包括 200 像素)的图片。

中图：最长一边大于 200 像素且小于 640 像素的图片。

Bing 图片也提供图片的筛选功能。可以利用图片尺寸(小、中、大、特大、特定像素)、颜色(彩色、黑白、特定颜色)、类型(照片、插图、动画 gif、素描、透明)、版式(方形、横版、竖版)、人物(脸部特写、半身像)、日期(过去 24 小时、过去一周、过去一个月、过去一年)、授权情况(所有创作共用,公共领域免费修改、分享和使用,在商业上免费修改、分享和使用)等进行筛选。

第四,以图搜图。

例 2.20 给出来自互联网的照片,是否可以找出这张照片的主人公是谁以及这张照片的信息来自哪里?

对于这类没有任何文字信息的图片,我们如何找到其相关信息?

百度、Bing 等搜索引擎除了提供浏览、文字检索外,均提供以图搜图(利用图片搜索图片)的功能(见图 2.24)。利用以图搜图可以找到和这张图片有关的更多信息。

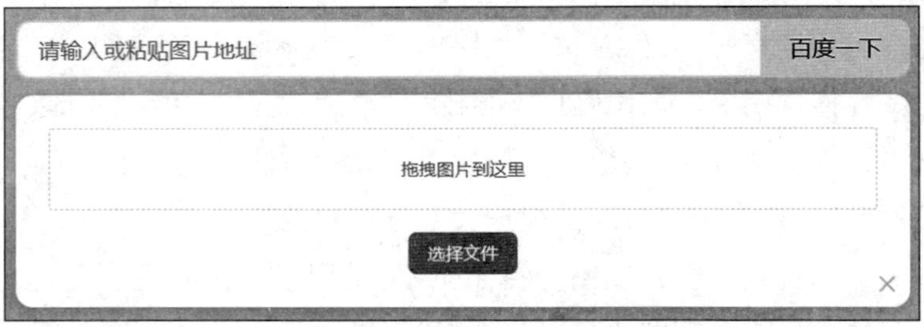

图 2.24 百度以图搜图界面

以图搜图也叫以图识图,即利用上传图片进行相似图片的比对搜索。可以输入图片网址,也可以通过本地上传图片进行比对检索。

百度搜索引擎的子产品——百度识图,在用户上传图片或输入图片地址后,通过图像识别技术和检索技术,为用户展示该张图片的详细信息,同时也可得到与这张图片相似的其他海量图片资源。

Bing 搜索引擎目前需要利用其全球版才可以使用以图搜图的功能。

TinEye 以图搜图是加拿大 Idée 公司研发的相似图片搜索引擎,是第一个在网络上使用图像识别技术,而不是关键字搜索的图片搜索引擎。用户可以提交或上传一个图片,TinEye 会找出它来自何处、它是如何被使用,以及会寻找更高分辨率的版本或者该图像的更改版本。

以图搜图的功能就是通过某张图片的一部分或者全部来搜索这张图片的完整版、高清版或相似图片。通过它可以做很多事情：

（1）发现图片的来源与相关信息。在手头上只有图像的情况下，利用这种检索可以找到一些关于该图片的线索，从而进行更深入的检索。

（2）研究追踪图片信息在互联网的传播。例如：在论坛看到某用户的头像很有趣，于是想找到出处。

（3）找到高分辨率版本的图片。你拿到一张图片，但是分辨率很低，那么你可以使用它来寻找较高分辨率的图片（前提是网上存在该图片并被搜索引擎收录了）。

（4）用缩略图找到原始图片。用小尺寸的图片找到大尺寸的图片，对于经常使用互联网的编辑和设计等职位的人来说，这种方法十分便利。

（5）用部分图片找到原版图片。如果只有图片的一部分，或者你手上的图片被添加了水印或者注释之类，可以用以图搜图来寻找原版图片。

（6）查找自己的个人信息是否被泄露。可以利用以图搜图找到有你个人照片的网页。

（7）查找所持有的图片的不同版本。

例 2.21　根据一张埃及法老的缩略图片（尺寸是 109×116 像素，大小是 4.32k），找到更清晰的图。

将图片上传至 TinEye，利用 TineEye 的图片检索，可以找到 500 多条结果。

检索结果可以根据匹配程度、图片大小、图片上传时间等进行排序。利用图片大小排序，可以找到最大的一张图片。尺寸是 1953×1464 像素，大小是 420k，比原始图片清晰很多。点击具体的条目，也可以看到有关这张图片的内容信息。

互联网上还有其他的一些以图搜图的工具，诸如以下几个网站，这几个网站都是通过图片自身的某些特征（如色彩、形状等信息）来进行搜索，搜索基于视觉上的相似性，而不考虑图片的内容：

（1）GazoPa。GazoPa 搜索图片时，不依据关键词进行检索，而是通过图片自身的某些特征（如色彩、形状等信息）来进行搜索。

（2）Incogna。Incogna 的搜索速度非常快，主要是基于色彩和形状上的相似性进行搜索。

（3）TerragGalleria。TerraGalleria 主要基于视觉上的相似性进行搜索，而不考虑图片的内容。

除搜索引擎外，各类商业艺术图片型数据库，也是重要的搜索渠道。图片型数据库收录不同的艺术作品类型，与搜索引擎相比，艺术图片型数据库收录的图片精度高、还原度高，具有更高的艺术欣赏和专业研究价值。常用的图片数据库主要有以下几个：方正中华数字书苑图片库（艺术博物馆）、ArtBase 中国艺术品图片库、雄狮美术知识库、CAMIO

艺术博物馆在线数据库、ARTstor Digital Library、Bridgeman 教育艺术图书馆。另外还可以利用专业机构的艺术图片网站，例如 Google 的 ARTProject 和 Flickr，这类资源数量大，使用方便，获取容易。

翻转案例 2.9　图片的知识产权

有人说，只要是可以检索到的图片，就可以直接拿过来放在自己的作品中。对此谈谈你的观点。

2.2.7　医学课题

半个世纪以前，美国哈佛大学医学院院长悉尼·伯维尔(Sydney Burwell)曾说："医学生在学校学习的知识，至少有一半在未来 10 年会被证明是错误的，但问题是，没有一位老师知道，究竟会是哪一半。"由此可见，知识的更新对医学从业人员至关重要。在当今世界，医学从业人员需要依靠专业的检索工具查找可靠的资源，更新知识，为临床工作或科研写作服务。值得一提的是，非医学从业人员有时也需要检索医学的相关文献，不但可以了解医学最新研究成果，也可以为自己或家人的求医提供辅助信息。

医学文献检索通常先从文摘型数据库中获得线索，再通过链接或是其他途径获取全文。常用的西文文摘型数据库有 PubMed、EMBASE、BIOSIS Previews、SciFinder 等。PubMed 是一个权威的生物医学文摘型数据库，由美国国立医学图书馆下属国家生物技术信息中心开发，且通过网络供全球用户免费使用。因此，本节以 PubMed 为例，介绍医学文献检索的内容和检索方法。

美国国立医学图书馆在 20 世纪开发了 MEDLARS 系统，后来又进一步实现了联机检索，即 MEDLINE(MEDLARS Online)。在 PubMed 中 MEDLINE 的内容大约占总文献量的 90%。其余部分来自 OLDMEDLINE、PREMEDLINE 以及出版商直接向 PubMed 递送的电子记录。可以通过以下几个地址打开 PubMed：http://www.ncbi.nlm.nih.gov/pubmed，http://www.pubmed.com，http://www.pubmed.gov。其中的 ncbi、nlm、nih 分别是美国国立卫生研究院、美国国立医学图书馆、美国国立生物技术信息中心的英文缩写。

1. PubMed 常规检索

打开 PubMed 主界面(见图 2.25)，我们可以看到界面简单清晰，它有使用帮助、PubMed 工具、来自高访期刊的最新文章、近期热门文章、特色评论、其他资源这几个板块，在最上方则是检索框。

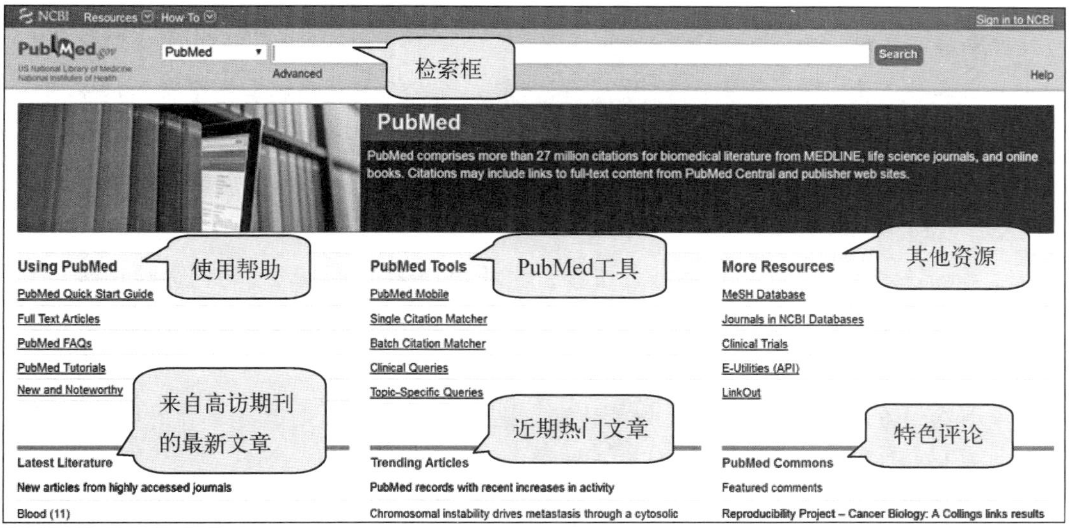

图 2.25　PubMed 主界面

PubMed 的布尔逻辑运算符 AND、OR、NOT 分别表示逻辑“与”、逻辑“或”、逻辑“非”，运算规则是按检索式从左到右顺序运算，圆括号内的可优先运算，并支持截词检索，截词符 * 表示 0 或任意一个字符。检索方法有基本检索、高级检索、主题词检索、单篇引文查询、临床查询等。

例 2.22　检索有关肾脏肿瘤的文献。

第一种方法：用基本检索的自动词语匹配检索功能。自动词语匹配(Automatic Term Mapping)是 PubMed 的特色检索技术，当输入任何一个未加任何限定的检索词时，系统会将其按照 Mesh 转换、期刊转换、短语转换表、作者索引的顺序进行核对、转换、匹配和检索。

直接在检索框输入 renal cancer，在 Search Details 中看到，系统自动将我们输入的 renal cancer 转换成了 kidney neoplasms 进行主题词检索，以及将 renal cancer 拆分成 renal 或 kidney、cancer 或 neoplasms 再用逻辑运算符 AND 来进行检索。对检索结果分析后发现，自动词语匹配检索功能检索出的文献虽多，但查准率并不高。

第二种方法：我们用基本检索中的短语检索。短语检索是将短语加上双引号进行精确检索，且当精确检索时，PubMed 会关闭自动词语匹配功能。在检索框中输入双引号及检索词 renal cancer，结果显示共找到 5 千多条记录。这比前一种自由词匹配检索的结果要少很多。我们再来看 Search Details 显示，系统将 renal cancer 作为一个不能拆分的词组进行全字段检索，这样检索的好处是将 renal cancer 作为一个整体概念不能拆分检索。但是全字段检索针对性不强，而且也会将以 kidney neoplasms

作为病名的文献漏检。

第三种方法：利用基本检索中的字段检索。字段检索是在检索框中输入检索词，并在后面加上想要限定的字段，且字段必须用中括号括起来。常用的字段检索有著者[AU]、地址[AD]、期刊[TA]、篇名[TI]、语种[LA]等。在检索框中输入 renal cancer[TI]，点击 Search 即可。

第四种方法：通过主题词进行检索。主题词检索是 PubMed 特色的检索方法。操作方法是选择首页下方的 Explore 下的 MeSH Database 输入检索词 renal cancer 进行检索。

浏览相关的主题词，选择最相关的那个点击。在这里我们选择与肾肿瘤相关的主题词 kidney neoplasms，点击进入主题词检索界面。

在 kidney neoplasms 主题词检索界面，可以看到有主题词定义、副主题词选择表、树状结构图(见图 2.26)等内容。副主题词是对某一主题词的概念进行限定或复分，PubMed 共有 83 个副主题词，每个主题词都有固定的副主题可以选择。根据需要可选择有关的副主题词，如果不选，则默认全部为副主题词。在本次检索中如果想要检索有关“肾肿瘤”治疗方面的文献，则勾选 diet therapy、drug therapy、radio therayp、surgery、therapy 这几个有关治疗的副主题词。

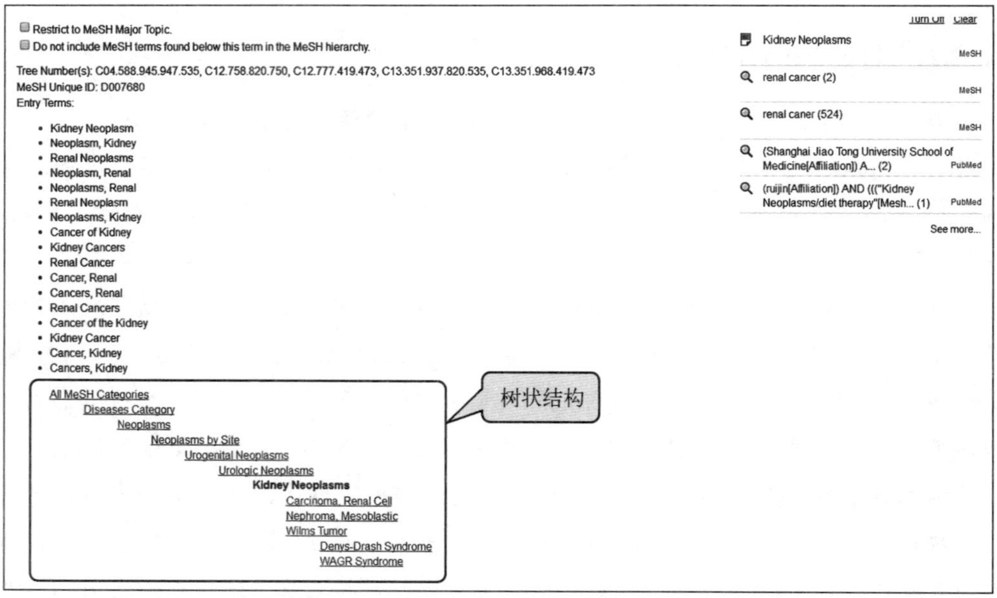

图 2.26 主题词的树状结构

在副主题词下方还有两个选项，点选“Rrestrict to MeSH Major Topic.”表示将检索词限定在主要概念主题词(Major Topice)进行检索，这样会缩小检索范围，但检出的文献与检索词的相关度会更高，可以根据检索需要进行勾选。点选另一项“Do not include MeSH terms found below this term in the MeSH hierarchy.”，则表示不扩展检索该主题词的下位词。下位词可以在树状结构中看到，位于下一级的主题词就是下位词。一般默认扩展下位词检索，但如果勾选了这个选项就表示不扩展下位词检索，这样容易漏检，所以一般不勾选该项。完成勾选后点击右边的“Add to search builder.”构建检索式，最后点击 Search PubMed 完成检索。

结果显示通过主题词检索肾肿瘤治疗方面的文献，共找到 36000 多篇，还可以通过左边的过滤器 filters 对文献进行更精确的限定，比如常用的限定有 Article Types（文献类型），可选择 Clinical Trial（临床试验）、Review（综述）等文献类型；Text Availability（文本可获得性），可选择文献带有 Abstracts（文摘）、Full text（全文链接）或 Free full text（免费全文链接）的文献；PubMed Commons（PubMed 空间），可选择是否显示读者在 PubMed 空间对文献的评论（Reader comments）；Publication dates（出版日期），可选择或输入相应的年份；Species（物种），可限定研究对象是 Humans（人类）或是 Other Animals（其他动物）。其他还可从 Ages（年龄）、Languages（语种）、Sex（性别）等方面进行限定。有些过滤是隐藏起来的，需点击“Show additional filters.”才能进行勾选显示。

如果想对刚才检索结果限定为近 5 年出版的、文献类型是临床试验类型的文献，就可以点选左边 Article Types 下的 Clinical Trial，以及 Publication Dates 下的 5 years。这样进行两次过滤后，将文献数进一步缩减。需注意的是，一旦勾选了过滤器选项，那么过滤会一直保留，如果不想继续过滤，必须选择 Clear All 去除过滤。主题词检索优点很明显，可以对同一概念不同表达的方式进行规范，且可以使用副主题词进行限定，使结果更专指、准确。但缺点是主题词的标引需要时间，对于新收录的且未进行深度标引的 PREMEDLINE 中的文献可能会有漏检。

2. PubMed 检索结果处理方式

对于检索结果 PubMed 还提供以下处理方式：File（保存文件）、Clipboard（保存到剪贴板）、Collections（永久保存到 My NCBI）、Email（发送邮件）、Order（订阅全文）、Citation Manager（文档管理软件）等。文献结果显示的是简略形式，每篇记录只显示标题、作者、出处及 PMID 号。如果想要了解某篇记录的文摘或者全文，还可点开标题。

点击一篇文献的标题，就可以查看该条记录的文摘及关键词等信息。在页面的右边有全文期刊链接，下方有 LinkOut。PubMed 虽然是文摘库，但是通过 LinkOut 与其他外部资源与服务进行链接，包括在线全文数据库、图书馆馆藏信息、研究工具等。因此，可以方便地通过 PubMed 去查找全文资源。

3. PubMed 高级检索

点击 Advanced 进入高级检索页面，高级检索页面主要有检索输入框、Builder(检索构建器)及 History(检索历史)这三部分。检索构建器可以对字段进行限定检索并且可选择逻辑运算符进行运算。检索历史记录了本次检索的完整检索式，还可以通过 Add 与检索构建器上的字段检索进行逻辑运算。

例 2.23　检索上海交通大学近 5 年发表的肾肿瘤临床研究学术论文。

在高级检索状态下，在 Builder 字段的下拉菜单中选择 Affiliation(单位)字段，输入 Shanghai Jiao Tong University School of Medicine，对将上一步的检索的文章限定为上海交通大学医学院作者发表的，再选择上一步检索式编号 #6 点击 Add，再点击 Search 完成检索(见图 2.27)。

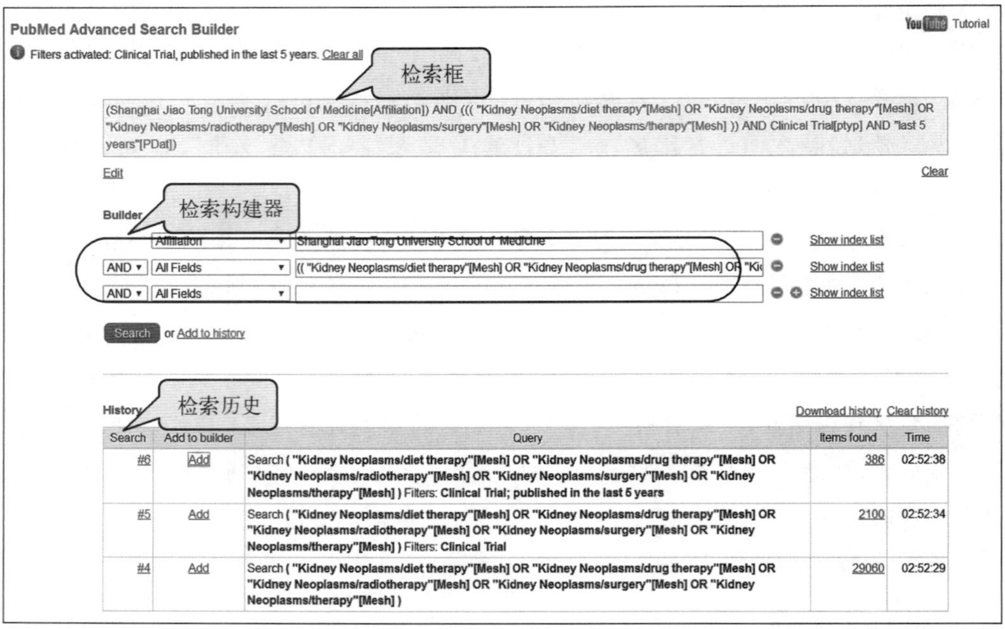

图 2.27　PubMed 高级检索界面

检出的 2 篇结果就是近 5 年上海交通大学医学院作者发表的有关肾肿瘤临床研究学术论文。

4. PubMed 常用工具

1) 单篇引文检索

PubMed 主页有 Single Citation Matches，即单篇引文检索功能。

例 2.24 检索发表在 *Cell* 上的文献，其关键信息为：Guo R，Zong S，Wu M，Gu J，Yang M. *Cell*. 2017，170(6)：1247－1257。

点击 PubMed Tools 下的 Single Citation Matcher。

将已知的条件(比如刊名、日期、卷期页码、作者等)输入对应检索框，点击 Search（见图 2.28)，就可以锁定该篇文献。这是一种比较快速的查找引文的方法。

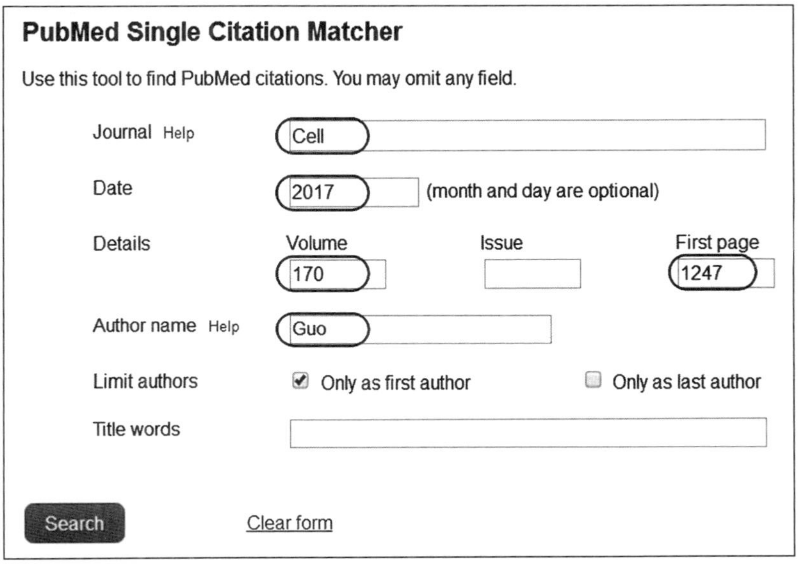

图 2.28 单篇引文检索界面

2) Clinical Queries 临床查询

Clinical Queries 专为临床医生设计，包括 Clinical Study Categories(临床研究文献检索)、Systematic Reviews(循证医学文献检索)、Medical Genetics(遗传学类文献检索)。在 Clinical Study Categories 下还可选择病因、诊断、治疗、预后及临床预测指南这几个方面进行查询，还可对查询范围进行 Broad(广义)或者 Narrow(狭义)的限定。

例 2.25 检索有关糖尿病病因临床方面的文献。

在 PubMed Tools 下面打开 Clinical Queries，在检索框中输入 diabtes。在 Clinical Study Categories 下选择 Eiology，并进行 Narrow 限定。这样就能查询出糖尿病病因临床方面的相关文献(见图 2.29)。

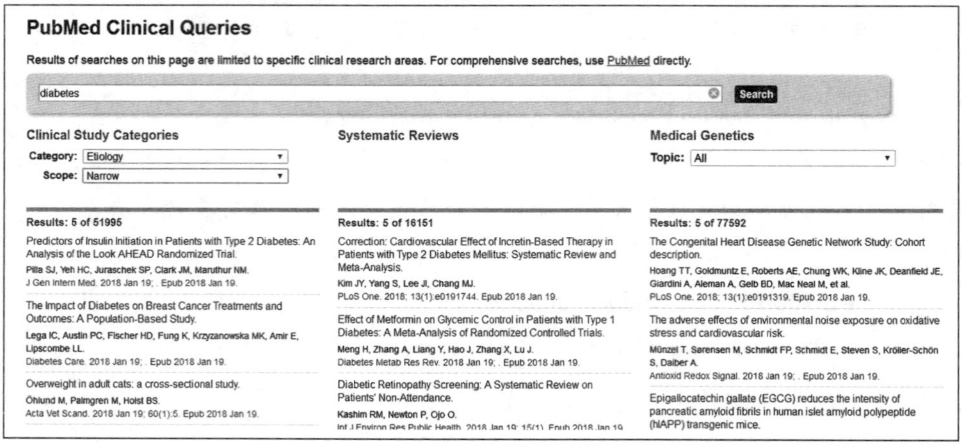

图 2.29　检索糖尿病病因临床研究文献

本节介绍了 PubMed 数据库的几种常用检索方法,每种检索方法都有它的优势与劣势,这需要检索人员根据自己的需求进行检索方法的组合以及逻辑运算符、截词符等检索技术的运用,以平衡好查全率与查准率。

2.3　统计数据/集检索工具

2.3.1　CEIC 中国数据集

1. CEIC 中国深度数据库

该数据库收录了行业内最详细的同比和环比 CPI 细项指数(如核心 CPI、猪肉、化妆品和公用事业子分类等),两百多个城市的政府月收支数据,按城市列出的主要商品细目及其系统的价格数据,涵盖了农业、工业、金属、能源、房地产、公用事业、消费品和服务等,并在不断增加;按海关税则 8 位码划分的主要商品进口和出口情况,以及一些主要商品的分国别/地区进口和出口情况,如石油、天然气、金属、汽车等;100 多种产品的销售量、销售率和库存;全面的城市劳动力市场调查数据;政府财政数据;债券市场和商品期货市场汇总数据;31 个省(自治区、直辖市)的存款、贷款及融资总量数据;全面的监测指标系列数据,如领先指标、企业和企业家问卷调查、银行业调查、消费者调查和 PMI 等。

该数据库根据国际标准行业分类(ISIC),清晰划分和组织了行业数据,在方便分析者进行行业分析的同时,还可以方便他们参照国际标准,这些数据包括:行业内最详细的工业产品产出,覆盖 500 多个工业产品的月度产量,按照中国工业企业分类标准划分的行业营运数据，包含 600 多个行业；系统的连锁零售和连锁餐饮业营运数据，覆盖各零售业态，细分为 31 个省（自治区、直辖市）；房地产开发业财务数据，覆盖 31 个省（自治区、直辖市），60 个城市的每日房产交易数据；电子商务涵盖的数据分为网上购物和网上支付；31 个省（自治区、直辖市）的系统的生产、加工、消费、进出口、库存等数据，按照能源类别分类具有组织性和系统性的城市和县级数据库。此外还包括城市（286 个地级市）数据，覆盖指标有本地产值、贷款、存款、投资、政府财政、就业、收入和支出、零售、房地产市场和公用事业等；县级（2000 多个县）数据库，覆盖指标有本地工业产值、贷款、存款、投资、政府财政、就业、收入和支出及零售等。

2. CEIC 全球行业数据库

该数据库包含亚洲以及其他国家和地区最受关注的行业的高频率年度数据，提供主要公司财务、深度行业财务以及运营信息，以及来自权威行业协会的统计数字，提供相同行业范围中不同公司的可比数据集，提供的行业包括：汽车、保险、房地产、航空、钢铁、半导体、银行、金属、航运及港口、化学、石油与天然气、电信、电子、医药与生物科技。该数据库专门为从事行业分析的金融分析人员和研究人员而开发。

3. CEIC 世界趋势数据库

作为基准数据和参考数据的唯一切入点，“世界趋势数据库升级版”提供了对于众多发展中国家和发达国家宏观经济趋势的有力、深入和准确的分析，包含 100000 多条时间序列数据。全球经济监测（GEM）和东盟（ASEAN）经济监测提供了一系列的扩展的标准历史数据和详细的方法说明，用户可以快速比较和分析长短期的各种经济因素。数据集包含关键指标，如 GDP、IPI、FDI 和 CPI。“世界趋势数据库升级版”还提供了区域性的汇总数据、综合预测、商品数据和市场情绪指标。

东盟经济监测：利用 CEIC 在亚洲的全面覆盖获得东盟经济共同体（AEC）、东盟 6 国、东盟 5 国和 CLMV 的集合体被 CEIC 标准化的经济指标，用于跨国比较。指标包括：贸易和商品、经常账户余额、外商直接投资和劳动生产率，以及农业产量和旅游收入等。

国家及区域预测数据：提供超过 16 个区域的截至 2020 年的媒介预测，182 个国家的经济指标预测，FocusEconomics 公司共识预测报告与 Excel 模板作为可选的升级服务。

商品市场数据：包括美国、欧洲、中东北非和亚洲的主要商品价格和价格指数，商品价格指数从彭博社、波罗的海交易所、美国商品研究局（CRB）、国际货币基金组织和世界银行获得。

全球经济监测：被 CEIC 标准化的经济指标用于跨国比较，指标包括：GDP、CPI、生产力、进出口等。

2.3.2 Journal Citation Report

如图 2.30 所示是 Journal Citation Report（JCR）的首页，该数据库收录的内容是 Web of Science 数据库中收录的期刊的基本数据，包括期刊的影响因子等。期刊影响因子是评价期刊的重要指标，其含义是：某刊在某年被全部源刊物引证该刊前两年发表论文的次

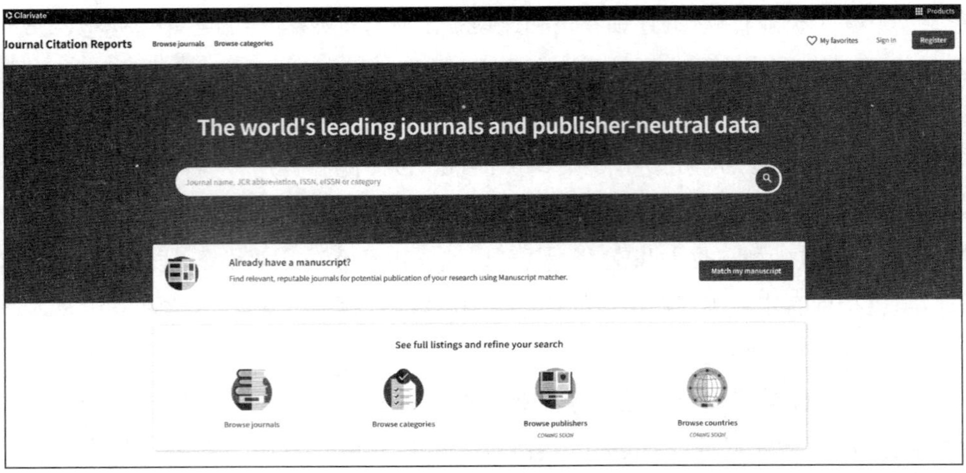

图 2.30 Journal Citation Report 的首页

数,与该刊前两年所发表的全部源论文数之比。

在 JCR 中,系统默认选择 SCI 和 SSCI,也可以分别选择其中之一,并设定 JCR Year(默认为最新 JCR Year)、学科类别体系(包括 WOS、ESI、Incites 三种分类体系)、国家或地区、出版商,了解 SCI 或 SSCI 期刊的评价数据。

练习 2.12

同时选择 SCI 和 SSCI,JCR Year 值为 2016,WOS 分类体系,在 JCR 界面上执行下述操作,分析随后弹出的页面上的相关信息,并说明该功能的作用:

在 Go to Journal Profile 下面的输入框中输入 Nature Chemistry 后,点击搜索(放大镜图标)。

点击 Compare Journals,根据提示操作,比较 *Nature Chemistry* 与 *LANCET* 两种期刊。

点击 View Title Changes。

点击 Select Journals,在 Search Journals 输入框中输入 Social,在随后出现的期刊名称列表中选择 Social Networks、Social Forces,点击页面最下方的 Submit。

点击 Select Categories,选择 Social Works 学科类,点击页面最下方的 Submit。

点击 Select Categories,选择 Social Works 学科类,勾选 Open Access,点击页面最下方的 Submit。

点击 Select Categories,选择 Polymer Science 学科,在 Impact Factor Range(期刊影响因子范围)的文本框内分别输入 3 和 8,不勾选 Open Access,点击页面最下方的 Submit。

例 2.26　检索 *Nature Chemistry* 的总被引频次和影响因子等相关信息。

查找某一本期刊，可选择 Go to Journal Profile 或 Select Journals(见图 2.31)。在文本框内输入“Nature Chemistry”，点击 Submit。

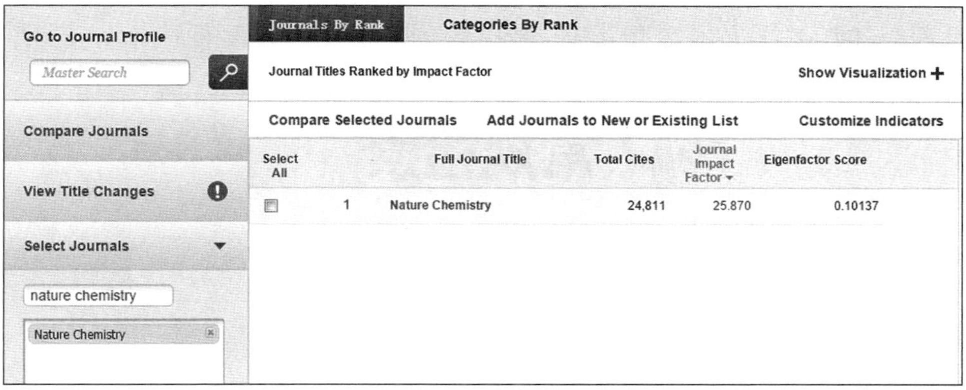

图 2.31　在 JCR 中检索一本期刊

点击刊名“Nature Chemistry”(见图 2.32)，可继续获取该刊的详细信息，如学科分类、语言、出版周期。

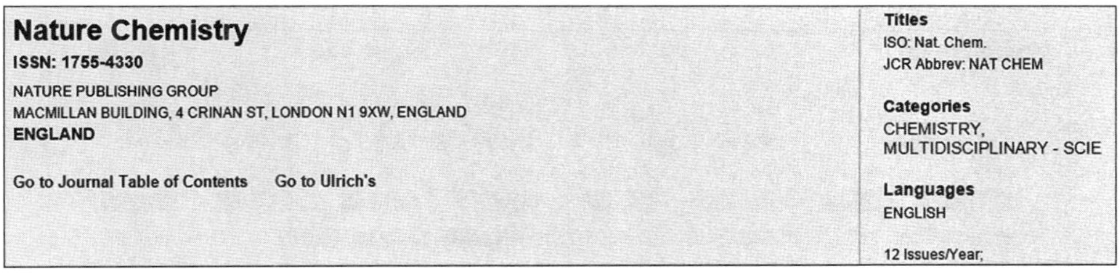

图 2.32　JCR 中一种期刊的详细信息界面

2.4　专门类型文献检索工具

2.4.1　专利文献

常用的专利文献检索工具主要有国家知识产权局专利检索系统、欧洲专利局专利检索系统和德温特创新专利索引数据库，综合类检索工具也收录了专利文献，可作为补充。

1. 国家知识产权局的专利检索系统

图 2.33 至图 2.39 所示的是中国国家知识产权局(以下简称“国知局”)专利检索系统

的多个功能界面。该检索系统可以检索 1985 年以来的所有专利及其法律状态(包括实质审查请求的生效,专利权的无效宣告,专利权的终止,权利的恢复,专利申请权、专利权的转移,专利实施许可合同的备案,专利权的质押、保全及其解除,著录事项变更、通知事项等),收录了 103 个国家、地区和组织的专利数据以及引文、同族、法律状态等数据信息,其中涵盖了中国、美国、日本、韩国、英国、法国、德国、瑞士、俄罗斯、欧洲专利局和世界知识产权组织等。

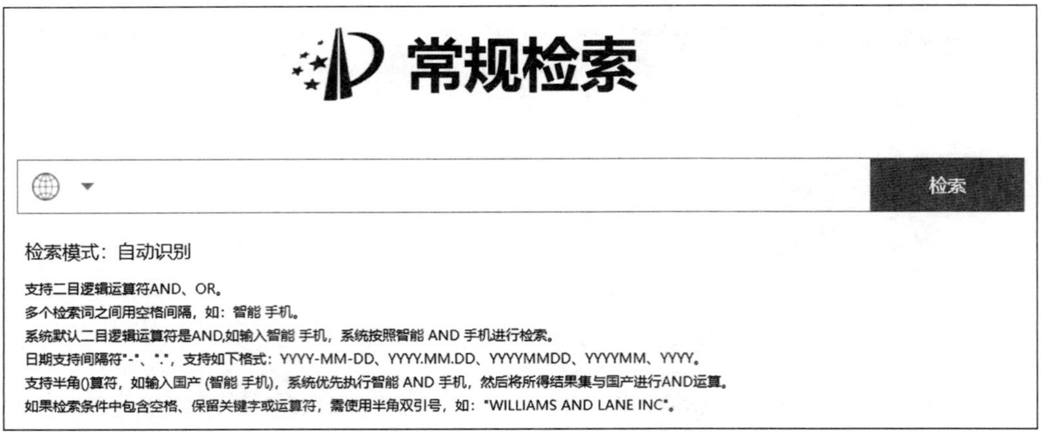

图 2.33　国知局专利检索:常规检索

图 2.34　国知局专利检索:高级检索

图 2.35　国知局专利检索：导航检索

图 2.36　国知局专利检索：药物检索

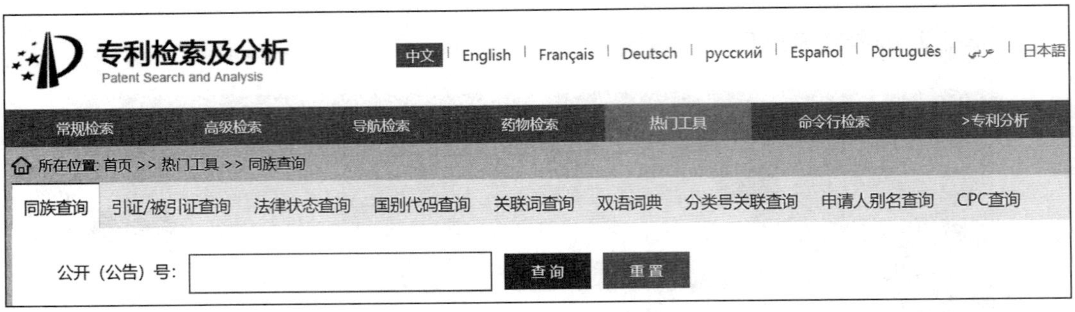

图 2.37　国知局专利检索：热门工具

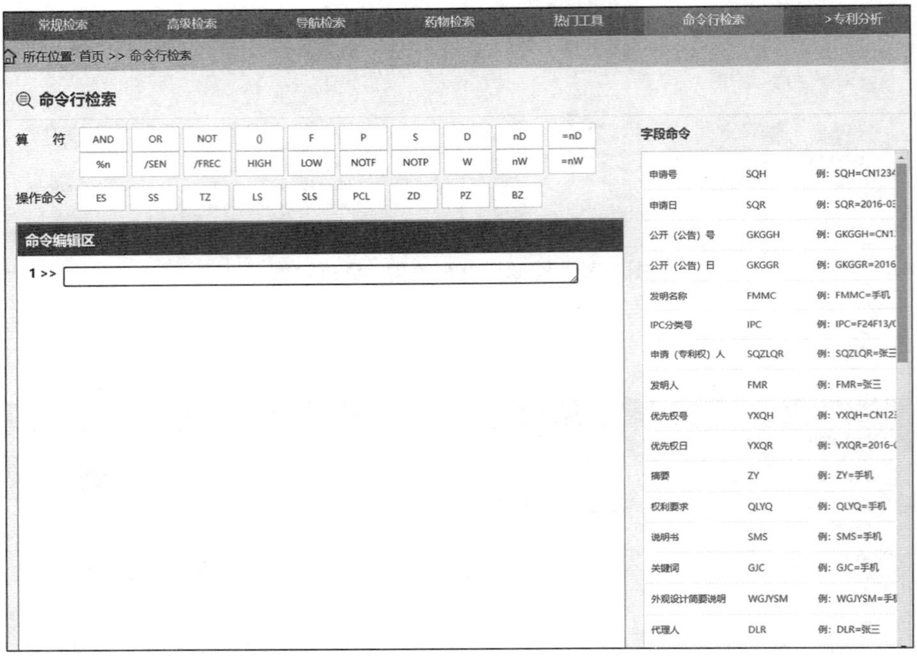

图 2.38　国知局专利检索：命令行检索

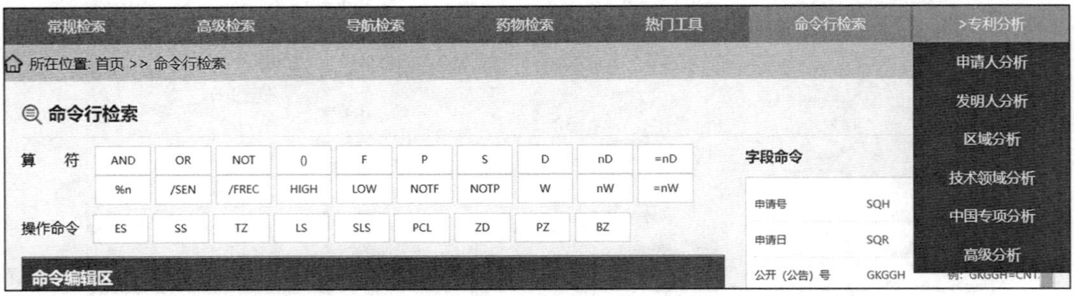

图 2.39　国知局专利检索：专利分析入口

其中，中国专利分为三种类型：发明专利、实用新型专利和外观设计专利。以申请号中申请年后面第一位数字或公开公告号中第一位数字加以区分，该数字被称为专利类型标识数字。

发明专利是指对产品、方法或者其进行改进所提出的技术方案，类型标识数字为 1 或 8。

实用新型专利是指对产品的形状、构造或其结合所提出的适于实用的新技术方案，类型标识数字为 2 或 9。

外观设计专利是指对产品的形状、图案、色彩或其结合做出的富于美感并适于工业上应用的新设计，类型标识数字为 3。

发明专利既保护产品也保护方法，实用新型专利只保护产品，外观设计专利只涉及产品的外表，实际上是关于产品的造型和图案的设计。

发明专利的申请必须经过形式审查和实质性审查，其中实质性审查是对发明的创造性、新颖性和实用性进行的三性审查，审查通过后才能授予专利权。而实用新型专利的申请和外观设计专利的申请经形式审查合格后，专利局便会作出授权决定，发给相应的专利证书，并予以登记和公告。

《中华人民共和国专利法》规定：发明专利权的期限为二十年，实用新型专利权的期限为十年，外观设计专利权的期限为十五年①，均自申请日起计算。

进入国知局的高级检索页面，在检索框的左边可以对检索范围进行筛选，包括专利类型和国家地区。当光标停留在任一输入框式时，会提示该字段的输入格式和输入规则，这里就不一一重复了。检索时根据已知条件选择相应的字段，按照规定的格式输入检索条件即可。如选择了多个字段，则这几个字段之间默认为逻辑“与”。如果检索条件比较复杂，难以用表单形式的检索实现，也可以自己编制检索式，编制检索式时，直接用光标在表单检索区选择字段，在检索式编辑区选择逻辑运算符、优先运算符进行组配即可。特别需要注意的是以下几个字段：

申请号、公开(公告)号。输入框后有一个问号形的超链接，可以查询专利的国别代码。

IPC 分类号。国际专利分类号输入框后的问号形的超链接可以查询分类体系，理解特定的分类号对应的含义，以及特定的主题被归在怎样的分类号中。

发明人、申请(专利权)人。发明人一般为个人，申请(专利权)人则视情况而定。

这里要引入一个概念：职务发明。职务发明是指执行本单位任务或主要是利用本单位的物质条件所完成的发明创造。

执行本单位任务或者是利用本单位的物质技术条件所完成的发明创造是职务发明创造。

对于职务发明，申请专利的权利属于该单位，利用本单位的物质技术条件所完成的发明创造，单位与发明人或者设计人订有合同，对申请专利的权利和专利权的归属作出约定的，从其约定；对于非职务发明，其申请专利的权利属于发明人或者设计人。

---

① 2021 年 6 月 1 日前授权的外观设计专利保护十年。

练习 2.13

(1) 编制如下检索式，检索 2015—2020 年有关智能手机的专利，并了解检索结果页提到的其他功能：

摘要=(智能 AND (手机 OR 移动电话)) AND 申请日=20050101：20201231

(2) 在中国国家知识产权局专利数据库中，下列检索结果最少的检索式是(　　)。(单选题)

A. 名称：转基因 AND 食品

B. 摘要：转基因 AND 食品

C. 名称：(转基因 OR 基因工程)AND 食品

D. 摘要：(转基因 OR 基因工程)AND (食品 OR 玉米 OR 大豆)

(3) 有关中国专利的保护期限，下列说法正确的是(　　)。(单选题)

A. 所有中国专利的保护期限都是 20 年

B. 中国专利的保护期限从申请日开始计算

C. 中国专利是永久受到保护的

D. 中国专利的保护期限都是固定的，与法律状态无关

(4) 在中国知网(CNKI)数据库中检索学位授予单位为华东理工大学的 2004—2014 年学位论文，检索结果被引量最高数为(　　)。(单选题)

A. <30　　B. 31～40　　C. 41～50　　D. >51

2. 欧洲专利局网站检索

图 2.40 至图 2.43 为欧洲专利局(以下简称“欧专局”)高级检索的页面。图 2.43 与国知局的专利检索系统类似，输入格式均有示例，也可点击 Qucik help (快速帮助)进行查看。但略有不同的是，图 2.43 显示字段已经自动进行了分组：

图 2.40　欧专局首页的第一层利检索入口：Patent search

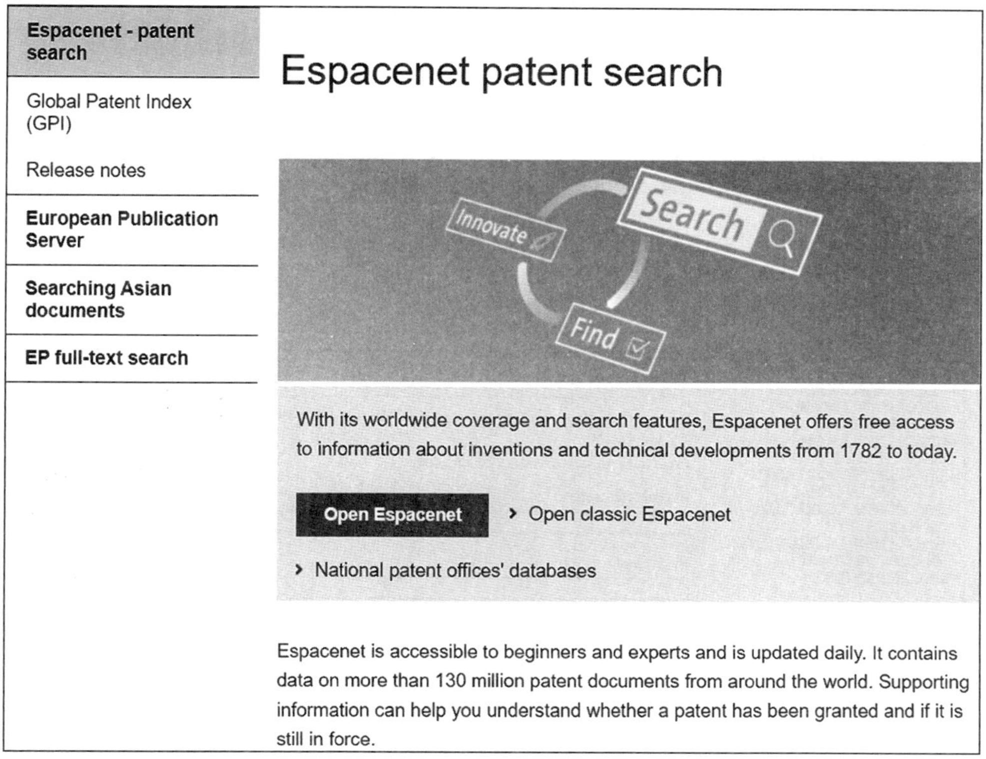

图 2.41 欧专局首页的第二层专利检索入口：Open Espacenet、Open classic Espacenet

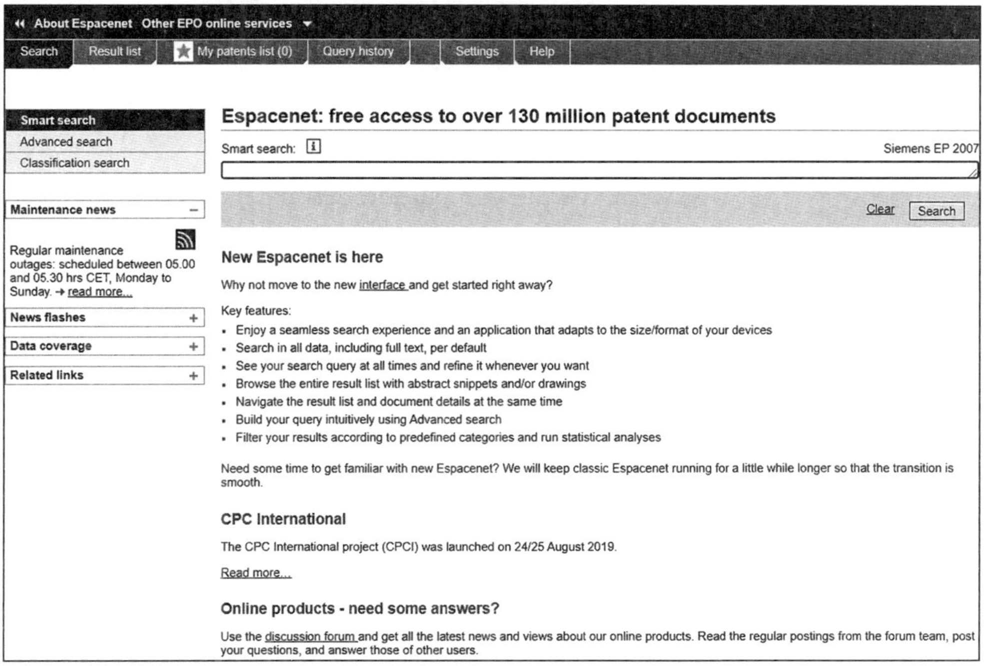

图 2.42 欧专局首页的第三层专利检索入口：Smart search

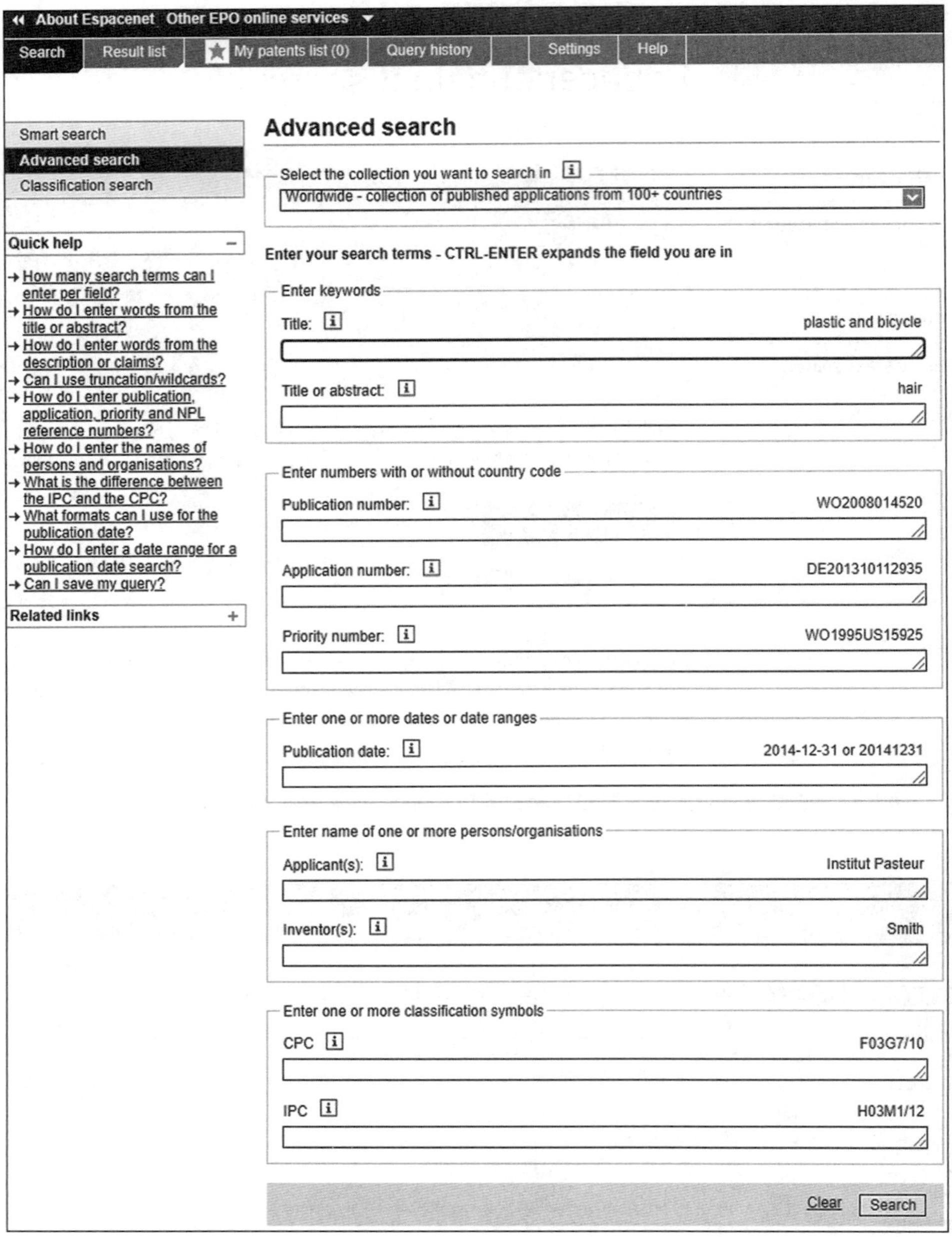

图 2.43　欧专局首页的第三层专利检索入口：Advanced search

字段分组如下：

(1) keywords in title，keywords in title or abstracts；

(2) number；

(3) dates；

(4) persons or organizations；

(5) IPC 或 CPC。

检索规则如下：

(1) 逻辑运算符：AND、OR、NOT。

(2) 截词符：* 代替任意多个字符；? 代替 0 至 1 个字符；# 仅代替一个字符。

(3) 词组：""。

(4) 优先级算符：()。

欧专局的检索比较简单，检索结果出来后点击题名，进入题录信息页面，有一些重要的链接，如图 2.44 所示。

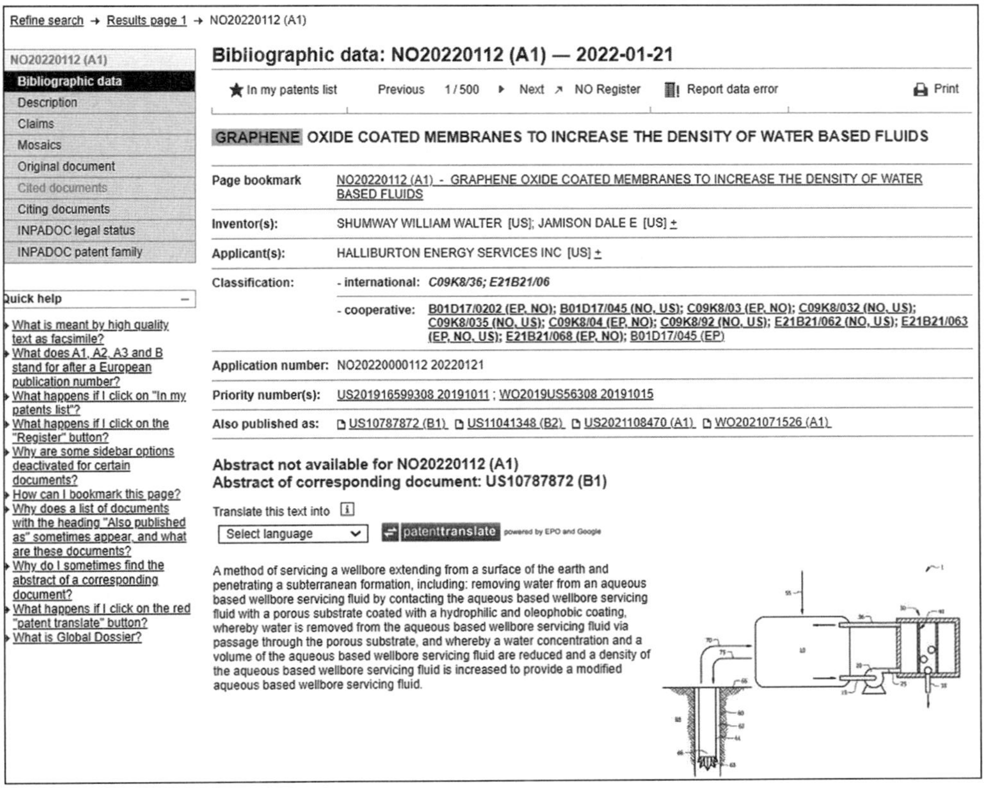

图 2.44 欧专局单篇专利文献题录界面

其中，左边的导航栏 Bibliographic data 为文献的著录信息，Description 为专利说明书，Claims 为权利要求，Mosaics 为附图，Original document 为说明书原文，Cited documents 为引用该专利的文献，Citing documents 为该专利引用的文献，INPADOC legal status 为法律状态信息，INPADOC patent family 为同族专利。

同族专利(Patent Family)是指，有至少一个共同优先权的，在不同国家或国际专利组织多次申请、多次公布或批准的内容相同或基本相同的一组专利文献。将同族专利中的每件专利文献称作同族专利成员(Patent Family Members)。通常，也把同族专利成员简称为“同族专利”。

检索结果中的题录信息包括专利的名称、Applicants(申请人)、Inventor(s)(发明人)、Classification[分类号,含 International(IPC)和 cooperative(CPC)],Application number(申请号,包括申请日)、priority number(s)(优先权号,含优先权日)以及 also published as(等同专利)。优先权号及等同专利后面的专利号提供原文链接。

等同专利是指发明人或申请人就同一个发明在第一个国家以外的其他国家申请的专利。

3. 德温特数据库检索

德温特数据库(Derwent Innovations Index,DII)被集成在 Web of Science 平台中,进入 WOS 平台后,在数据库选择区选择 Derwent Innovations Index 即可进入德温特数据库的检索界面,具体检索操作比较简单。

如图 2.45 所示的是德温特专利题录信息界面,其同组专利信息全部列在专利号后面,如果有"原始"字样的链接,则可以自己查看并下载同族专利的专利说明书原文。和欧专局不同,DII 的专利申请人以专利权人的字段出现。因为一般情况下专利申请人即专利权人。

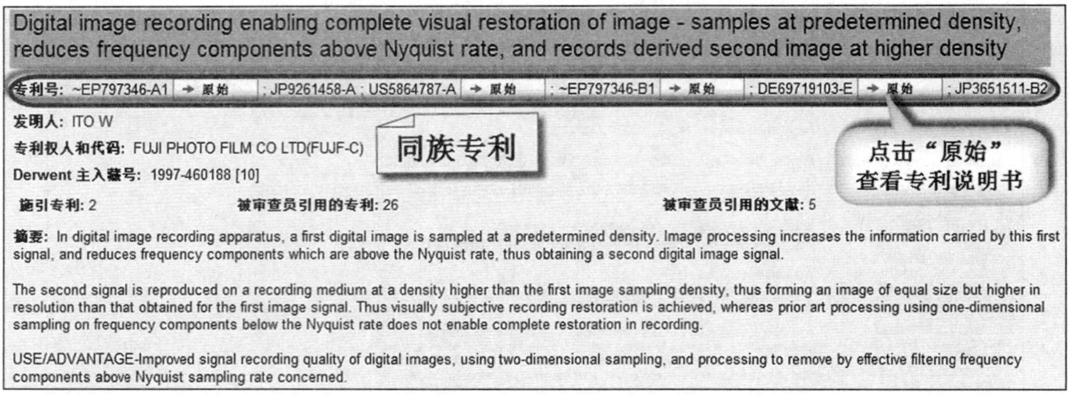

图 2.45　德温特专利题录信息界面

练习 2.14

(1) 在 DII 数据库中,检索名称为"Two-component Bone Cement Mixing System in Which Mixing is Achieved Under Vacuum"的专利文献,以下说法正确的是(　　)。(多选题)

A. 该专利分别在美国、加拿大、日本、澳大利亚等国家申请了专利

B. 发明人有两个

C. 施引专利大于 200 个

D. 专利权人为公司

(2) 在欧洲专利局网站查找专利名称为"Design and Manufacture of Hydrophobic Surfaces"的专利文献,下列结果正确的是(　　)。(多选题)

A. 专利发布日期是 2009.4.26　　B. 专利号是 WO2012138992

C. 发明人之一是 YANG SHU　　D. IPC 号是 B32B27/14

(3) 在万方数据、中国知网(CNKI)、国知局、soopat 中，搜索专利名称"方便挤出牙膏的牙膏套"，以下检索结果正确的是(　　)。(多选题)

A. 申请号：CN98208287.8　　B. 这是一项发明专利

C. 这是一篇非职务发明专利　　D. 保护期限到 2013 年 8 月

(4) 以下有关专利侵权检索与法律状态检索的说法，不正确的是(　　)。(单选题)

A. 侵权检索的目的是查找是否有与拟销售产品相同技术的授权专利文献

B. 法律状态检索的目的是查找拟销售产品使用的专利技术是否失效

C. 使用被宣告无效的专利文献中的技术也可能存在侵权风险

D. 在经过国家知识产权局审查取得专利权后，其专利权永久有效

(5) 某公司拟就 1,2-戊二醇的制备方法开发一项专利，以下文献检索工具集比较合理的是(　　)。(多选题)

A. 美国化学文摘 SciFinder、德温特专利数据库、soopat

B. 中国、欧洲、美国等世界各国家和地区专利局数据库

C. Web of Science、Engineering Village(EI)

D. 万方数据、中国知网(CNKI)、维普期刊、EBSCO、Elsevier(ScienceDirect)

4. 基于专利文献检索的竞争情报工作

具备了基本的专利文献检索技能后，我们就可以继续下一个工作了：竞争情报工作。竞争情报工作通常分为国家竞争情报工作、科技竞争情报工作、经济竞争情报工作、个人竞争情报工作。

科技和经济竞争情报工作的主要目的是提升科技竞争力或经济实力而开展的工作，要求相关人员用合乎职业伦理的方式收集、分析和传播有关经营环境、竞争者和组织本身的准确、相关、具体、及时且具有前瞻性以及可操作性的情报；主要开展对竞争环境、竞争对手和竞争策略的研究，往往会形成相应的包含情报或策略的报告。例如，上海市科技情报所主持的《竞争情报》期刊为季刊，主要关注我国科技情报研究动态和学术成果。竞争情报研究主要有定标分析法、SWOT 分析法、情景分析法、灰色分析法、钻石模型法、关键成功因素法等。

个人竞争情报工作主要是为了提升个人职业发展能力而开展的工作，通常由个体采用情景分析法，根据自身条件设定未来某个时刻的状态，对照该状态规划当前及今后的行为和努力成就阶段目标。

国家竞争情报工作与上述三类竞争情报工作的内容、方法具有很大差别，不属于本教材的内容。

进一步了解专利竞争情报工作,请阅读以下论文:

叶俊文,黎子辉,高峰,等.基于可视化的真空镀膜装备专利竞争技术分析[J].真空科学与技术学报,2022,42(6):422-429.

崔遵康,李丹阳,徐小婷,等.粮食作物生物育种技术全球创新布局与竞争态势研究:基于核心专利数据挖掘的视角[J].中国农业科技导报,2022,24(5):1-14.

总之,专利信息是一类特殊的、很重要的文献,人类超过90%的科技成果均会在专利文献中出现。检索专利的途径除了以上介绍的国知局、欧专局和DII外还有很多,如万方数据、中国知网(CNKI)、各个国家的知识产权局官网、soopat专利搜索引擎等。

2.4.2 标准文献

例 2.27 硫酸铜是不是危险品?

事由:王经理是一家饲料添加剂企业的财务总监,2008年10月9日上午他接到负责运输硫酸铜溶液的司机打来的电话,得知运输车辆违反了相关国家规定而被扣押,须缴纳1.8万元罚金;硫酸铜属于危险品,应使用危险品专运车辆运输。

结果:王经理检索到一篇国家标准文献,发现硫酸铜未被列入危险品,获得免费放行。

反转:《化学品分类、警示标签和警示性说明安全规范 急性毒性》(GB 20592—2006)①、《化学品分类、警示标签和警示性说明安全规范 对水环境的危害》(GB 20602—2006)②两份标准文献指出,硫酸铜的确是危险品。但王经理使用了"危险"作为检索词,所以漏检了。

点评:事件中,高速大队长不懂标准文献检索,王经理不精通标准文献检索。

翻转案例 2.10 理解并利用标准

请你和伙伴讨论:从1G到5G的标准之争,到底争出了什么?

如果你的老板让你采购一批口罩,你应该做哪些工作?

如果你的老板让你组织一次户外团建活动,你应该做哪些准备工作?

通过做团建准备工作的案例,我们发现,标准在生活中的体现并非都有规范的文件,在没有规范文件的情况下,一切保障安全和生产质量的措施都属于"标准"的范畴。因此,在面

① 现已被《化学品分类和标签规范 第18部分:急性毒性》(GB 30000.18—2013)替代。

② 现已被《化学品分类和标签规范 第28部分:对水生环境的危害》(GB 30000.28—2013)替代。

对生活、工作任务类课题检索时，不但要检索相关标准文献，还要检索其他介绍了有利于提高产品质量、有利于促进安全和效益的相关知识的文献。几乎所有的标准文献都有发布日期和生效日期，对于严重关乎生命安全的产品的标准文献通常是发布即生效。有时发布日期与生效日期并不相同，主要是为了使得生产企业有一定的时间进行设施设备改进。

标准文献课题有“找标准”和“研究标准”两类，前者是为了遵守标准而检索，后者是为了修订标准而检索。中国知网中收录了绝大部分标准文献的题录，有些还能提供全文下载。检索标准文献时，通常使用标准名称、标准号、标准发布单位、标准状态等检索字段。

有一类专利文献将专利和标准文献紧密关联了起来，那就是“标准必要专利文献”。进一步了解此类文献的重要性，请阅读以下论文：

翟东升，金苑苑，徐硕，等.基于语义特征的潜在标准必要专利识别研究[J].科研管理，2022,43(3)：183-191.

2.4.3　学位论文

比较常用的国外学位论文数据库为 PQDT 数据库，国内学位论文数据库有万方数据、中国知网。这里主要介绍 PQDT 数据库的检索技巧。

PQDT 的全称是 ProQuest Dissertations & Thesis，中文名是数字化博硕士论文文摘数据库，是美国 UMI 公司出版的博硕士论文数据库，主要收录了来自欧美国家 2000 余所知名大学的优秀博硕士论文，涉及文、理、工、农、医等多个领域，PQDT 数据库提供三种检索途径。

(1) 快速检索：输入检索项，在全文范围内检索文献。

(2) 学科导航：点击某学科，浏览该学科的所有文献。

(3) 高级检索。

例 2.28　检索学校为 The University of Texas at El Paso，论文标题中含有 highway traffic 的学位论文。

选择高级检索，选择“标题”和“学校”字段进行组合检索。选择默认的匹配方式均为“所有词”。检索结果为 0。

再次尝试，改变“学校”字段的匹配方式为“短语”（见图 2.46）。检索到 1 条，点击查看详情，可以查看并下载全文。

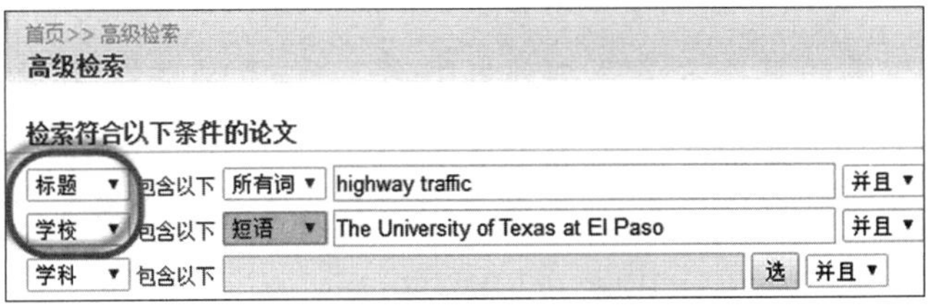

图 2.46　学位论文检索界面

总之,学位论文除了具有常见文献的题名、作者、出版年等字段以外,还包括一些特有字段,如学位授予单位(毕业院校)、导师、专业、授予学位的类型(硕士、博士);学位论文不像期刊、会议等文献会受篇幅的限制,描述研究背景、研究方法和研究内容的时候都比较详尽,文献综述是学位论文的必要组成部分,而且学位论文会有参考文献数量的要求。因此,学位论文有非常重要的学术价值和借鉴作用。

练习 2.15

(1) 在 PQDT 数据库中查找题目为"Formaldehyde production from methanol using a porous Vycor glass membrane reactor"的博士论文,以下说法正确的是(　　)。(多选题)

A. 学位授予单位是 University of California

B. 该论文的作者为 Song, Jin-young

C. 该论文学科是 Engineering,Chemical

D. 学位授予单位是 University of Cincinnati

(2) 在万方数据库中检索学位论文《碳纳米管场效应晶体管的制备与性能测量》,下面说法正确的是(　　)。(多选题)

A. 论文作者是朱玉振　　B. 学位授予单位是清华大学

C. 作者被授予硕士学位　　D. 作者专业是物理电子

(3) 在中国知网数据库中检索学位授予单位为华东理工大学的 2004—2014 年的学位论文,检索结果被引量最高数为(　　)。(单选题)

A. <30　　B. 31~40

C. 41~50　　D. >51

2.4.4 图书文献

例 2.29 华东理工大学化工学院的小裴同学想知道哪些检索工具里有化工领域的电子工具图书,他应该怎样操作呢?

这个问题最容易的解决方案是翻到本书第 1 章,看哪些检索工具里面收录了图书全文文献。

如果没有第 1 章这样的指南,可以使用以下检索式在搜索引擎里检索:

图书 电子书 工具书 site: lib.ecust.edu.cn

点击检索结果链接,就可以直接进入相关检索工具介绍页面,进而检索图书全文。

例 2.30 举例说明科普图书的价值。

以“科普图书”为检索标识，通过中国知网找到了以下论文：

李书惠，李佳.人物传记类化学科普图书的育人功能研究：基于《呦呦寻蒿记》的案例分析[J].化学教育(中英文)，2022，43(7)：116－121.

阅读该论文，能发现科普图书在激发读者的好奇心、培养研究兴趣方面有着得天独厚的优势。

2.4.5 会议文献

例 2.31 举例说明会议文献的价值。

以“会议文献”为检索标识，通过中国知网找到了以下论文：

南开大学.南开大学刘哲理教授数据安全团队论文入选国际顶级会议 VLDB[J].信息网络安全，2021，21(10)：99.

罗鹏程，王军，蔡文君，等.国际情报学视角下中国情报学的研究特色探析：基于 ASIS&T 会议论文的分析[J].情报科学，2021，39(7)：136－146.

电子科技大学.电子科技大学周军教授团队在芯片奥林匹克会议 ISSCC 发表人工智能芯片论文[J].信息网络安全，2021，21(4)：98.

秦岩，代君，廖莹驰.学术会议论文新颖性测度研究：以计算机学科人工智能领域为例[J].情报科学，2021，39(1)：104－110.

李跃艳，王昊，邓三鸿，等.近十年信息检索领域的研究热点与演化趋势研究：基于 SIGIR 会议论文的分析[J].数据分析与知识发现，2021，5(4)：13－24.

阅读这些论文后，发现：第一，有些学术会议的影响力很大；第二，由于报道迅速，可以利用高水平学术会议论文发现研究热点和前沿。

2.4.6 搜索引擎、门户网站、公众号、微博

例 2.32 举例说明搜索引擎的潜在负面影响。

参考《2021 中国搜索引擎创新发展评估报告》。

例 2.33 举例说明搜索引擎、门户网站、公众号、微博的潜在影响。

以“搜索引擎”为检索标识，通过中国知网找到了《思维转变：社交网络、游戏、搜索引擎如何影响大脑认知》的书评：

苏珊·格林菲尔德.《思维转变：社交网络、游戏、搜索引擎如何影响大脑认知》[J].城市党报研究，2022(2)：95－96.

阅读上述论文，我们了解到：

注意力是人类大脑在漫长进化过程中演变出来的一种特殊能力，其目的在于帮助人们在短时间内高效地动用大脑的认知资源。在非洲草原的原始环境中，注意力的集中与否是让个体逃避天敌、找到食物的关键因素。然而，人类大脑的这一重要能力在近代以来却在持续性地遭遇新技术的“追击”。1833 年，本杰明·戴(Benjamin Day)创办了美国第一份“便士报”，由此将“大众传媒”与注意力经济联系在了一起，而此前与“注意力经济”联系更为紧密的是 19 世纪卢梭、雨果、大仲马等作家所撰写的“畅销书”，这些“畅销书”所聚集的注意力有着明显的上限。在找到“报纸”这一大众传播载体后，注意力经济才成为传媒行业的基础，并构成了持续推动这一行业演化的动力源之一，然而由此带来的一个后果，是曾经对人类生存具有至关重要作用的注意力成了商业资本竞相追逐的对象。

公众号、微博、门户网站是不同类型的社交网络平台，但都具有一样的功能：吸引受众注意力。

这一发现提醒我们，别在“注意力经济”大潮中迷失了自我！

2.5 检索技巧

参照检索策略制定方法、Big6 信息问题解决模式以及文献检索评价指标体系，进行任何课题的检索前，都必须首先明确文献的国别语种、时间范围以及文献类型，并明确满足上述条件的文献资源(检索工具)，进而检索(编制合适的检索式或在表单式检索界面选择检索字段输入检索词)，完成检索、筛选、阅读、摘录、评价、综合、发布等步骤。因此，仍以中国知网为例，介绍检索需求的分类、句子检索以及检索优化方法。

2.5.1 检索需求分类

目标检索，即检索确定的文献，如检索某一篇论文、某一作者的论文、某一机构发表的论文、某一出版物发表的论文等，或检索某篇论文的施引文献、参考文献等。

主题检索，即检索文献的主题内容符合一定条件的文献，如研究 $PM_{2.5}$ 指数的论文、检测 $PM_{2.5}$ 的设备或技术的专利文献等。

翻转案例 2.11　理解检索的类型

分析你曾经检索的课题，或者未来有可能面临的检索课题，你认为是否可以将检索需求区分为目标检索和主题检索两类？请尝试说明你的理由。

不失一般性地，本教材分别介绍目标检索和主题检索两种检索需求应采取的检索技巧。

练习 2.16

查找以下目标文献，了解目标文献的主要内容和基本观点，与同伴一起讨论，优化检索工程。

(1) 吉久明老师发表的关于“文献检索”课程的期刊论文。

(2) “天津化工，2006，20(6)：45 - 46”的论文全文。

(3) 华东理工大学钱旭红老师发表的论文。

(4) 邹小童发表的关于防水涂料的文献。

已知目标文献的作者、出版物、作者单位等检索条件时，需要注意以下情况：

相应的检索条件是否具有曾用名，如“华东理工大学”的曾用名是“华东化工学院”。

一些作者单位含下属机构或部门，为防止漏检，在表单式高级检索界面中应使用模糊匹配检索，在专业检索界面中应使用%代替=。如，AF='华东理工大学' 与 AF % '华东理工大学'的检索结果差距较大。

练习 2.17

写出查找课题“二氧化钛(钛白粉)作为光催化剂处理废水”的相关文献的检索式，并与同伴讨论制定主题类检索课题相关文献检索式的基本过程。

2.5.2　句子检索

翻转案例 2.12　理解不同检索技术对检索结果的影响

在“专业检索”界面上使用 TI=('钛白粉') * ('光催化剂') OR AB=('钛白粉') * ('光催化剂')检索，再进入“句子检索”界面，设定如图 2.47、图 2.48 所示的检索条件。

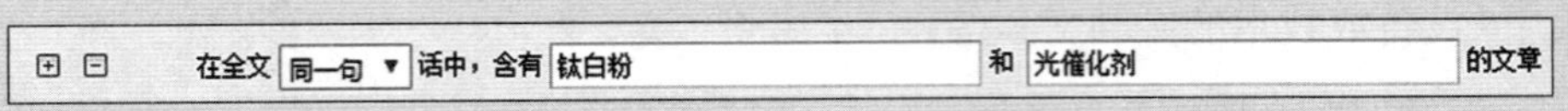

图 2.47 中国知网句子检索，检索词在同一句中

图 2.48 中国知网句子检索，检索词在同一段中

比较检索结果文献与检索课题之间的相关程度的不同，分析造成此不同的原因。

可见，句子检索或段落检索通过限定两个检索词之间的邻近程度以获得与检索课题更相关的文献，这种技术就是第 1 章介绍的位置邻近检索。较多的外文检索工具中提供邻近检索的功能，但是不同的检索工具表达邻近检索的方式或运算符不同，有的指定两个检索词同属于一句话、一个段落，有的限定间隔单词的数量，有的检索工具还可设定两个检索词的次序是否颠倒。

2.5.3 检索改进

第 1 章介绍的信息素养"新框架"中特别提到，在实际的科研中，指望能够一次检索就得出完美结果通常是不现实的，应该结合检索需要以及第 1 章介绍的检索效果评价指标决定适时终止检索。

翻转案例 2.13 理解检索效果及其评价标准

小张和小王对同一课题在相同的数据库中进行检索。小张共检出 100 篇文献，其中 80 篇相关；小王检出 150 篇，其中 120 篇相关。如何衡量小张和小王的检索效果？

是否有必要制定统一的标准来评价不同检索者的检索效果？

什么情况会导致一些重要的相关文献被遗漏了，或者有较多的不相关文献？

当检索到的相关文献太少，或者检索到的不相关文献太多，应该如何调整？

一般情况下，可以采取以下措施找回尽可能多的相关文献：

(1) 补充同义词、近义词等，如二氧化钛 OR 钛白粉；

(2) 扩大字段范围，比如把标题字段改为主题；

(3) 开启数据库的模糊查询、同义词扩展、英文扩展等功能；

(4) 使用上位概念替换下位概念，如关键词“橡胶”替换为“聚合物”；

(5) 舍弃无实意的检索词，如研究、探索等；

(6) 去掉某些 AND 连接的关键词，这需要详细斟酌，因为通常改变了检索式的含义，相当于取消了某些限制条件。

一般情况下，可以采取以下措施减少一些不相关的文献：

(1) 排除可能有歧义的检索词；

(2) 减小字段范围，如将关键检索词改为标题字段；

(3) 使用下位概念；

(4) 将检索词设置为精确；

(5) 为主要关键词设置词频，词频越高越突出；

(6) 增加 AND 连接的关键词，即增加检索限制条件。

练习 2.18

(1) 检索有关“嵌入式系统中的触摸屏控制”的文献，检索结果最多的检索式为(　　)。(单选题)

A. 嵌入式系统 AND 触摸屏控制

B. 嵌入式系统 AND 触摸屏 AND 控制

C. 嵌入式 AND 系统 AND 触摸屏 AND 控制

D. 嵌入式 AND 触摸屏

(2) “超临界 AND (二氧化碳 OR CO_2)”和“超临界 AND 二氧化碳 OR CO_2”的检索结果相同。(是非题)

(3) 下列检索式中检索结果最多的(　　)。(单选题)

A. 预测控制 AND 流程工业

B. 预测控制 AND 流程 AND 工业 AND 应用

C. 预测控制 AND 流程 AND 工业

D. 预测控制在流程工业中的应用研究

练习 2.19

下面列举了一些得到同义词的途径，你还有补充吗？

(1) 搜索引擎直接查同义词。

(2) 个人专业词汇积累。

(3) 用英文关键词反查中文翻译,特别对于某些新兴概念,其英文表达是唯一的,却有多种中文翻译。

(4) 查看相关文献熟悉用词,先用题目给出的词检索,再阅读检出的文献,学习他们的用词。

翻转案例 2.14 理解改进检索策略的必要性

检索关于"耐高温聚合物基吸波、透波复合材料"的文献,并与同伴分享你优化检索的过程。

总之,检索工具收录的文献范围不尽相同,检索规则也略有差别,但有一些通用的规则,如:

(1) 逻辑"与"、逻辑"或"、逻辑"非"分别对应 AND(与)、OR(或)、NOT(非)和 *(与)、+(或)、-(非)。后者仅限部分中文检索工具。

(2) 表示短语或固定词组用英文状态的引号,""或者''。

(3) 表示计算优先级用小括号()。

(4) 所有检索工具只接受半角符号。

2.6 文献代查代检服务

2.6.1 代查代检服务场景

翻转案例 2.15 理解代查代检的作用

假设你是一位化工厂的研发工程师,但你们单位购置的文献检索工具非常少,你该怎么办?

代查代检服务就是为缺少文献检索工具、无法获得原文、缺少文献检索能力的用户提供的兜底服务。

翻转案例 2.16 理解利用同义词、近义词寻找代查代检机构的必要性

大家都知道，文献是计量知识和信息的一切载体，提供文献服务的机构名称中往往有“图书馆”“博物馆”“信息”这样的词汇，是否有一些机构的名称中没有这些词汇，但也是提供此类服务的呢？你将如何解决这个问题？

2.6.2 服务机构

例 2.34 如何寻找文献代查代检服务机构？

以图 2.49 所示的检索式在百度中就可以找到一大批高校图书馆，几乎所有我国所有高校都提供文献代查代检服务。不仅如此，其中有一条是中国高等教育文献资源保障中心(CALIS)发布的“上海图书馆代查代检”的信息。事实上，该项服务属于所有高校图书馆、公共图书馆、企业或机构图书馆的基本核心业务之一。

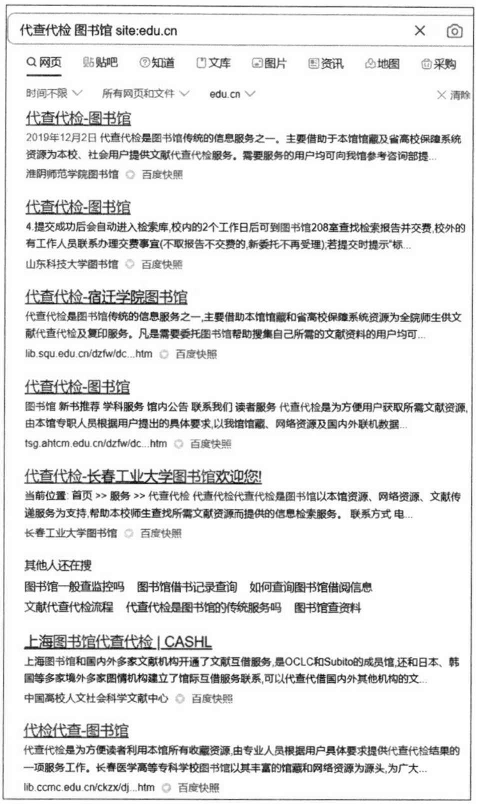

图 2.49 用检索式在百度中查找图书馆的代查代检

翻转案例 2.17 理解信息资源服务机构的功能和服务内容

进一步了解上海图书馆的业务内容后发现，其下辖的“上海科技情报研究所”的业务范围更为广泛，而且它的部门名称中包含了“科技情报”。

科技情报是什么？这类机构的主要职能是什么？

事实上，以“科技情报”为检索标识在中国知网中检索，就能发现不少有关“科技情报”事业和工作的学术探讨，以下几篇论文值得阅读：

刘岩.我国省级科技情报机构服务科技智库的能力及策略研究[J].智库理论与实践，2022,7(1)：88-97.

马艳，韩英昆，曹建梅，等.基于新闻事件的科技情报逻辑依赖链生成方法[J].山东电力技术，2022,49(2)：7-11.

张赛男.大数据时代高校图书馆科技情报创新工作探索与研究：以北京科技大学图书馆为例[J].图书情报导刊，2022,7(2)：53-58.

2.6.3 服务软件

例 2.35 举例说明可以用来帮助代查代检的服务软件。

这类软件有两类：一类是服务机构设置的接待服务需要的通道，后台会有服务人员对接完成服务；另一类是全自动的服务软件，后台不需要服务人员对接即可完成服务。

初一看，所谓的全自动服务软件，不就是我们通常使用的文献检索工具吗？我们输入检索条件，它返回检索结果。是的，但我们目前使用此类工具的场景是这样的：用户提交检索请求，工具返回检索结果，等待时间很短。

如果需要每天都去关心是否有新的相关文献被采集了，就得每天在恰当的时候提交检索请求。显然费时费力，如果不每天设闹钟提醒，就有可能忘记。但如果把这件事交给软件来做，就不用这么操心了。

我们前面介绍的 WOS、Scopus 就是这样的软件，只需要订阅一次，系统只要发现进来了新的文献，就会发送到你的邮箱。

2.7　本 章 小 结

本章主要以精通文献检索为主要目标，结合案例、翻转案例和练习介绍了综合型、面向特定专业或学科的、收录不同类型文献的检索工具。有些小节精讲了检索工具，有些小节推荐了相关文献，以此搭建较为完备的文献检索知识结构，以及培养熟练的分析问题、解决问题的能力。

第3章 创新入门

3.1 文献调研

无论是本科生还是硕士、博士研究生，都要撰写毕业论文，而撰写毕业论文实际上就是一个开展课题研究的过程。在这个过程中，我们需要通过文献调研，来掌握该研究领域的国内外研究现状、发展趋势等，以利于即将或正在开展的研究保持应有的水准和创新性，不至于重复别人的研究。

因此，文献调研是课题研究中必不可少的工作之一。

3.1.1 文献调研的内容

文献调研，是对与某一课题研究有关的资料、情况、数据等进行搜集、整理、归纳、分析。

文献调研能够帮助了解某研究领域的国内外研究起源、研究现状和水平、发展趋势、主要研究者、主要的派别和观点、研究的热点和难点、存在问题及解决问题的办法等，还有助于发现科研主攻方向、研究重点等。

由此可见，文献调研的对象就是与课题直接相关的现有研究。文献调研的内容，就是现有的相关研究资料、情况、数据等，主要包括图书、期刊、会议、学位论文、专利、研究报告、科技成果、研究数据等。

3.1.2 文献调研的方法

通常来讲，我们进行文献调研主要有三种方法：普查法、顺藤摸瓜法、跟踪法。

1. 普查法

所谓普查法，就是全面查找相关的文献。具体而言，就是利用各种检索平台、数据库检索你所需要的文献。

检索的顺序一般是：先国内，再国外，也就是先中文，后外文；先文摘数据库，后全文数据库。根据课题的研究领域，要选择适当的检索平台、数据库，作为文献检索的主要对象。

适用于各个学科的通用性数据库包括：国内的中国知网、万方数据、超星等；国外的Web of Science、Ei、Scopus、PQDT 等。检索专利可以选择国知局、欧专局等免费数据库。

对于不同的学科，重点选择进行检索的专业型数据库应有所不同。比如，化学化工及相关学科，要利用 SciFinder、ACS 等数据库；电子电气及相关学科，要利用 IEEE、ACM 等数据库。

另外，还要利用网上丰富的免费学术资源，补充相关专题文献信息。

2. 顺藤摸瓜法

所谓顺藤摸瓜法，就是根据已查到的文献来查找相关的文献。具体而言，就是通过阅读已查到的文献，根据文献中提到的相关研究，来发现、找到更多的相关文献。而提到的这些研究的详细信息，一般出现在参考文献中。

例 3.1 拟研究的课题是"分布式系统资源调度方法研究"，如何做课题调研？

我们通过普查法获得了一些相关文献，在阅读其中一篇论文《分布式系统下的 DAG 任务调度研究综述》的时候，发现文中提到的《异构分布式环境下多 DAG 工作流的混合调度策略》这篇论文也是与课题有关的，但通过普查法并未检索到，我们就可以通过参考文献中的论文信息来找到这篇论文。

3. 跟踪法

所谓跟踪法，就是针对相关研究领域的主要专家学者、期刊和会议等，有针对性地去查找这些专家学者、期刊和会议近些年发表或出版的论文，并筛选出相关的文献。这些主要的专家学者、期刊和会议，可以通过前期的文献调研来找出，或者咨询相关老师、同学等给出建议。

翻转案例 3.1 理解文献调研方法的不同及应用场景

请结合一个文献调研任务，比较运用不同文献调研方法对结果和效率的影响。

3.1.3 文献调研结果的处理

当检索到一些相关的文献后，我们还要利用好这些文献，为我们的课题研究发挥作用。所以，我们还要学会如何处理文献调研的结果。

文献调研结果的处理，就是对检索到的文献，进行整理、归纳和分析。处理的基本流程是：阅读文献、归纳观点和方法、分析长处和不足、整理思路等。

例 3.2　如何加工课题相关文献？假设拟研究的课题是“分布式系统资源调度方法研究”。

我们可以把检索到的文献，用 EndNote 等文献管理软件进行管理，在阅读文献时把学习笔记记在软件里面。也可以用 Excel 进行文献管理，把学习笔记记在 Excel 里面。

这里以 Excel 为例，来介绍如何整理、归纳、分析文献，因为 Excel 是比较常用的，也是比较便捷的软件。

首先，我们要把查到的文献的基本信息导入 Excel，或手动添加到 Excel 中。

然后，在 Excel 中插入几列，作为新加的“字段”。根据课题的特点，这些字段可以是“采用的方法/手段/工具”“解决的问题”“实现的效果”“不足之处”“学术价值”等。这些字段都是在阅读文献后，对这些文献进行的人工标引，也是对文献内容的归纳和总结。

阅读文献时，有一些经验和技巧可以借鉴：

(1) 先阅读综述性论文，再阅读研究性论文。

(2) 先看文摘，再看全文。

(3) 注意阅读学位论文，因为学位论文中一般都有国内外研究现状综述。

(4) 先阅读较权威的文献(如被引次数高的文献)。

(5) 对文献中重要的内容做些标记。

例 3.3　如何阅读与筛选研究课题“分布式系统资源调度方法研究”的相关文献？

首先，把查到的这些相关文献先导入 Excel(个别后来补充的文献手动添加进去)，只需要保留题名、作者、作者单位、出版年、文献来源、摘要、关键词等原始字段。

然后，在最右边加几个字段：采用的方法、解决的问题或实现的效果、不足之处、学术价值。

接下来，逐篇阅读文献，针对文献内容，填写以上几项，其中学术价值可以大致分为高、一般、低三个层次。

当我们阅读完了全部的文献，并一一进行了归纳和总结，填写了采用的方法、解决的问题或实现的效果、不足之处、学术价值这四项内容后，我们就对该课题研究领域的大致情况有了比较全面、深入的了解。

通过归纳、总结和分析，我们能吃透课题研究的主题，掌握国内外的研究现状和发展趋势，厘清研究的思路，找到研究的突破方向，等等。

练习 3.1

请写出你为研究课题"情绪素养教育体系研究"设计的文献调研方法、调研过程、文献的加工结果以及与课题相关的主要文献。

3.2　TRIZ 创新方法在专利规避中的应用

在前面的课程中我们学习过专利文献的检索和分析，巧合的是，TRIZ 即来源于专利分析。

3.2.1　TRIZ 起源

TRIZ 是原俄文首字母对应的拉丁字母缩写，含义是"发明问题解决理论"。该理论源于根里奇·阿奇舒勒(Genrich Altshuler，见图 3.1)，冷战结束后传入西方国家。

阿奇舒勒由于其出色的发明，成为苏联里海舰队专利部的一名专利审查员，他在研究了大量的发明专利之后发现，在不同领域中，解决不同问题的专利却有着极其相似的创新理念和类似的解决方法。如果对成功专利进行研究和分析，从中提取出发明的普遍规律，那么，掌握和利用这些普遍规律，就无须过多地依赖于反复试验和偶然启发了。

阿奇舒勒从约 20 万件发明专利中挑选出 4 万件，进行了详尽研究，提取出了 39 个通用参数、40 条发明原理、76 个标准解，成为经典 TRIZ 中最主要的工具。

图 3.1　根里奇·阿奇舒勒

3.2.2　现代 TRIZ 方法体系

随着科学技术的发展，TRIZ 专家们不断充实和完善 TRIZ 理论，将更多的方法和工具引入到 TRIZ 体系中，他们在阿奇舒勒经典 TRIZ 的基础上，逐步构建起现代 TRIZ 方法体系(见图 3.2)。

现代 TRIZ 方法体系主要分为三个部分，分别是问题识别、问题解决和概念验证三块内容，每一块中包含了若干个不同的 TRIZ 方法和工具。限于篇幅，在此重点介绍一种 TRIZ 工具，叫作剪裁。

顾名思义，剪裁就是剪掉、裁掉、不要了。给它一个定义的话，可以认为：剪裁是一种移除系统或超系统特定组件，并在剩余组件之间重新分配有用功能的 TRIZ 工具。

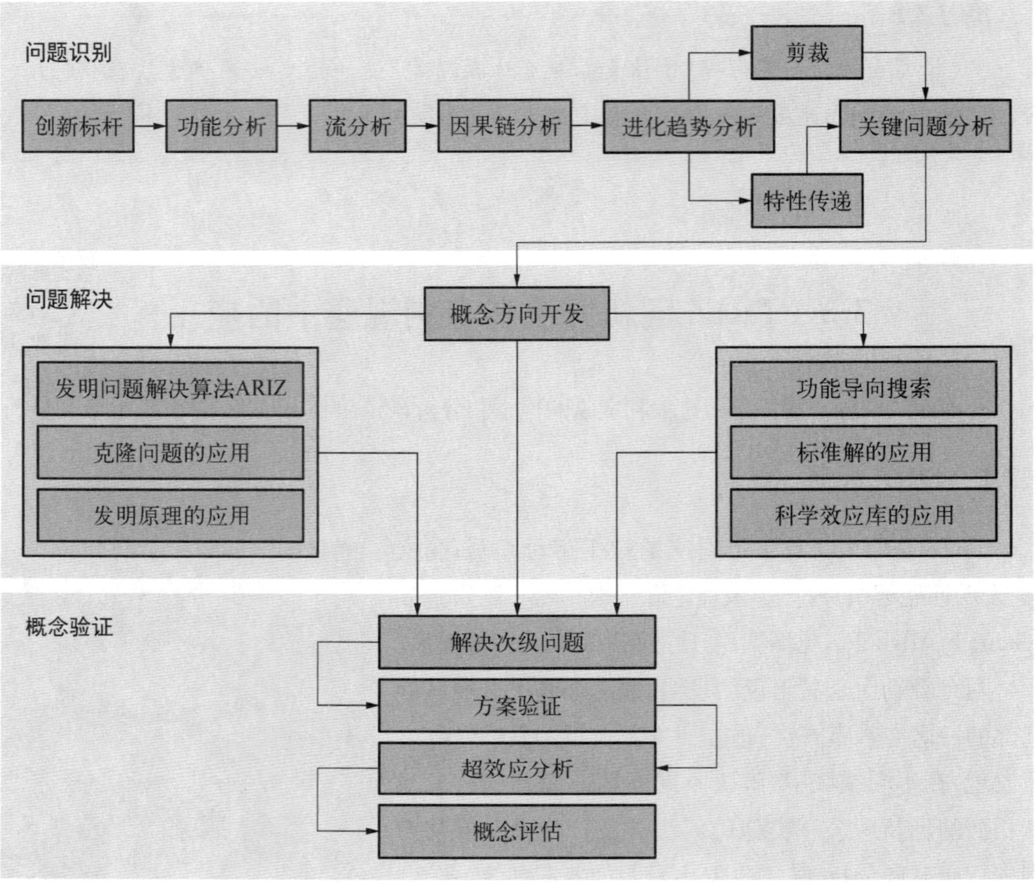

图 3.2　现代 TRIZ 方法体系

通过剪裁掉系统中有问题的组件,可以达到这样的一些效果,比如:

(1) 转换技术问题;

(2) 消除功能不正常的组件;

(3) 减少组件的数量,降低系统的复杂度,使系统更稳健、更可靠;

(4) 通过减少组件数量,可降低系统成本,但不影响系统功能;

(5) 剪裁越激进,创新水平也就越高。

这从逻辑上很好理解,在这里就不再赘述。

例 3.4　杯子专利规避剪裁方法。

生活中,我们观察到这样一个现象:在水杯这个工程技术系统中,杯把的制造工艺烦琐,而且杯把增加了包装、运输、储存环节的麻烦。既然杯把有这么多的问题,那我们可以用剪裁的观点尝试解决这个问题——将杯把剪裁掉。

在用 TRIZ 解决问题的时候，必须要做的一个步骤是功能分析、建立功能模型。

在图 3.3 中，我们可以清楚地看到杯把执行了两个功能，其一是阻止热量，其二是支撑杯身。

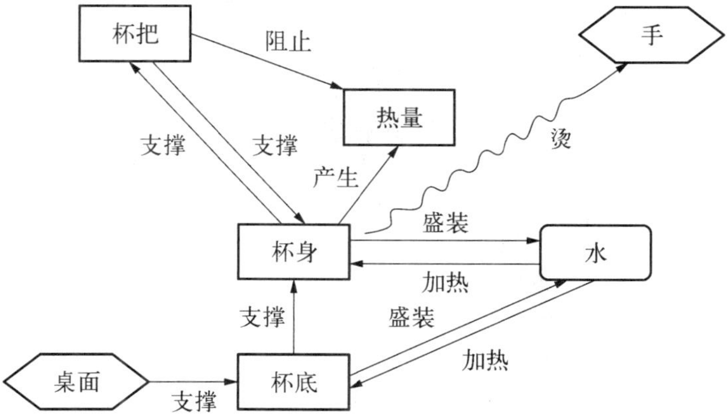

图 3.3　杯子部件功能分析

如图 3.4、图 3.5 所示，如果我们将杯把剪裁掉，那么随之而来的问题就是谁来代替杯把执行相应的两个功能？这是剪裁问题中最关键的一个逻辑要点，也就是说把系统中执行有用功能的组件给剪裁掉了，消除了不利影响，但同时也把组件的有用功能给剪裁掉了，那么必须寻找其他的组件，代替执行有用功能，这样才能保证一个工程技术有效实现其功能。

这时候，我们可以优先选择系统中的组件，比如选择杯底（见图 3.6）来支撑杯身、阻止热量，可能的解决方案有加厚杯底或者使用双层杯底。

我们也可以选择杯身（见图 3.7）来支撑自身、阻止热量，可能的解决方案有双层杯身或者将杯身局部加厚。

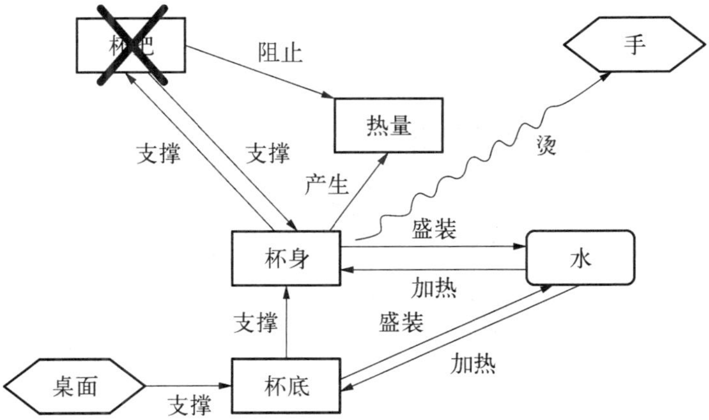

图 3.4　杯子部件剪裁分析

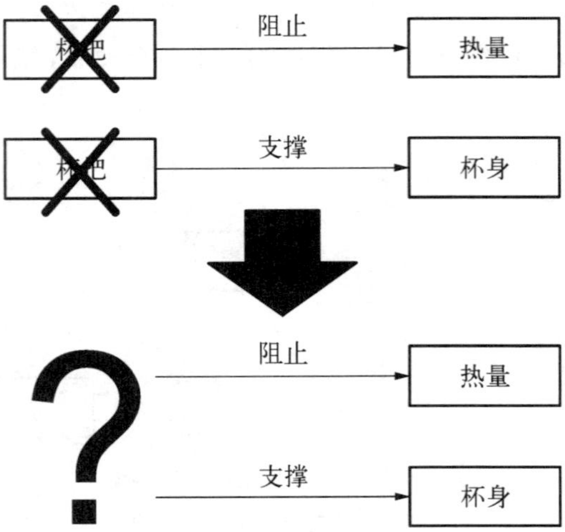

图 3.5　杯把功用替换分析

选择杯底：支撑杯身、阻止热量

图 3.6　杯把替换部件：杯底设计

选择杯身：支撑杯身、阻止热量

图 3.7　杯把替换部件：杯身设计

当然,除了系统组件,我们还可以选择超系统组件来支撑杯身、阻止热量,如图 3.8 中的支撑物设计。

选择超系统组件：支撑杯身、阻止热量

图 3.8　杯把替换部件：支撑物设计

这就是 TRIZ 中的剪裁，可以试想，如果将这一工具应用到专利规避中会产生什么样的效果呢？

翻转案例 3.2　理解 TRIZ 专利规避剪裁法

针对生活中的某一工具或用品的不同品牌的创新点，分析是否应用了 TRIZ 专利规避剪裁法并分享你的发现。

3.2.3　专利规避

专利规避是从减少侵权的可能性的角度，根据权利要求书分析专利的必要技术特征，对其进行删减和替代。

在情报学范畴，专利规避一直是宏观层面上的指导方针。对技术人员来说，需要具体的、可以实施的过程来详细指导如何在现有专利技术基础上进行重组和替代，开发出新的技术方案以绕开现有专利的保护范围。

专利侵权判断的两个重要标准：一是全面覆盖原则，二是等同原则。

全面覆盖原则，即全部技术特征覆盖原则，指如果被控侵权产品包含了专利权利要求中记载的全部技术特征，则落入专利权的保护范围。通俗来讲，如果被控侵权产品的技术方案由 A、B、C、D、E 五个技术特征组成，专利权中由 A、B、C、D 四个技术特征组成，那么被控侵权产品就落入了专利权的保护范围，也就是说这是侵犯已有专利权的。等同原则，即手段、功能、效果等技术特征内容全部相同。

因此，按照这个逻辑，我们可以这样思考，为规避专利侵权，可以将技术特征减少，那么就不会落入专利权的保护范围了。听起来比较抽象，下面我们通过浦项制铁公司的一个真实案例进行阐述。

例 3.5　通过剪裁规避氩气流工艺专利。

浦项制铁是世界第四的钢铁公司，其利润是最高的。韩国、奥地利和俄罗斯三方合资，在奥地利设立了一家公司，俄罗斯负责提供特殊元素以形成特殊合金，浦项制铁是韩国的合资方。在生产中涉及一个氩气流工艺的技术，生产中需要向高炉里面冲入 10 个大气压的氩气，充分搅拌钢水去除杂质，加入来自俄罗斯的元素，就可以制成特殊合金。

需要解决的问题是,要避免因为炉壁和底部的热量流失而使钢水温度下降(见图 3.9)。同时,已有德国专利解决了这一问题,当时公司可以申请经费购买德国的专利许可。德国专利(见图 3.10)是在炉的外侧套上一层中间层形成空腔,通过真空压缩机将空腔抽成真空,类似保温瓶的原理,从而避免热量流失。

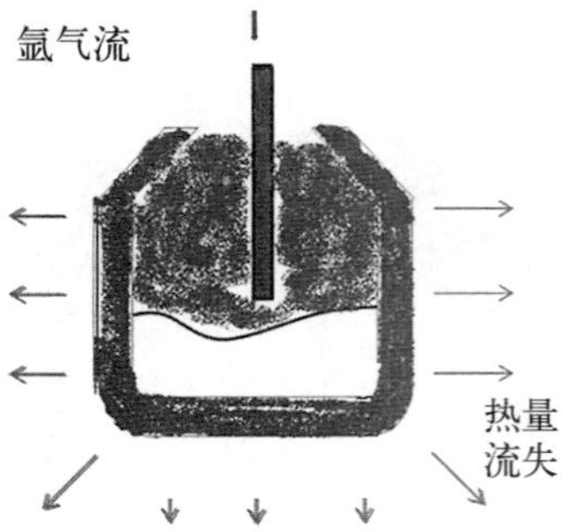

图 3.9 氩气流问题

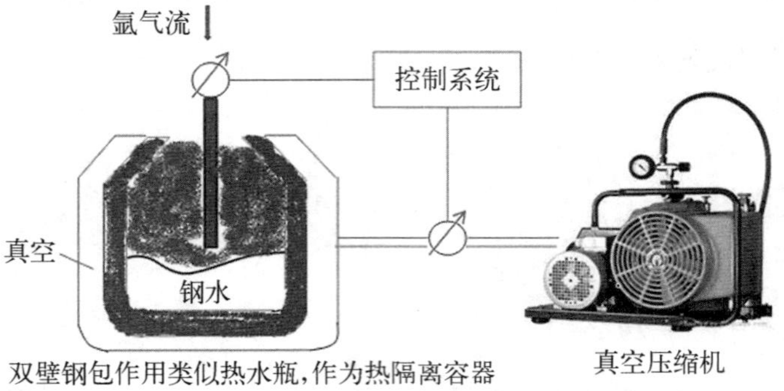

图 3.10 德国专利解决氩气流问题

但是浦项制铁提出,为什么要购买?企业内部设有 TRIZ 大学,可以用 TRIZ 解决。于是,浦项制铁决定用两天的时间进行专利规避。

阅读独立权利要求,建立功能模型,剪裁掉真空压缩机和控制系统(见图 3.11)。那么问题就转化成如果剪裁掉压缩机,该用什么装置来抽出空气?抽出空气需要能量,能量可以有两个来源:一是钢水,高温(高于 2000℃)有能量;二是氩气,有 10 个大气压。

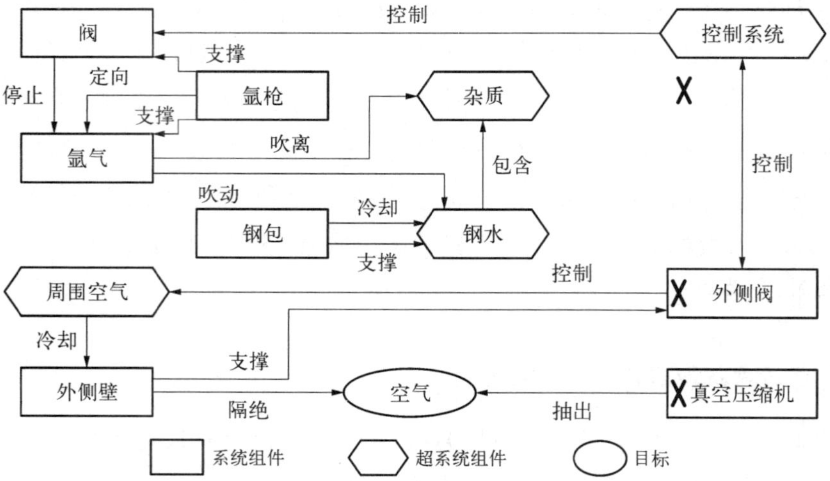

图 3.11 氩气流工艺剪裁规避方案

使用 Google 搜索,靠前的搜索结果可能有文丘里管、伯努利效应等。文丘里效应通俗地讲是指在高速流动的流体附近会产生低压,从而产生吸附作用。管的两头宽、中间窄，窄处气体或者液体的流速变快、压力减小。就像大学宿舍中很流行的洗澡“神器”，一瓶开水就可以洗澡，就是应用了类似的原理。

在这里，把氩气管上安装一个文丘里管，如图3.12所示，就可以将双壁之间的气体抽出来，保持双壁之间的相对真空状态。

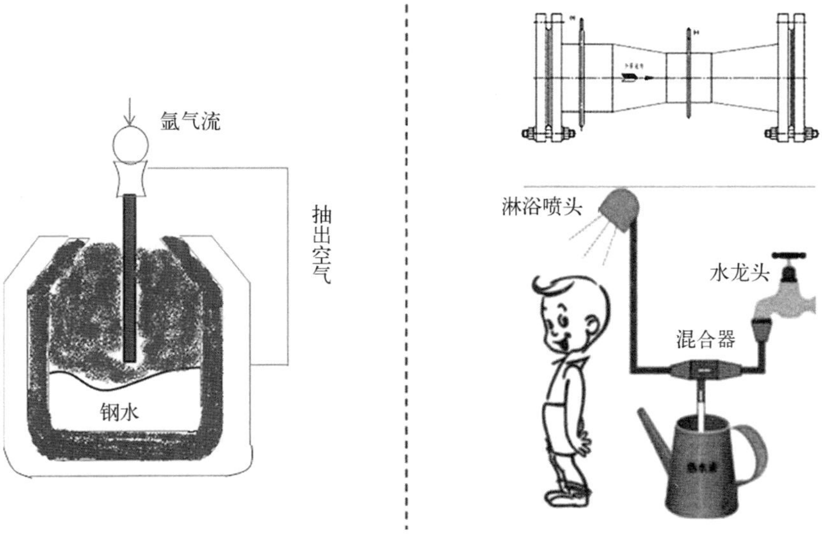

图3.12 文丘里管工作原理

那么文丘里管类的压缩机是否侵权呢？

判断专利侵权时的步骤：

(1) 全面覆盖原则。将组件进行逐一比较，看是否缺少组件，如果缺了，那么不侵权。

(2) 等同原则，用替代来判断。

在这个例子中，德国专利的组件包括双壁、压缩机、氩气管、氩气，规避后的方案包括双壁、氩气管、氩气，缺少了一个组件。故不侵权。所以说，剪裁是最安全的专利规避方法。专利规避的算法主要包括以下步骤。

第一步，阅读独立权利要求，识别独权中涉及的组件；

第二步，对独权进行功能分析，建立功能模型；

第三步，选择TRIZ方法，识别问题，并给出解决问题的概念方案：剪裁/功能导向搜索/其他；

第四步，判断侵权风险，采取全面覆盖原则；

第五步，解决次级问题，整理出解决方案。

在这里有一个大前提：通过专利信息的检索和分析，锁定要规避的那项专利。因此，专利信息的深度挖掘是基础，非常关键。

练习 3.2

有一种盛装药物的装置，专利号为 5590645。综合应用专利文献检索和本节课的知识，来尝试规避该专利。

3.3 本 章 小 结

本章首先通过案例详细介绍了创新课题调研的全过程，包括检索、管理文献、阅读与筛选文献三个步骤。接着，本章结合案例详细介绍了 TRIZ 发明方法中的剪裁法，其中穿插了全面覆盖原则和等同原则两个专利侵权判断方法。

第4章
精通文献管理与分析

通过前 3 章的学习，我们已经基本理解文献、信息和知识对于人们的学习、工作和生活的意义，文献检索素养作为社会人的元元素养之一的重要价值，并掌握了文献检索技能和创新方法。

4.1 精通 EndNote

EndNote 是汤森路透集团出品的一款软件，可以按照课题建立自己的文献数据库，方便管理查找自己的文献；通过建立链接，准确调阅出需要的 PDF 全文、图片、表格等；撰写、管理读书笔记；对文献信息进行简单的分析；撰写论文时，可以边写边插入参考文献，并按照要求统一进行参考文献的规范和改变。

本节将以某个课题为例，从建立文献数据库、管理文献和利用文献进行写作三方面介绍 EndNote 8.0 的基本使用方法。

4.1.1 建立数据库

例 4.1 在 EndNote 中创建石墨烯课题数据库。

如图 4.1 所示，安装 EndNote 软件后，打开 EndNote 软件，点击 File（文件）中的 New（新建）按钮，建立一个以.enl 为后缀的 Reference Library（数据库），一般以课题名称命名该数据库，如 Graphene - CVD。

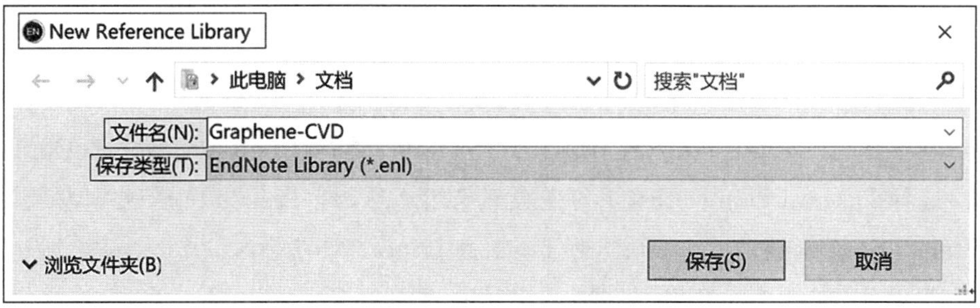

图 4.1 在 EndNote 中创建课题对应的数据库

4.1.2 数据导入

点击 File 菜单下的 Import，有两个选项：File(文件)和 Folder(文件夹)。选择 File，则可以导入单篇 PDF 格式的文献原文或多种格式的文献题录数据；选择 Folder，则可以导入多篇 PDF 格式文献原文。

1. 从检索工具中下载文献题录数据后导入

在检索工具里面导出 EndNote 格式的题录数据后，在 EndNote 里面选择合适的过滤器，即可导入题录。

例 4.2 导入万方数据中有关石墨烯的文献题录。

第一步，在万方数据库里检索相关课题的文献，勾选与石墨烯课题有关的文献，点击"导出"按钮，进入文献导出界面(见图 4.2)，选择 EndNote，点击"导出"，接着点击"保存"或"另存为"(如将文件名设为"石墨烯-万方.txt")，可以根据情况导出多个文件。

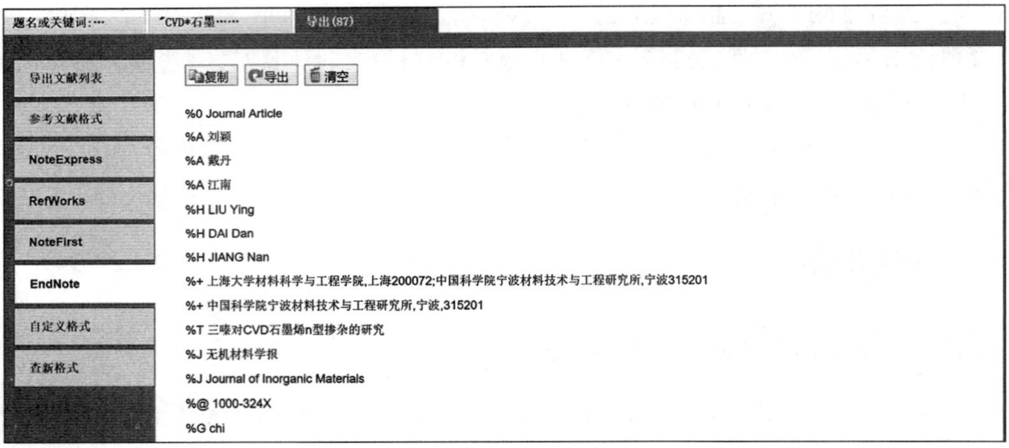

图 4.2 在万方数据中导出 EndNote 格式的文献题录数据

第二步，进入 EndNote，打开已经建好的石墨烯课题数据库 Graphene - CVD；点击 Files 中的 Import，进入 Import File(导入文件)界面。

第三步，在 Import File 界面上，选择之前下载的 EndNote 格式的文献题录数据文件，如"石墨烯-万方.txt"；Import Option(导入选项)选择 Endnote Import；Duplicates(重复)选择 Discard Duplicates(丢弃重复的记录)；Text Translation(文本转换)选择 No Translation(不翻译)，如图 4.3 所示，点击 Import 即可导入。

反复操作，可以导入多个 EndNote 格式的文献题录数据文件。导入后，即可在主窗口看到所导入的文献信息。

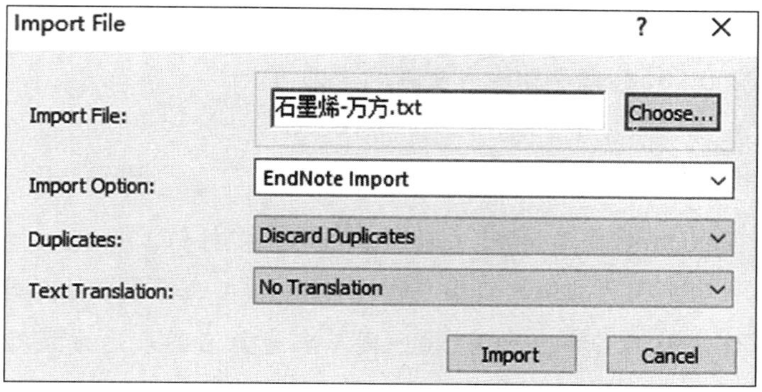

图 4.3　EndNote 中导入文献题录数据

例 4.3　导入百度学术中的石墨烯课题文献题录。

第一步，在百度学术中检索到需要的数据，点击“引用”后，再点击 EndNote 按钮，下载的文件后缀设为.enw 格式。

第二步，进入 EndNote，打开已建立的数据库。

第三步，点击文件导入，选择刚刚下载的.enw 文件，“导入选项”设为“EndNote 导入”；“重复”设为“丢弃重复导入”，“文本转换”选择“不翻译”。

在 Import File 界面上，Import Option 选择 PDF，则可以导入单篇 PDF 文件，而在 File 菜单中选择 Import 子菜单后，如果再选择 Folder（文件夹），则可批量导入文件夹（或子文件夹）中的 PDF 文档。

万方数据、百度学术可以导出多种格式的文献题录信息文件，中国知网、维普科技期刊中导出的文献题录格式基本相似，这些检索工具都可以导出 EndNote 格式的文献题录数据，导入 EndNote 格式的文献题录数据时，Import Option 选项均设为 EndNote Import。

但并非所有检索工具都可以导出 EndNote 格式的文献题录数据，因此 EndNote 软件自带多个格式的过滤器（Filter），过滤器帮助 EndNote 在导入文件时识别多种检索工具中导出文件的数据格式。在检索工具中导出文献题录之前，应首先了解相应数据库导出文献的格式中，哪些属于 EndNote 自带的过滤器。例如，Scopus 数据库中文献题录数据导出格式类型中，有一种是 RIS 格式，正好属于 EndNote 自带的过滤器之一。因此，从 Scopus 数据库中导出文献题录数据时，应选择 RIS 格式，而在 EndNote 中导入相应的文件时，Import Option 应设为 Reference Manage（RIS）。

在实际操作过程中，可能还会遇到以下两种情况。一是有些检索工具中导出的文献题录数据格式没有对应的 EndNote 过滤器,此类情况下,为了方便批量导入文献题录,需要自行编制 EndNote 过滤器,如果文献量不多,可手动输入文献题录。二是文献量不多,不需要编制 EndNote 过滤器,手动输入文献题录即可。

例 4.4 手动输入文献题录数据。

第一步,在 EndNote 库里点击"文献",点击"新建"按钮。

第二步,将一条题录内容输入到相应的输入框中,在编辑作者姓名时要注意:一个作者姓名一行;作者姓名首字母大写;按照国外作者姓名的表达方式(Zhang Ding 或 Ding Zhang)插入 Word 中,表现形式相同。

第三点,点击右上角的"关闭"按钮。

重复操作,可以增加多条文献题录数据。

例 4.5 新增过滤器。

第一步,进入 Edit(编辑)菜单,选择 Imort Filters(导入过滤器)子菜单,进一步选择 Open Filter Manager(打开过滤器管理器)。

第二步,选择一个与期刊题录格式相近的过滤器进行修改。

第三步,点击 File(文件)菜单里的 Save As(另存为),给过滤器起一个名字并保存。

今后,如需使用该过滤器,在 Import File(导入文件)界面的 Import Option(导入选项)下拉列表中,选择 Other Filters(其他过滤器),查找到该过滤器即可。

此外,EndNote 还集成了多个检索工具的检索界面。例如,对于授权用户,可以在线检索后选择相应的文献直接导入 EndNote。具体操作方法:进入 Tools(工具)菜单,选择 Online Search(在线检索)子菜单,在弹出的界面上选择相应的检索工具,检索后选择相关文献即可导入 EndNote。

2. 文献题录管理

EndNote 具有文献分类、添加图片等附件、文件去重、查找全文、文献排序、文献统计和记笔记等功能。

在 Endnote 左侧的 My Library(我的资料库)里面点击 All References(全部文献),可见当前数据库全部文献;如果点击 Recently Add(最近添加),显示最近导入或录入的文献;如果需要在某一篇文献之后上传图片说明等附件,右键点击该文献,选中 File Attachments (文件附件)子菜单后,选择 Attach File(添加附件)即可。

例 4.6　新建文献群组。

第一种方法：创建一个空组，然后将文献题录移入该组。进入 Groups(组)菜单，选择 Create Group(创建组)，输入组的名字，如 Patent；右键点击要分类的文献，选择 Add Reference(添加文献)子菜单后，选中已创建的组，如 Patent。

第二种方法：在建新组的同时选定文献。进入 Groups(组)菜单，选择 Create Smart Group(创建快捷组)子菜单，在弹出的界面上，有两种途径设定组内文献应满足的条件[包括 Mach Case(大小写敏感)、Mach Words(精确匹配)]：一是直接输入条件，此时，可点击 Options 将这些条件保存为 Save Search(查询)；二是点击 Options 选择 Open Search，提取已有的查询，可直接运用已有的查询，也可适当修改。如图 4.4 所示，点击 Create(创建)即可。

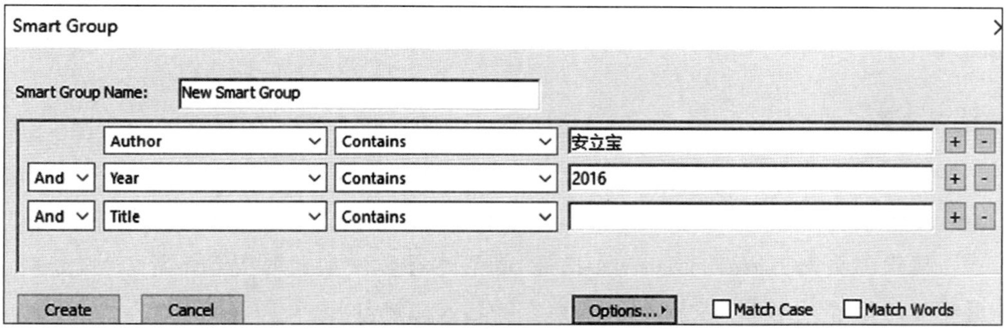

图 4.4　创建快捷组界面

第三种方法：将几个组合并到一个新组。进入 Groups(组)菜单，选择 Create From Groups(基于已有组创建)子菜单，在弹出的界面上选择合适的组即可。

练习 4.1

尝试利用 Reference 菜单下的 Find Duplication 子菜单，找到并去除重复文献。

尝试双击某篇论文，进入编辑界面，找到 Notes 或者 Research Notes 字段对这篇文献进行注释并保存。

尝试进入 Edit 菜单下的 Preferences(首选项)子菜单，在 Display Fields(显示字段)标签界面上，选择 Notes 或者 Research Notes，点击“确定”，看看系统界面中文献列表区域发生的变化。

3. 文档模板和边写边引

EndNote 不但能管理文献，还提供了多个期刊论文的论文格式模板，并能在写作论文的过程中,边写边插入参考文献。当在安装有 Microsoft Word 的计算机上安装 EndNote 时,会自动在 Word 中添加 EndNote 插件,同时在安装目录下的 Templates 子目录下生成多达 190 多个 Word 文件模板(.dot 文件)。

如果要向某期刊投稿,可以利用相应的模板文件生成新的 Word 文档[右键点击相应的.dot(模板)文件,选择“Word 打开方式”,将生成的新文档另存为 Word 文件即可];并利用 EndNote 插件中的 Insert Citation 功能组[包括 Insert Citations(点击该按钮进入 EndNote 后,选择文献)、Insert Select Citations(点击该按钮直接插入在 EndNote 中已选好的文献)、Insert Note(弹出笔记输入窗口,输入笔记确定后生成尾注)、Insert Figures(插入 EndNote 中文献的图表)]插入文献的相关信息,Edit & Manage Citations 编辑参考文献题录,选择 Style 列表中的期刊论文 Style 随时调整文档的引文格式,甚至可以利用 Export to EndNote 组件功能把 Word 文档中的参考文献导入 EndNote 中。

练习 4.2

分别从万方数据、中国知网、WOS 检索课题文献,分别将文献题录导出成 Refwork,保存至 EndNote Desktop,并导入 EndNote 中(导入时丢弃重复文献)。

假设你要向 *Nature Genetics* 投稿,请创建符合该期刊的 Word 新文档,分别用简短的语言介绍每篇文献的基本内容并插入正确标注。

4.2 常用文献分析工具

文献分析是在收集、鉴别和整理文献的基础上对文献的特征进行研究,形成对文献内容的基本认识。目前最常用的分析方法主要是以统计为基础的文献计量分析方法,使用一些数据库自带的“分析检索结果”功能,就能够对文献的出版年、作者、机构、语种等许多特征进行分析。

例 4.7 使用 Web of Science 数据库,了解石墨烯研究的发展态势。

检索关于石墨烯的相关研究文献,以发文量的时间分布为条件,我们就能够很直观地了解石墨烯研究的发展态势。如图 4.5 所示,2006 年以前关于这一主题的发文量较少,表示研究处于萌芽期;从 2006 年开始,研究进入快速发展的阶段,发文量逐年递增,而且这种快速增长的趋势一直持续到 2016 年。

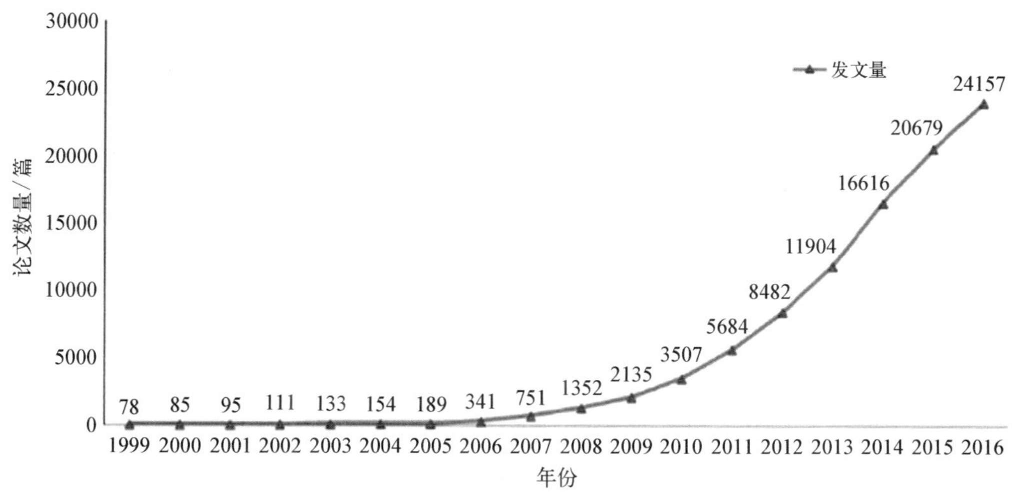

图 4.5　WOS 中有关石墨烯的论文发表趋势

例 4.8　使用中国知网的专利分析工具，了解石墨烯技术开发的发展态势。

这道例题要求利用文献数据库自带的分析功能完成文献分析，而常用的文献分析工具除了文献数据库分析工具以外，还有参考文献管理工具和专业文献分析工具，如图 4.6 所示。下面我们就来简单介绍一下这三种工具的特点和基本用法。

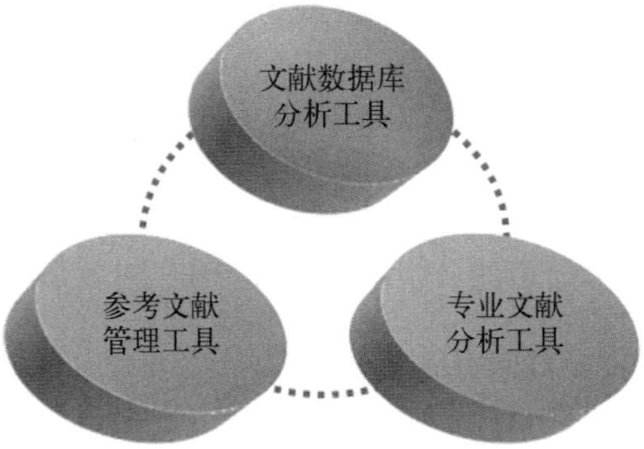

图 4.6　三种类型的文献分析工具

第一种是类似于 Web of Science 的文献数据库分析工具，这些提供文献检索功能的系统本身自带基本的分析功能，使用方法如下：在完成文献检索后，对检索结果中的作者、机构、发表时间、引用次数等文献题录特征进行统计，而后得出基本的分析结论，前面我们提到的对石墨烯的文献分析示例就属于这种类型。

第二种是参考文献管理工具，主要功能是支撑科学研究过程，为参考文献管理和论文写作提供帮助，如 EndNote、NoteExpress、NoteFirst 等。这些文献管理软件在功能上各有特色，但都具有类似于文献数据库提供的统计分析功能。例如：在 EndNote 软件中，可以通过工具菜单对已经收集的文献集进行题录特征的统计，如可以对发文时间进行统计，以获得发文量的时间分布情况。与文献数据库的分析功能相比，参考文献管理工具的优势在于能够把从不同文献数据库中检索获得的文献进行统一的管理,因此也就能针对这些结果进行集中的分析,而不再局限于单一的数据库内。

第三种专业文献分析工具,是指那些专门针对科学文献特征设计的分析工具,可以通过绘制文献知识图谱的方式,辅助研究人员对特定领域或主题的知识结构、发展趋势、研究前沿等进行更加直观的分析。这类工具不仅提供基础的统计分析,还能够借助引用分析、共现分析等理论与方法指导更深层次的知识发现。常见的专门用于分析学术文献的工具有 Histcite、CiteSpace、VOSvierwer、Gephi 等,到目前为止都是免费的软件,以及 TDD 等非免费的专业文献分析工具。

这类工具的使用一般通过如图 4.7 所示的几个步骤实现:

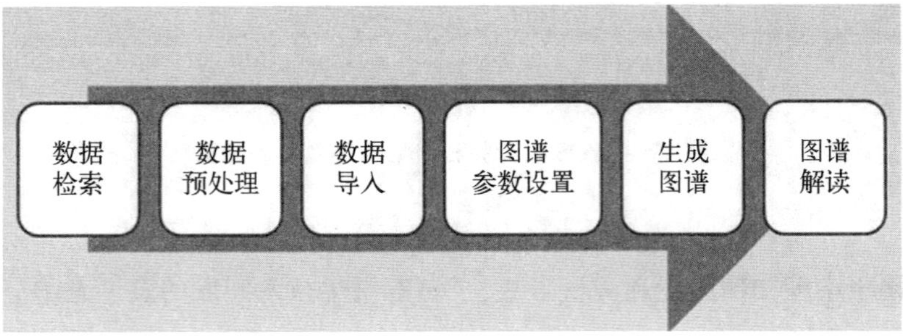

图 4.7 专门用于分析学术文献的工具的工作流程[1]

首先,进行文献检索获得所需的数据,考虑到不同工具对不同来源数据的适用性不同,因此往往需要对数据进行预处理之后才能正确导入到分析工具。

其次,就可以根据工具的功能设计绘制知识图谱了。

最后,最关键的步骤仍然是对知识图谱的解读过程,如何从图谱中找到规律性特征并获得有价值的分析结论是需要我们从实践中不断学习体会的。

4.2.1 Histcite

Histcite 是由 SCI 引文数据库开发团队开发的图谱工具,其引文网络知识图谱能够展示某个主题在所检索的文献集合中文献之间的引用关系图谱,如图 4.8 所示。利用该关系图谱,可以了解该主题的研究历史,迅速了解主要的研究方向,找到关键性研究成果,发现最新的研究前沿等。

可以参考以下两篇论文,进一步学习将 HistCite 用于学术研究的方法:

谢媛,陈守东.经济学视域下国际知识溢出研究脉络梳理:基于 HistCite 引文可视化工具[J].情报科学,2020,38(11):155-161.

李亚培,于海波.国际科学教师探究教学研究脉络梳理与趋势展望:基于 HistCite 的图谱量化分析[J].外国中小学教育,2019(12):11-22.

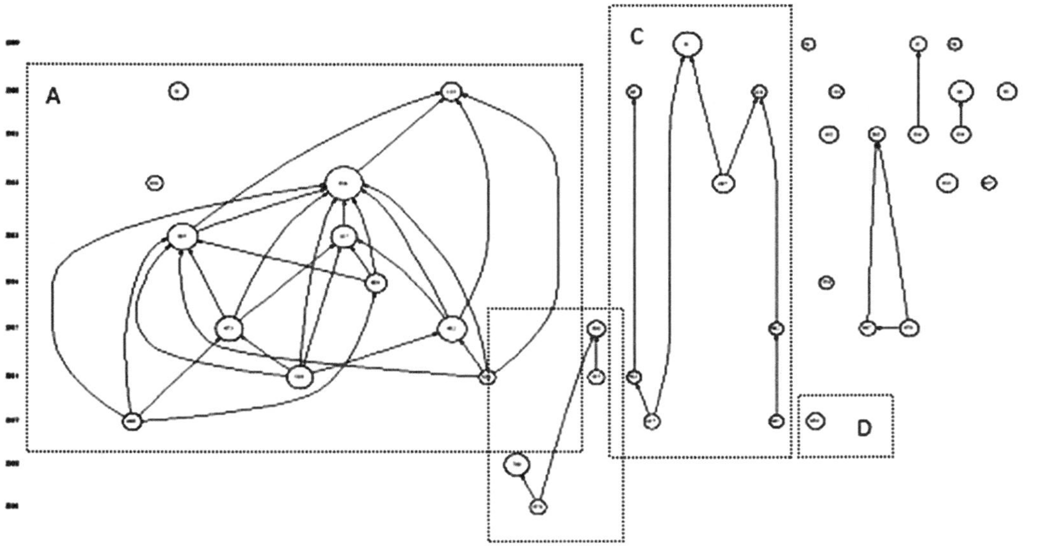

图 4.8　引文网络知识图谱

4.2.2　CiteSpace

CiteSpace 是由美籍华人陈超美博士联合大连理工大学团队共同开发的图谱工具，其主题聚类知识图谱，能够揭示领域研究的基本知识结构，通过社会网络分析方法揭示研究的知识基础、关键节点以及正在兴起的研究方向。图 4.9 为 CiteSpace 的研究热点网络图。中文官方帮助文档网址：http://cluster.ischool.drexel.edu/～cchen/citespace/manual/CiteSpaceChinese.pdf。

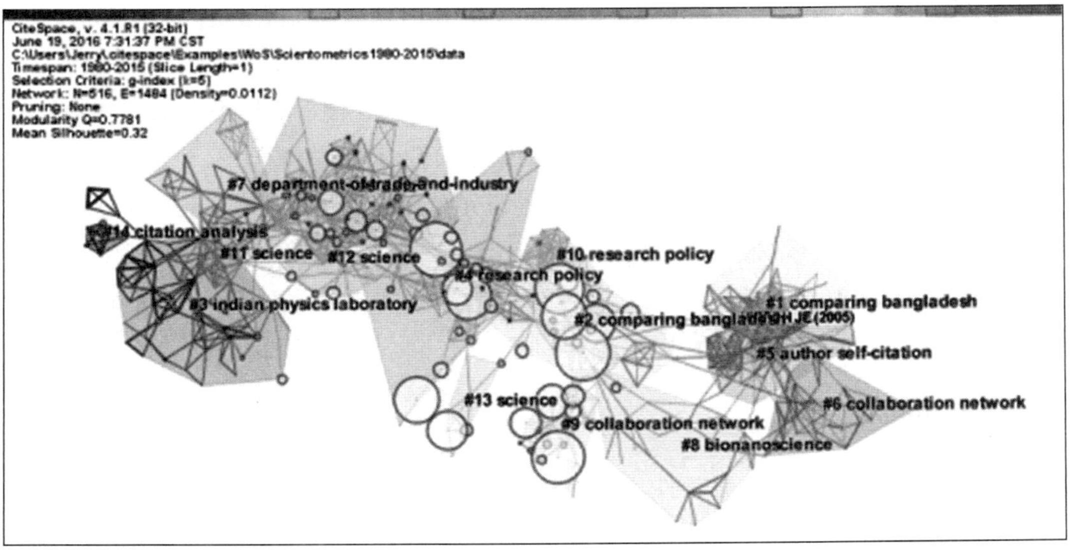

图 4.9　CiteSpace 的研究热点网络图

CiteSpace 的功能类似于照相机，只是它“拍摄”的对象是科学文献而不是自然景色。设置 CiteSpace 的各项参数大致相当于取景、调焦、对光圈的过程。

所以，参数设置对 CiteSpace 所产生的图谱有直接影响。最初使用时，最简单的办法是先采用系统的预定参数，熟悉之后，再按工具中提供的要点调整参数。建议参考以下论文，进一步学习将 CiteSpace 用于学术研究的方法：

朱佩娟，谢雨欣，周国华，等.基于 CiteSpace 的国土空间用途分区研究进展[J].热带地理，2022，42(4)：519－532.

翟凌晨，高雨荷，陶玉亭，等.积极心理学视角下旅游幸福感研究综述：基于 CiteSpace 的可视化分析[J].经营与管理，2022(5)：116－124.

李甦，江孟雪.近 20 年国内精准教学研究现状与未来趋势：基于 Citespace 可视化图谱分析[J].成人教育，2022，42(4)：6－10.

许悦，徐桂华，王庆，等.基于 CiteSpace 的中医药治疗化疗后骨髓抑制研究热点的可视化分析[J].世界科学技术-中医药现代化，2022，24(2)：705－715.

4.2.3 VOSviewer

VOSviewer 是一款免费且专业的文献计量分析软件，也是一个知识图谱可视化工具，由荷兰莱顿大学开发，主要用于构建和查看文献计量知识图谱。VOSviewer 基于文献的共引和共被引原理，具有可视化能力强、适合于大规模样本数据的特点，并支持标签视图、密度视图、聚类视图和分散视图四种视图浏览方式，可以帮助用户轻松绘制各个知识领域的科学图谱。

建议参考以下论文，进一步学习将 VOSviewer 用于学术研究的方法：

李丽玲，万宇翔，张巧丽，等.针灸治疗肿瘤研究的现状与趋势：基于 CiteSpace 和 VOSviewer 的文献计量分析[J].中国针灸，2022，42(3)：357－362.

方晗语，陈琳雯，冯沁祺，等.基于 VOSviewer 软件的中医药治疗慢性阻塞性肺疾病急性加重期文献计量学分析[J].中国中医基础医学杂志，2022，28(2)：243－246，259.

李杨，吴利俊，王钰琛，等.2016—2021 年全球结核研究现状及热点：基于 VOSviewer 的可视化分析[J].复旦学报(医学版)，2022，49(2)：159－167.

张清源，张敬文，吴千言，等.活血化瘀类复方防治高脂血症的临床研究热点与趋势：基于 VOSviewer 的可视化分析[J].中草药，2022，53(1)：196－205.

4.2.4 Gephi

Gephi 是一款免费的开源软件，可以通过 https://gephi.org/访问软件网站，可用于探索性数据分析、链接分析、社交网络分析、生物网络分析等。

建议参考以下论文，进一步学习将 Gephi 用于学术研究的方法：

闻子墨，袁东超，裴宇鹏，等.基于 Gephi 可视化分析血府逐瘀汤的现代临床应用[J].中华中医药学刊，2021，39(6)：141－144.

关迎晖，向勇，陈康.基于 Gephi 的可视分析方法研究与应用[J].电信科学，2013，29(S1)：112－119.

4.2.5　BibExcel

BibExcel 是由瑞典科学家奥勒・佩尔松(Olle Persson)开发的软件。BibExcel 为用户提供了文献计量分析、引文分析和共词分析等功能，可以作为图书馆和情报学、医学和生物信息、公共管理等专业领域本科生或研究生的实践工具，也可以作为相关专业领域科研人员日常科学研究甚至进行科技管理和政策分析的工具。由于缺少可视化功能，常常与 Pajeck、NetDraw 等可视化软件配合使用。

建议参考以下论文，进一步学习将 BibExcel 用于学术研究的方法：

李玲，张一敏，余雨枫，等.国外老年移民心理健康研究热点及启示：基于 BibExcel 知识图谱软件的量化分析[J].中国老年学杂志，2021，41(9)：1960－1965.

王紫晔，石玲.关于国内自然教育研究述评：基于 Bibexcel 计量软件的统计分析[J].林业经济，2020，42(12)：83－92.

林通，姬艳涛，王犇.我国警察体育研究的基本现状研究：基于 Bibexcel 的文献计量与可视化分析[J].广州体育学院学报，2019，39(5)：59－62.

刘嘉琦，张富丽，张书军.创业与家族企业研究前沿与热点：基于 BibExcel 词频软件的文献计量分析[J].南方经济，2018(10)：10－26.

4.2.6　UCINET

UCINET 软件是由加州大学欧文(Irvine)分校的一群网络分析者编写的。对该软件进行扩展的团队是由斯蒂芬・博加提(Stephen Borgatti)、马丁・埃弗里特(Martin Everett)和林顿・弗里曼(Linton Freeman)组成的。与 BibExcel 类似，UCINET 也未自带可视化软件，而是和可视化软件 NetDraw、Pajek 集成实现社会网络分析及可视化功能。

建议参考以下专著和论文，进一步学习将 UCINet 用于学术和社会调查研究的方法：

刘军.整体网分析：UCINET 软件实用指南[M].3 版.上海：格致出版社，2019.

谢贤鑫，陈美球，田云，等.国内近 20 年土地生态研究热点及展望：基于 Ucinet 的知识图谱分析[J].中国土地科学，2018，32(8)：88－96.

李红霞，张馨文，沈剑.基于 UCINET 的我国创业板上市公司研究综述[J].会计之友，2018(3)：63－67.

4.2.7 Pajek

Pajek 是由研究人员弗拉达米尔·巴塔杰尔(Vladamir Batagelj)开发的高级免费软件,广泛用于大型网络分析和可视化。

建议参考以下论文,进一步学习将 Pajek 用于学术研究的方法:

尹希刚,吕阳,沙忠利.基于 Bibexcel 和 Pajek 的海洋生态环境保护领域科学计量与知识图谱分析[J].海洋科学,2020,44(8):239-251.

谢丽斌,董颖,吴德志.基于 Pajek 的科研领域合作关系网络特征分析[J].图书馆,2016(7):62-65.

孙金花,郭湘.基于 PAJEK 社会网络分析模型的科技服务供应链风险要素识别[J].企业经济,2016,135(4):89-93.

4.2.8 NetDraw

NetDraw 是简单的绘制网络图的工具,它可以读取 UCINET 系统文件、UCINET 文本文件、Pajek 文本文件。

建议参考以下论文,进一步学习将 NetDraw 用于学术研究的方法:

尹怀琼,刘晓英,周良文,等.我国图书馆联盟研究的文献计量和可视化分析:基于 Netdraw 和 CiteSpace 软件的比较研究[J].图书馆,2018(2):43-49.

王运锋,夏德宏,颜尧妹.社会网络分析与可视化工具 NetDraw 的应用案例分析[J].现代教育技术,2008,18(4):85-89.

4.2.9 综合运用文献分析工具

有一点必须明确,上述文献分析工具都对文献题录数据文件的格式有严格要求,如果格式不对,就必须事先转换。但是,如何转换呢?

例 4.9 如何利用 CiteSpace 进行中国知网中论文《走向知识服务:寻找新世纪图书情报工作的生长点》(张晓林)的引证文献的作者和刊源分析?

解析:由于中国知网未针对引证文献提供 CiteSpace 的 Refwork 格式导出功能,只能自己动手进行改造了。有两种途径来改造,让程序员立即动手写一个程序,读取引证文献题录信息,然后转换成 Refwork 或 WOS 格式。能不能不写程序呢?本书提供一个就地取材的办法,利用 Word 和 Excel 的邮件合并制作任意文献题录格式。具体步骤如下。

第一步:设定本次转换的目标文件的格式为 WOS 格式或 Refwork 格式(经过实验,转换成 Refwork 格式时,可能会有汉字乱码的情况)。首先考察 WOS 格式和 Refwork

格式的文件,发现 CiteSpace 对 WOS 格式的可视化分析字段只有参考文献列表、作者、关键词、出版年,不包含刊源。由于在本次任务中,文献没有关键词可用,也不需要对关键词进行分析。因此可以利用这一点,分别用文献的作者和刊源列表填充关键词字段,实现目标。相应地,CiteSpace 对 Refwork 格式的可视化分析字段只有刊源、关键词、出版年,不包含作者。

第二步:将引证文献题录拷贝到记事本文件中,然后再拷贝到 Excel 文件中,选中拷贝的文本,单击"数据"菜单栏的"分列"后,在界面上选默认的"按分隔符",点"下一步",进入分隔符设置界面,选"空格",点"完成"。

第三步:在文件中,进行更多的清洗(删除行)、标引工作(添加列)后,把作者字段中的逗号(",")都改成分号(";")。

第四步:打开 MS Word 的邮件合并,选择收件人,使用现有列表,插入合并域,将刊名对应到 DE 字段。对于 WOS 格式,用刊名填充 DE 字段;对于 Refwork 格式,用作者填充 K1 字段,如图 4.10 所示。

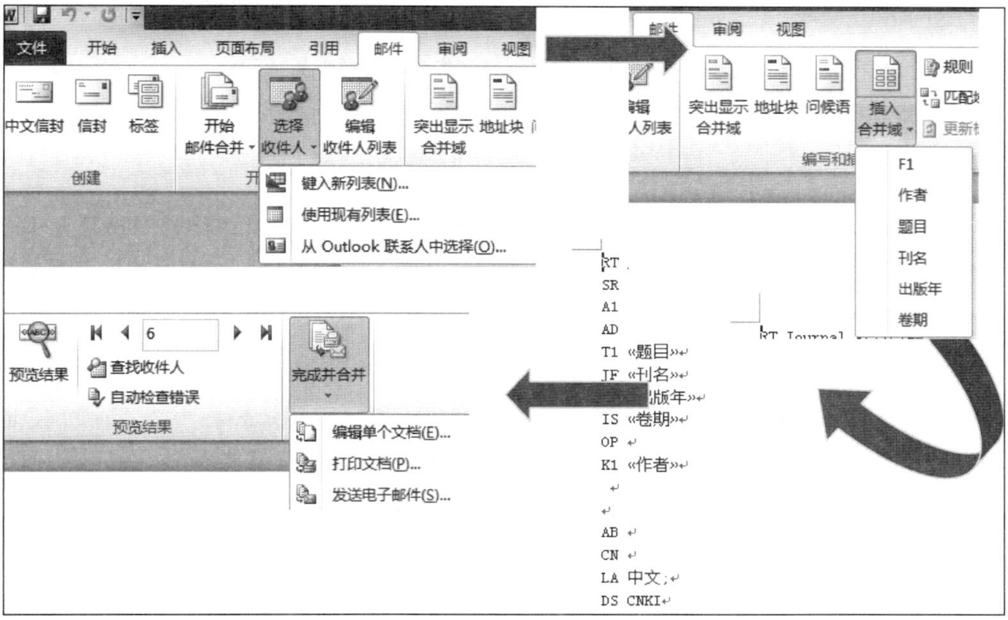

图 4.10　CiteSpace 导入数据预处理:邮件合并生成 WOS 格式的文献题录

第五步:运行 CiteSpace,导入 WOS 格式的文献题录,进行分析。如图 4.11 所示,该论文的引证文献的刊源以 CSSCI 为主,持续时间长,作者人数多,表明该主题仍是业界的热门话题。

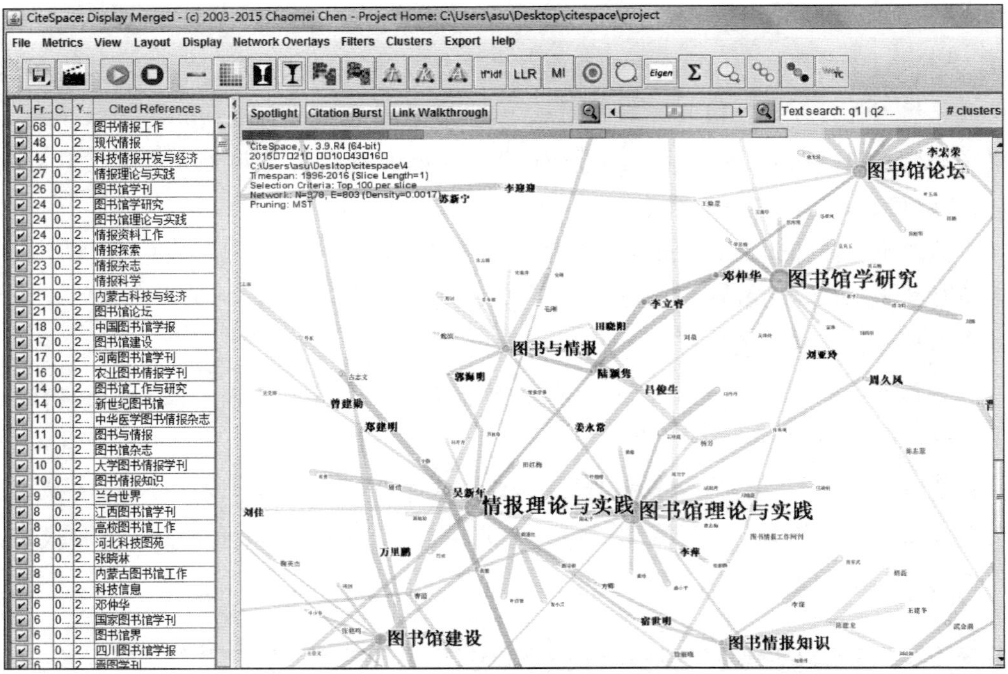

图 4.11　论文的引证文献作者和刊源分析

练习 4.1

请参照例 4.9，利用 CiteSpace 进行中国知网中论文《元认知心理干预技术与学生人格的高效培养》(金洪源)的引证文献的作者和刊源分析，提交 WOS 格式的文献题录以及在 CiteSpace 中的分析结果图。

在实践应用中，随着技术的发展，已经涌现出了许多文献分析软件。除了通过整理数据结构满足分析需求外，还可以根据任务场景将不同的软件组合使用，以实现分析目标。

颜端武，王曰芬，李飞.国外人际网络分析的典型软件工具[J].现代图书情报技术，2007(9)：6－11.

郭忠录，蔡崇法.生物土壤结皮研究进展与热点：基于 CiteSpace 和 HistCite 计量分析[J].中国水土保持科学，2019，17(5)：146－156.

赵芳，朱宁.近三十年儿童保护研究进展与趋势：基于 CiteSpace 和 HistCite 的图谱量化分析[J].社会工作，2019(4)：95－107，112.

储煜桂，张子振.基于 Histcite 和 VOSviewer 的 LDA 模型可视化分析[J].呼伦贝尔学院学报，2019，27(2)：100－108.

王云，马丽，刘毅.城镇化研究进展与趋势：基于 CiteSpace 和 HistCite 的图谱量化分析[J].地理科学进展,2018,37(2):239-254.

李明飞,陈乐煊.文献分析软件 HistCite 在大学生创新项目教学中的应用[J].高分子通报,2016(8):117-123.

田军.信息可视化分析工具的比较分析:以 CiteSpace、HistCite 和 RefViz 为例[J].图书馆学研究,2014(14):90-95,54.

邓君,马晓君,毕强.社会网络分析工具 Ucinet 和 Gephi 的比较研究[J].情报理论与实践,2014,37(8):133-138.

尹希刚,吕阳,沙忠利.基于 Bibexcel 和 Pajek 的海洋生态环境保护领域科学计量与知识图谱分析[J].海洋科学,2020,44(8):239-251.

万艳春,王曼.国内外大数据在物流领域研究进展与前沿:基于 CiteSpace 和 Ucinet 的可视化分析[J].商业经济研究,2021(11):99-102.

周芳,蔡威,李旭成,等.基于 Ucinet 和 Netdraw 的国内新型冠状病毒中医药研究热点的可视化分析[J].中华中医药学刊,2020,38(8):5-11.

韩薇薇.中国"食品教育"研究之热点与前沿分析:基于 Cite Space 和 Ucinet 软件的共现可视化分析[J].食品工业,2019,40(6):249-254.

翻转案例 4.1　理解文献分析流程

请参考上述论文,模拟其中的文献分析过程。

4.3　常用数据分析工具

在第 1 章中,我们提到了基于文献的知识发现的手段主要有定性手段、定量手段以及综合手段。在定量分析方面,除了上面介绍的几种文献分析工具所遇到的主题共现、作者共现、引文分析等面向文献的场景外,还有一些科学数据分析场景,如医学领域的 Meta 分析、社会学领域的质性研究、社会经济领域的大数据分析等,需要更多的工具。比较常用的 Meta 分析的软件有 RevMan、Stata、R、Meta-Disc、Excel 等,质性分析软件有 Nvivo、

Excel 等,数据分析软件有 Excel、SPSS、Sata、Python、R、Tableau。可见,Excel 的普及度最高、适用范围最广。与前面介绍的文献分析工具一样,关于这些软件的使用指南以及运用这些软件分析数据发表的学术论文也非常多,这里就不再赘述。

4.4 本章小结

本章我们主要介绍了 EndNote 以及其他多款文献分析或数据分析软件的功能。“师父领进门,修行在个人”,真正想成为文献管理和分析的高手,大家还需要多实践。想更加深入地了解这些软件,可以使用相关软件自带的使用手册进行学习,也可以多查阅已有的学术文献,做到善于利用这些软件,以提升文献管理和利用的效率。

参考文献:

[1] 肖明,邱小花,黄界,等.知识图谱工具比较研究[J].图书馆杂志,2013,32(3):61-69.

第5章

论文写作及学术交流入门与方法

学术论文整体可以分为研究论文和综述论文：研究论文是指针对某一个(些)问题、现象进行深入分析、讨论并得到有意义结论的文章;综述论文是指就某一时间内,针对某一专题,对大量原始研究论文中的数据、资料和主要观点进行归纳整理、分析提炼而写成的论文。综述论文的主要写作方式是对已有的信息进行归纳整理,这种方式在研究论文引言部分的写作中也有所体现。

5.1 学术诚信规范

卜永强通过对调查问卷数据的分析,发现当代高校在大学生学术诚信教育这一环节存在重要缺失。因此,他认为应该加强对大学生自身学术诚信意识的教育和指导,完善大学生学术监督、奖惩机制和学术评价机制。[1]

诚信乃做人之本,立民之基,是中华民族千百年来流传下来的传统美德。然而,纵观当下国内学术界,近年来频频出现学术剽窃、论文造假等"学术失范"现象,当下更是多见不怪、泛滥成灾,这不得不引发学者们的反省与深思。[2]对于大学生来说,倘使失去学术信用,那么学术大学也将黯淡无光。基于此背景,如何防范学术失信、净化学术环境、提高大学生学术素养已成为各大高校共同关注的重点问题。[3]因此,本章从学术诚信知识普及开始阐述。

5.1.1 引用文献规范

学术论文的研究是建立在前人研究的基础上的,在介绍研究背景和现状时,需要引用相关文献。引用文献的原则有六点：

(1) 不得转引或少量转引。

(2) 存在多个复制版本时引用最原始的版本。

(3) 引用最新的修订本。

(4) 引用主要的参考文献。

(5) 引用网络文献时标明出处和时间。

(6) 完整、准确地标注引用。

所谓“转引”,就是引用第三者作品中所引用的内容。由于转引不能确保所引内容的准确无误,因此,学术研究中不提倡“转引”。如果按照第三者作品中提供的引文出处去查找并核对原文,就可以看到资料的原始面貌,从而把间接引用转化为直接引用。

引用网络资源必须注意其“动态性”,在学术研究中,严肃的网络资源和印刷版文献具有同等效力,使用的基本规范也相同。其引用出处一般由网址和时间信息构成。时间信息是指网络资源的发布时间、更新时间或获取时间。

引用不得改变或歪曲被引内容的原貌、原义,在这方面,需要特别注意使用“某某认为”“在某某看来”时,一定要概括出作者的真正主张。

5.1.2 论文格式、写法规范

为了便于对论文的评阅评价、分类管理及检索查阅,国务院学位委员会办公室对学位论文、各个出版机构对学术论文的组成和格式都有基本要求。学术论文的规范包括论文组成及格式规范、写法要求规范等。

例如,根据国家标准《文摘编写规则》(GB 6447—86)的要求,文摘的编写有以下几点要求:

(1) 内容浓缩。

(2) 篇幅短小。

(3) 逻辑清楚,结构严谨。

(4) 使用第三人称(作者)撰写。

(5) 以文字为主,文中的图、表、公式等一般不列入。

再如,《文摘编写规则》(GB 6447—86)规定英文摘要的内容也包括目的、方法、结果、结论和建议等。在实际撰写时,应注意以下几点内容:

(1) 除虚词外,标题的每个单词的首字母均采用大写。

(2) 将作者的汉语拼音译成英文时,应遵照《中国人名汉语拼音字母拼写法》的规定书写。

(3) 撰写英文摘要时,一般采用第三人称。

(4) 一般情况下,谓语动词使用被动语态。

5.1.3 参考文献的文后列表规范及文中加注方式

文后附参考文献,便于读者查寻原文,可衡量论文的水平和可信程度。例如,《信息与文献 参考文献著录规则》(GB/T 7714—2015)规定参考文献题录应包括作者、题名[文献类型]、来源出处三部分内容。以下三条参考文献线索分别对应图书、期刊、在线电子文件。

刘国钧,陈绍业.图书馆目录[M].北京:高等教育出版社,1957.

何龄修.读顾诚《南明史》[J].中国史研究,1998(3):167-173.

ZURKOWSKI P G. The information service environment relationships and priorities [R/OL].[2021-02-12].http://files.eric.ed.gov/fulleext/ED100391.pdf.

翻转案例 5.1　理解规范的参考文献著录格式

分享与你的研究有关的论文的参考文献著录格式。

一般情况下，参考文献加注方式主要由出版物决定，主要有以下三种：

夹注，即在正文中的相应位置圆括号内标注（作者、出版年），与文后参考文献序号无关。

脚注，指在某页中以脚注的方式标注参考文献序号和题录。

尾注，指给参考文献顺序编号并以尾注的方式标注，参考文献题录统一集中记录在全文的末尾。

翻转案例 5.2　理解参考文献著录格式的多样性

浏览与你的研究有关的学术论文，分享最常用的一种参考文献加注方式。

5.1.4　学术论文质量监督

文献在促进了科学研究的同时，也为学术不端提供了便利，阻碍了科学研究的创新。

目前，对学术论文的管理和监督多采用中国知网的“学术不端行为检测系统”和“万方数据论文相似性检测系统”。检测系统能从多个角度对学位论文中的文字复制情况进行详细描述，自动给出预判的诊断类型并生成检测报告。值得注意的是，学士学位论文的监控也已得到重视。

论文作者应注重论文的创新性和研究的工作量。树立正确的学术道德观念，严格遵守学术规范，适当引用，准确标注。

以下论文对于进一步了解“学术诚信”教育和规范内容很有帮助：

李玲.大数据管理视域下高校大学生学术诚信档案建设研究[J].湖北开放职业学院学报,2020,33(12):62-63,82.

吴冠秋.当代大学生学术诚信失范治理研究[D].武汉:武汉理工大学,2020.

孙岳.当代大学生学术诚信体系建设研究[D].大连:大连外国语大学,2021.

何小凤,欧佳,陶李明.《基础化学实验》教学中大学生学术诚信教育的探索与研究[J].广东化工,2019,46(21):180-181.

李玲.高校大学生学术诚信保障机制研究[J].改革与开放,2019(19):113-115,128.

赵芳,袁海占.大数据背景下大学生学术诚信评价指标体系研究[J].中国多媒体与网络教学学报(上旬刊),2019(10):97-98.

5.2 论文写作案例

翻转案例 5.3 理解综述论文与研究性论文的差异

请对比图 5.1、图 5.2 中两篇论文的相同点与不同点,并据此判断它们分别是研究论文还是综述论文?

情 报 学 报 ISSN 1000-0135
第 33 卷 第 6 期 605-613, 2014 年 6 月

JOURNAL OF THE CHINA SOCIETY FOR SCIENTIFIC AND TECHNICAL INFORMATION ISSN 1000-0135
Vol. 33 No. 6, 605-613 June 2014

doi:10.3772/j.issn.1000-0135.2014.06.005

H_t 指数——基于时间维度的 H 指数修正

许 鑫 徐一方

(华东师范大学商学院信息学系,上海 200241)

摘要 传统的 H 指数未从时间维度对学者进行评价,并且无法有效区分拥有相同 H 指数的学者。本文在 H 指数的思想基础上,将学术活跃度这一时间因素考虑在内,把高被引论文的距今年数加入到原有 H 指数中,构建出新的 H_t 指数用于评价学者学术水平和活跃程度。随后利用 Web of Science 数据(2000~2013 年),从 H_t 指数排名、H_t 指数稳定性、H_t 指数区分性以及近年活跃度等角度,对分子生物学领域 30 位学者进行实证研究。研究结果显示 H_t 指数对具有相同 H 指数的学者具有很好的区分能力,区分度达到 82%。此外 H_t 指数能够反映学者的近年学术活跃度且稳定性良好。H_t 指数能够在兼顾时间因素的同时,区分 H 指数相同的学者,实现更好的学术评价。

关键词 H 指数 H_t 指数 时间维度 学术评价

H_t Index: Modification of H-index Based on Time Dimension

图 5.1 论文样例 1

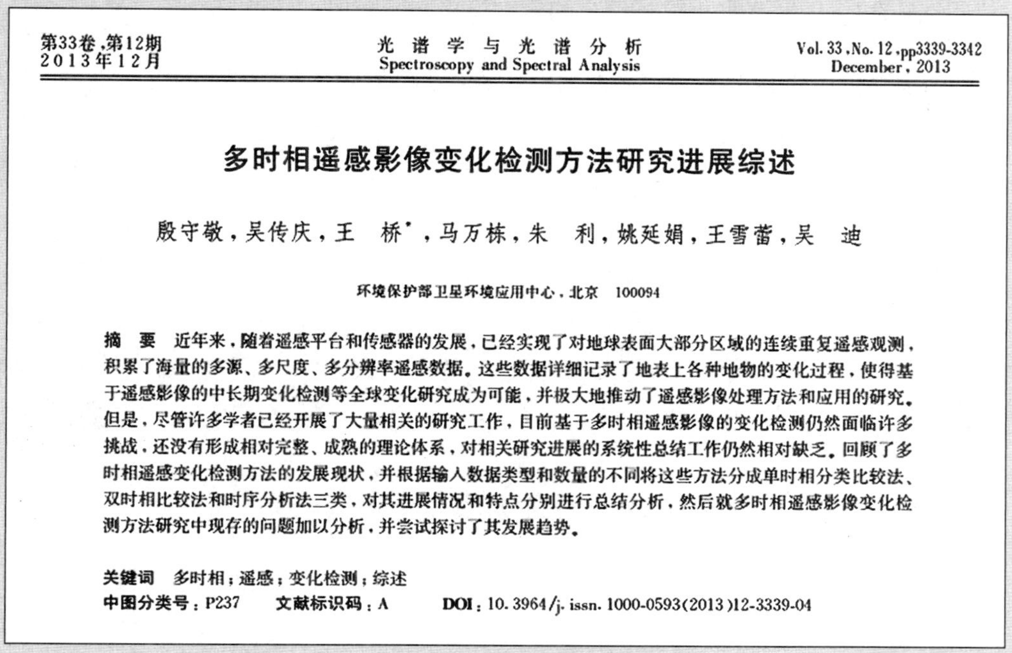

第33卷，第12期
2013年12月

光 谱 学 与 光 谱 分 析
Spectroscopy and Spectral Analysis

Vol. 33, No. 12, pp3339-3342
December, 2013

多时相遥感影像变化检测方法研究进展综述

殷守敬，吴传庆，王　桥*，马万栋，朱　利，姚延娟，王雪蕾，吴　迪

环境保护部卫星环境应用中心，北京　100094

摘　要　近年来，随着遥感平台和传感器的发展，已经实现了对地球表面大部分区域的连续重复遥感观测，积累了海量的多源、多尺度、多分辨率遥感数据。这些数据详细记录了地表上各种地物的变化过程，使得基于遥感影像的中长期变化检测等全球变化研究成为可能，并极大地推动了遥感影像处理方法和应用的研究。但是，尽管许多学者已经开展了大量相关的研究工作，目前基于多时相遥感影像的变化检测仍然面临许多挑战，还没有形成相对完整、成熟的理论体系，对相关研究进展的系统性总结工作仍然相对缺乏。回顾了多时相遥感变化检测方法的发展现状，并根据输入数据类型和数量的不同将这些方法分成单时相分类比较法、双时相比较法和时序分析法三类，对其进展情况和特点分别进行总结分析，然后就多时相遥感影像变化检测方法研究中现存的问题加以分析，并尝试探讨了其发展趋势。

关键词　多时相；遥感；变化检测；综述
中图分类号：P237　　**文献标识码**：A　　**DOI**：10.3964/j.issn.1000-0593(2013)12-3339-04

图 5.2　论文样例 2

5.2.1　综述论文写作

我们将从阅读、查找、挑选、摘抄、利用、撰写、追踪七个步骤，结合课题“h 指数研究进展”，介绍如何利用文献检索的方法写好一篇综述论文。

1. 阅读综述文献

阅读综述文献，主要指通过基本检索了解课题的基本概念，通过阅读综述类文献了解其他学者是如何对综述课题文献进行组织分类的。

通过第 1 章的学习，我们了解到 h 指数(h-index)是一个混合量化指标，可用于评估研究人员的学术产出数量与学术产出水平。h 指数是 2005 年由美国加利福尼亚大学圣地亚哥分校的物理学家乔治・赫希(Georgy Hirsh)[4]提出的。

也可以查找本学科的一些综述性文献，看看文献的结构、分类、组织，进而启发自己对课题综述组织的一些思路。

翻转案例 5.4　理解高水平综述论文的检索策略

如何找到有关“h 指数研究进展”的高水平综述论文?

为解决上述问题,可以运用关键词“进展”“综述”“现状”“展望”“Review”等在课题相关学科高水平(主要指 SCI、EI、SSCI、CSSCI、北大核心)的期刊上进行检索,获取高水平的综述论文;也可以直接检索你熟悉的课题相关的文献,并利用数据库分析功能筛选 Review 类的文献。图 5.3 和图 5.4 分别为 h 指数相关研究中文综述论文和 h 指数相关研究外文综述论文。

h 指数在学术评价领域的应用研究进展

王兰敬

(南京大学 信息管理系,江苏 南京 210093)

摘　要:论述了 h 指数在科学家个人学术绩效评价、科研群体的学术绩效评价、学术期刊评价、专利评价等领域应用研究的情况,以期为 h 指数理论和学术评价研究者提供科学、合理的理论与方法。

关键词:学术评价;h 指数;评价指标;文献计量指标
中图分类号:G350　　文献标识码:A　　文章编号:1007-7634(2011)04-0624-04

图 5.3　h 指数相关研究中文综述论文

Journal of Informetrics 3 (2009) 273–289

Contents lists available at ScienceDirect

Journal of Informetrics

journal homepage: www.elsevier.com/locate/joi

Review

h-Index: A review focused in its variants, computation and standardization for different scientific fields

S. Alonso[a,*], F.J. Cabrerizo[b], E. Herrera-Viedma[c], F. Herrera[c]

[a] Software Engineering Department, University of Granada, Periodista Daniel Saucedo Aranda s/n, 18071 Granada, Spain
[b] Department of Software Engineering and Computer Systems, Distance Learning University of Spain, Spain
[c] Department of Computer Science and Artificial Intelligence, University of Granada, Spain

ARTICLE INFO

Article history:
Received 23 February 2009
Received in revised form 4 April 2009
Accepted 14 April 2009

Keywords:
h-Index
Bibliometric indicators

ABSTRACT

The h-index and some related bibliometric indices have received a lot of attention from the scientific community in the last few years due to some of their good properties (easiness of computation, balance between quantity of publications and their impact and so on). Many different indicators have been developed in order to extend and overcome the drawbacks of the original Hirsch proposal. In this contribution we present a comprehensive review on the h-index and related indicators field. From the initial h-index proposal we study their main advantages, drawbacks and the main applications that we can find in the literature. A description of many of the h-related indices that have been developed along with their main characteristics and some of the works that analyze and compare them are presented. We also review the most up to date standardization studies that allow a fair comparison by means of the h-index among scientists from different research areas and finally, some works that analyze the computation of the h-index and related indices by using different citation databases (ISI Citation Indexes, Google Scholar and Scopus) are introduced.

图 5.4　h 指数相关研究外文综述论文

对相关文献分析后发现，学者们在介绍 h 指数研究进展时，有的从不同应用对象进行分类，有的从不同的变体的角度进行分类。从而了解到，有关 h 指数的研究主要包括“不同的应用对象”和“不同的变体角度”两类。

2. 查找领域相关文献

对课题有了初步了解之后，应该查找所有与本课题有关的文献，自然又离不开检索策略的制定。具体包括：根据学科及检索工具特色选择合适的检索工具，兼顾检索的全面性和准确性选择合适的字段和检索词，注意近义词和截词等。

练习 5.1

请写出查找“h 指数研究进展”相关文献的检索式。

关于 h 指数这个课题，选择万方数据、中国知网、Web of Science 核心合集和 Scopus 数据库作为主要检索工具，选择主题、题名、关键词等字段作为主要检索字段，检索时间可以选择 2005 年至今，因为这个概念是 2005 年提出的。检索词要注意单复数、缩写全称等。（使用“h index OR h indices OR h-index OR h-indices OR h 指数 OR Hirsch index OR Hirsch indices OR Hirsch-index OR Hirsch-indices OR Hirsch 指数”作为主要的检索词。）

3. 挑选合适文献

根据以上检索策略，找到了相关文献，要挑选有代表性的文献来组织综述论文。对于相近内容的文献，如何进行挑选呢？主要有以下几种思路：

（1）根据时间顺序挑选。挑选年代比较旧的，代表课题起源；挑选年代比较新的，代表课题发展及前沿；数据库自带的排序功能可以按照某种顺序显示文献的出版时间。

（2）根据论文的被引频次挑选。文献的被引频次在某种程度上反映出该文献受到关注的情况，可以选择被引频次较高的文献作为代表性论文。很多数据库都提供了被引频次的信息。

（3）挑选高影响力期刊的文献作为代表性论文。可以利用数据库的分析功能找到出版这些文献的期刊，利用影响因子查找期刊的影响力，选择排名靠前的期刊发表的文献作为代表性文献。

如图 5.5 所示，关于 h 指数这个课题，发表该课题文献量最多的前三种期刊分别为 *Sciencemetrics*、*Journal of Informetrics*、*Journal of the American Society for Information Science and Technology*。通过 JCR 检索后发现，这三种期刊都进入了情报与信息学科的 Q 1 区，说明这些期刊影响力较高，因此可以选择这几本期刊上的文献作为代表性论文。

挑选了代表性的文献之后，可以通过摘录提炼的方法让这些文献有效地展现在你的

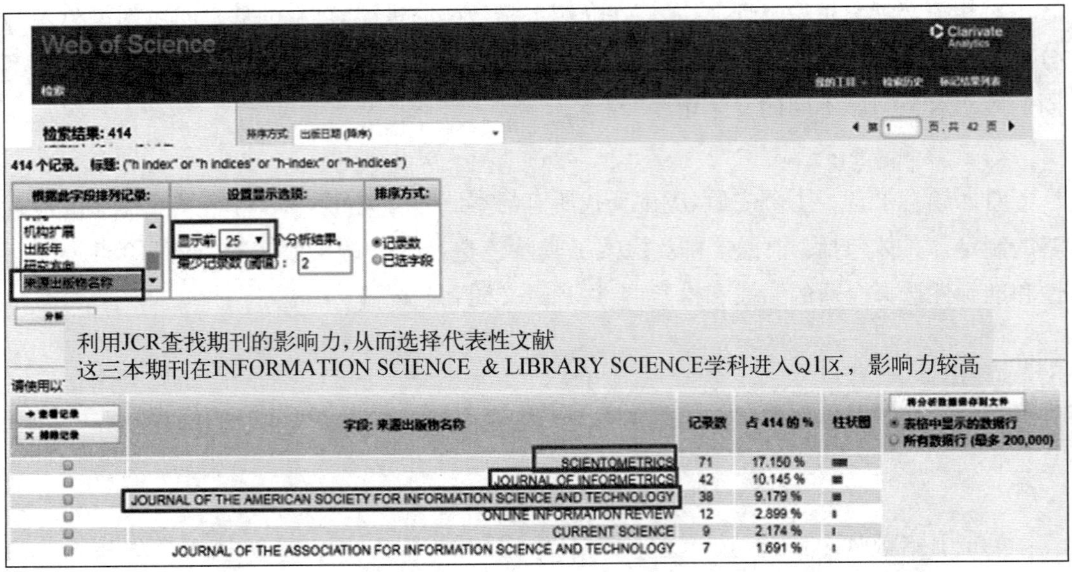

图 5.5　在 Web of Science 中对发表 h-index 相关文献的期刊发文量进行排序

综述中。所谓摘录提炼,主要是指将一篇文献中的摘要部分和结论部分进行简明扼要的总结,可以采用"谁使用了什么方法对什么对象进行了研究,得到哪些结论的方式"来表达你所选择的代表性文献的内容。当以上资料都准备齐全后,就进入撰写的环节。

4. 摘抄

挑选了代表性的文献之后,可以通过摘录提炼的方法让这些文献有效地展现在你的综述中。所谓摘录提炼,主要是指将一篇文献中的摘要部分和结论部分进行简明扼要的总结,可以采用谁使用了什么方法对什么对象进行了研究,得到哪些结论的方式来表达你所选择的代表性文献的内容。当以上资料都准备齐全后,就可以利用这些资料撰写综述论文了。

5. 利用资料

在正式撰写论文前,应确定一种分类方法对所筛选的文献进行分类,通常的分类依据有文献的研究主题、研究方法、文献作者机构所处地域或者发表时间区间等。确定分类依据后,应该找出同一类文献之间的相同点和不同点,同时要确定各个类别以及文献的内容在综述论文中出现的次序。

6. 撰写综述论文

综述论文包括:题名、作者、作者单位、摘要、关键词、引言、主体、结论、参考文献和致谢几部分。其中重点介绍以下几部分:

(1) 引言。引言部分主要叙述综述的目的和作用,概述主题的有关概念和定义,简述所选择主题的历史背景、发展过程、现状、争论焦点、应用价值和实践意义。

(2) 主体。主体部分可以按照年代、问题、不同论点、发展阶段等进行分类,每部分标上简短而醒目的小标题。不管采用何种方式,都应该包括历史发展、现状评述和发展前景预测三方面的内容。

(3) 结论。结论部分可以根据主体部分的论述，提出几条语言简明的意见和建议；也可以对主体部分的主要内容作出扼要的概括，并提出作者自己的见解。

(4) 参考文献。参考文献部分是综述的原始素材，是综述的基础，因此列出足够的参考文献显得格外重要。它既表示尊重被引证作者的劳动成果及表明引用的资料有其科学依据以外，还为读者深入探讨该主题提供查找有关文献的线索。

参考文献的规范性很重要，参考文献的格式要求在投稿须知里面可以查找到，包括在全文中标记参考文献的方法以及参考文献列表规范。

如图 5.6 所示的论文正文部分，用小圆括号和数字标明参考文献的序号，如(17)。如图 5.7 所示的参考文献列表部分，具体格式为"序号.作者：文章名称.来源出版物名称卷：起始页码-终止页码，出版年份."。

TECHNICAL SHORTCOMINGS OF THE "h" INDEX

Despite all of its advantages, this new index does have a few drawbacks, and its role as a universally reliable and generalizable analytical tool of scientific performance has been criticized. Common shortcomings shared by almost every indicator based on citation counts include the inability to compare scientists belonging to different fields. Although elite biologists can have indices as high as 150 and top physicists can reach values of 100, researchers in the medical field rarely surpass 50 (6). Technical limitations also make it very difficult to obtain reliable output figures for individuals with very common names using currently available databases (17). In addition, the "h" index increases with time, and is thus influenced by the duration of a researcher's academic career. This can be a major obstacle when comparing individuals at different stages of their profession (22) and could put junior researchers at a disadvantage. On the other hand, electronic databases used to compute the "h" index only account for relatively recent articles. For example, Scopus is limited to publications that appeared since 1995, a fact that

图 5.6　正文部分引用参考文献的标注方法

为了更高效地管理文献和进行写作，可借助文献管理工具，如 EndNote 来进行文献管理，批量规范参考文献格式，提高论文写作的效率。

需要注意的是，为了使综述论文能反映最新研究进展，在写作论文的同时，仍需要密切关注新文献。

7. 追踪

以下两个原因要求我们形成"追踪"的习惯：一是因为撰写综述论文可能会耗费比较长的时间，很有必要在写作过程中及时发现新的文献；二是因为完成论文写作后，也依然要密切关注该领域的进展，以便为撰写新的综述论文做准备。

为了达到及时"追踪"新文献的目的，除了进入相关的检索工具中重复提交检索请求以发现新的文献外，不少检索工具提供了相关便利。比如，在 Web of Science 数据库中查

REFERENCES

1. Adler R, Ewing J, Taylor P: Citation statistics: a report from the International Mathematical Union (IMU) in cooperation with the International Council of Industrial and Applied Mathematics (ICIAM) and the Institute of Mathematical Statistics (IMS). Joint Committee on Quantitative Assessment of Research. 2008.
2. Alonso S: h-Index: a review focused in its variants, computation and standardization for different scientific fields. J Informetrics 3:273-289, 2009.
3. Balandin S, Stancliffe RJ: Impact factors and the h-index: what researchers and readers need to know. Augment Altern Commun 25:1-3, 2009.
4. Ball P: Index aims for fair ranking of scientists. Nature 436:900, 2005.
5. Ball P: Achievement index climbs the ranks. Nature 448:737, 2007.
11. Costas R: The h-index: advantages, limitations and its relation with other bibliometric indicators at the micro level. J Informetrics 1:193-203, 2007.
12. Egghe L: Theory and practise of the g-index. Scientometrics 69:131-152, 2006.
13. Egghe L, Rousseau R: An h-index weighted by citation impact. Information Processing Management 44:770-780, 2008.
14. Engqvist L: The h-index and self-citations. Trends Ecol Evolution 23:250-252, 2008.
15. Fuller CD, Choi M, Thomas CR Jr: Bibliometric analysis of radiation oncology departmental scholarly publication productivity at domestic residency training institutions. J Am Coll Radiol 6:112-118, 2009.
16. Garfield E: The history and meaning of the journal impact factor. JAMA 295:90-93, 2006.
17. Hirsch JE: An index to quantify an individual's scientific research output. Proc Natl Acad Sci USA 102:16569-16572, 2005.

图 5.7　文后带序号的参考文献(References)列表

找相关文献时,可以保存检索历史,并且提供基于保存的检索历史生成“订阅”(Alert)的功能,方便检索用户通过邮箱获取符合检索条件的新文献。

练习 5.2

在 Web of Science 数据库中创建你关注的领域文献的“订阅”。

此外,一些专题网站或数据库还提供了 RSS 阅读器订阅功能,当用户计算机安装了相应的 RSS 阅读器客户端,并订阅了感兴趣内容的 RSS 种子后,订阅用户即可在 RSS 阅读器内阅读到定期更新的文献。

5.2.2　期刊、会议论文写作

期刊论文与会议论文本质上的差别在于首次出版的载体或途径不同,前者由学术期刊出版(包括在线网络首发),后者由会议主办方决定出版或公开方式。两者都要求具有一定的创新性,且符合学术论文规范,同时也都对研究主题、字数都有一定的限制,其中,研究主题要作者感兴趣且符合期刊或会议的选题指南即可。会议论文通常设有 3 个月以上 1 年以内的截稿日期,期刊论文通常没有时长限制,作者的研究进度和写作进度都十分自由。

期刊论文或者会议论文都有综述性论文与研究性论文两种类型,本节侧重介绍如何撰写一篇期刊论文或者会议论文。任何一篇研究性论文,首先要解决一个问题——研究主题,也就是决定研究什么问题。

1. 决定研究什么问题

通常一篇研究性论文主要解决一个问题，这个问题通常来自你熟悉的人、事、物或环境，存在某个诱因引起你对该问题的兴趣。许多优秀论文的诞生存在一定的偶然性，恰好又是作者力所能及的，这样的研究往往会带给作者无穷的乐趣，使其乐此不疲。

例5.1 吉老师指导的论文《阅读影响下大学生学科知识结构自我完善意识和能力》的选题诞生记。

吉老师指导的硕士研究生李佳茜同学在完成一门课程作业期间，吉老师问："你最近在忙什么？""在做一门课程的作业。"

"作业是什么内容？""分析学生借书的规律。"

"你打算分析哪些规律呢？""就是什么时间（一周当中哪些天、一天当中哪些时段、一年当中哪些月份）借书人最多或者最少。"

"就这些吗？""是的。"

"那这些没有任何难度可言啊，不就是简单的统计工作吗？""嗯。您这么一说，好像是那么回事儿。"

"那不行，你得利用这个机会做点研究才行。你想想看，借书数据还反映了什么？学生为什么要来借书？如果他不来借书对他有什么影响？他来借书是老师要求的，还是自己主动的？是因为选修了某门课程才来借书的，还是与课程完全没有关系呢？有没有人从来就没有来图书馆借过书呢？""确实，这些问题我之前没想到过。"

这篇论文的选题就是这么被提出来的，确实有一定的偶然性。因为吉老师是图书馆的系统管理员，经常会做一些借书数据分析，所以吉老师明白李佳茜同学最初的目标设定没有任何创新性，只是一项统计工作而已。尽管这项工作的结果可能会对图书馆借书岗位的优化有一定的作用，但仅此而已。

相反，该论文所关注的研究主题直接与图书馆的阅读推广工作的精准化有关，为学院的专业教师更全面地了解学生的学习动机和潜能提供了数据支撑，也能启发大学生的自我完善学科知识结构的意识，其意义是深远的。

其实，这篇论文的工作与最初的工作本质上的不同在于，解决问题所使用的工具不是现成的，需要我们从零开始设计算法，这就是我们所说的"创新"。如果我们有现成的解决问题的工具或方法，那这样的工作就不能成为研究论文的选题。

2. 开始写论文

决定了研究什么问题后，接下来自然就进入写论文的阶段了。从小我们就被教会写作文，当我们决定作文题目后，就开始谋篇布局了，而且一般要在短短的40分钟内写完。但写研究性论文却很不相同，你必须思考为了解决问题，你应该用什么样的方法。这个时候有一个写作习惯要十分注意：是直接进入实验设计，还是开始写作论文提纲。

据吉老师的经验，应该是先开始写作论文提纲，并在提纲中设计好以下问题：论文每个部分都要给读者哪些方面的内容？为了能写出这些内容需要哪些数据或者证据？如何才能获得这些数据或证据呢？

例 5.2 吉老师指导的论文《阅读影响下大学生学科知识结构自我完善意识和能力》的提纲诞生记。

为了指导李佳茜同学设计论文的提纲，吉老师建议她去阅读本学科（图书情报与档案管理）的高水平学术期刊上的优秀论文。她发现，这些论文的提纲都十分类似。

确实，学术论文与我们以前写的作文完全不同。但学术论文就是保留了固定的结构，这是为什么呢？

因为，学术论文的作用不是用来抒发情感（记叙文、游记等）、介绍某个事物（说明文），也不是针对某个现象发表自己的看法的（杂文），而是向别人介绍自己的研究成果的载体，这有点像介绍你策划、组织并全程参与的大型活动全流程的说明文。

因此，要让你的潜在读者明白以下问题：

背景/引言：你为什么要研究这个问题？

文献综述：这个问题是不是已经有人研究过了？他们研究得出了哪些结果和结论？他们的工作对你解决当前的问题有什么价值？（是否解决了你的问题？）

承上启下：如果没有人研究过，或者虽然有人研究过，但他们的方法或工具并不能直接解决你的问题，你的这项工作是否有继续的必要？

研究设计：再次锁定你要解决的问题，什么样的状态表明问题得到了解决？你的研究设计是什么？需要用到哪些数据？数据的可获得性如何？（你是否能比较方便地采集到？加工数据的工作量以及需要的技能都可以满足吗？你使用了哪些方法来处理数据？等等。）

结果与结论：你用所设计的研究方法、数据采集处理方法开展研究后，得出了哪些结果？能推断出哪些结论？

讨论：有没有发现一些新的问题有待讨论？

总结：提纲挈领地回顾本论文的研究，未来的工作方向是什么？

例 5.3 吉老师指导的论文《阅读影响下大学生学科知识结构自我完善意识和能力》的研究设计诞生记。

在论文提纲确定后，吉老师就和李佳茜同学一同思考，本研究作为“数据分析”类研究，数据范围是什么？

为了回答这个问题，他们反复论证：如何从这些借书数据中找出反映了借书的读者因为具有一定的自我完善意识，采取主动借书的行为的那部分数据？这是研究过程中存在的一个小问题，首先得解决才能进行后续的工作。

由于涉及大量的读者，确实没有办法一个个去向读者打听当初借书的时候是怎么决策的。只能采取技术的手段来解决这个小问题。

结果，他们找到了"专业方向"和"课程表"这个中介。利用词语匹配的方法，把与课程名称、专业方向名称相关度高的借书记录作为非自主性的借阅。

这个问题解决了之后，又面临一个新的子问题：如何表示"自我完善"能力？

这个子问题占用了他们较长的时间，差不多过去了两个月。其间，吉老师建议李佳茜大量阅读文献，力求从文献中找到灵感。

终于，李佳茜选择采用布鲁克斯知识方程。他们经过一番论证，最终确定了计算模型。

例 5.4　吉老师指导的论文《阅读影响下大学生学科知识结构自我完善意识和能力》的文稿诞生记。

计算模型和数据范围确定后，进展就快多了。这个时候，吉老师与李佳茜收到了《图书情报工作》杂志社在宁夏银川举办论文写作培训班的信息，吉老师果断建议李佳茜报名参加。

李佳茜同学利用培训班的间隙，向该刊的常务副总编辑请教，询问其对当前文稿的看法和建议。

回来后，他们对照建议进行了讨论，发现论文的研究设计没有问题，只是她的写作逻辑还需要改进。这次培训给了他们很大的信心。

例 5.5　吉老师指导的论文《阅读影响下大学生学科知识结构自我完善意识和能力》的审稿专家沟通记。

对照《图书情报工作》杂志社对稿件的要求修改妥当后，他们就投稿了，不久就收到了 8 条审稿意见。

吉老师和李佳茜又反复讨论这些意见，并设想修订方案，前后共修回了 3 次，才收到了录用通知书。

回顾专家审稿意见，发现主要涉及文中有些观点的论证不够详细，专家认为过于草率。其中第一条意见就是质疑："为什么说大学生学科知识自我完善意识值得研究？"

第二条意见是质疑:“为什么不用问卷调查?”

李佳茜表示,她没有思路来回答这两个问题。吉老师为了回答这两个问题,也增加了不少参考文献,重新改写了研究背景部分的陈述方式,使之更能传递本研究的价值和意义。

把这些问题解决了之后,文稿就顺利通过了审稿。

5.2.3 学位论文

通过综述论文、期刊会议论文(常称为小论文)的写作,我们对本领域的研究已经有了相对清楚的了解。但具体到撰写学位论文,一些同学仍然觉得难以开始,主要是因为学位论文的工作量远远大于小论文,尤其是博士学位论文,往往需要在某个方向上具有较为持久而深入的钻研和理论创新。学位论文与小论文的另一个差别就是,前者的研究选题往往与本人的学位专业方向有关,需要撰写开题报告,参加开题答辩。经过答辩委员会的论证同意后,方可着手研究。在成文后,通常要经过学位点内部专家评审后,继而经过点外专家评审征得同意后方可进入学位论文答辩环节,答辩通过才能获得学位证书。完成一篇博士学位论文有时需要 6～8 年的时间。

本节主要从学位论文概念、基本结构及撰写流程开始介绍,进一步了解如何选题与开题,最后介绍学位论文的论证、撰写与修改。此部分引用了南开大学柯平教授主编的《信息咨询概论(第 2 版)》中第十五章作者沈阳师范大学图书馆宫平博士的研究成果。

1. 学位论文概念、基本结构及撰写流程

学位论文是高等学校或研究机构的学生为取得学位,在导师指导下完成的科学研究、科学试验成果的书面报告。

学位论文分为学士论文、硕士论文、博士论文三个等级。学位论文是大学本科生、研究生学业成功的重要标志。

如图 5.8 所示的是一篇学位论文的章结构,从提出问题到分析问题、解决问题,最后得出结论。

如图 5.9 所示,生成一篇学位论文一般经过以下过程:

首先,利用文献检索或社会调查等调研手段初步拟定研究对象和目标。

其次,撰写开题报告并参加开题答辩以确定研究对象、目标、思路、内容,开展研究,并收集数据。

最后,得出研究结果、结论与不足。

与之对应的是学位论文的内容框架,包括绪论、正文主体、总结三大部分。应该注意的是:撰写论文时要遵循相应的规范。

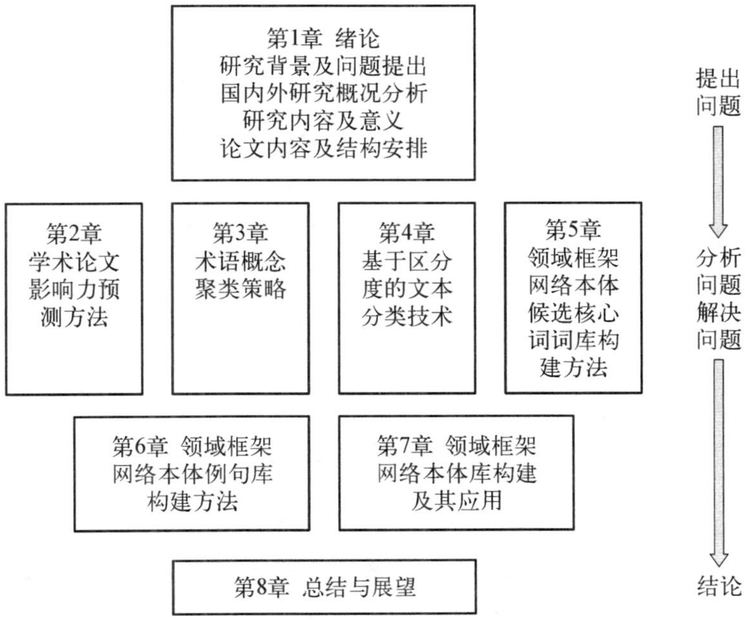

图 5.8　某学位论文的基本结构

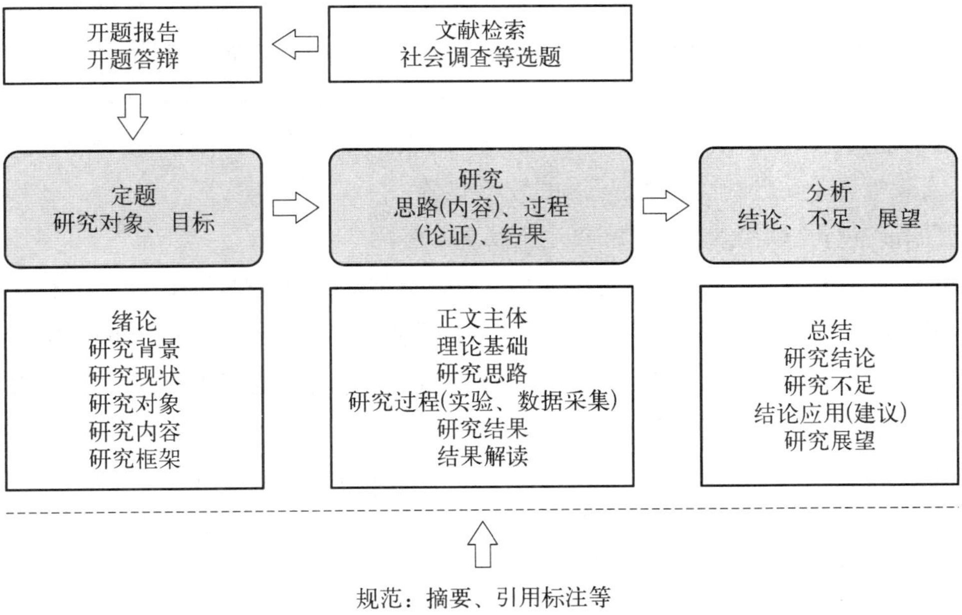

图 5.9　学位论文生成过程

2. 学位论文的选题与开题

可以先检索名校的本学科专业的优秀学位论文，详细阅读，学习确定研究对象和研究目标的逻辑思维过程。如在中国知网中的高级检索界面，选择博硕士论文数据库，检索复旦大学计算机应用技术专业的论文《基于信息论的特征选择算法研究》(见图 5.10)。

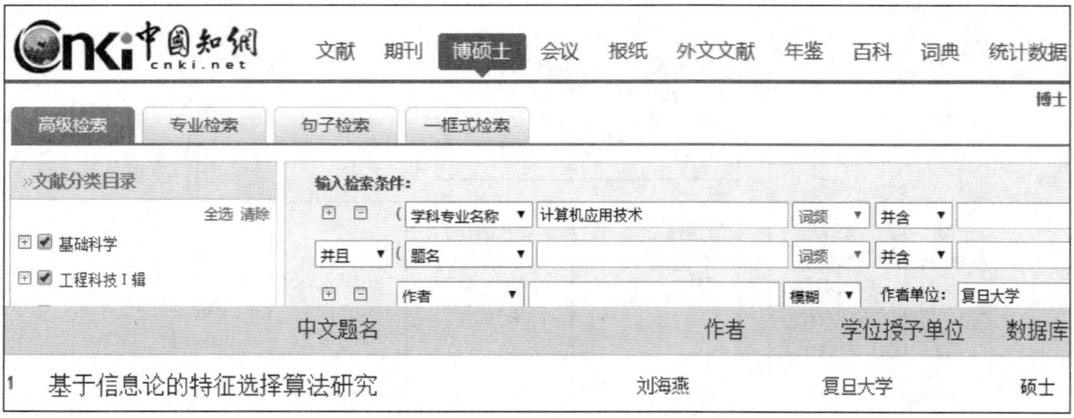

图 5.10 中国知网优秀学位论文检索界面

阅读该论文后发现,作者首先分析理论、应用中存在的问题,如数据爆炸但知识贫乏;发现早期的方案不足以解决当前问题,如维数约简算法不适用于海量数据处理。进一步调研主要的维数约简算法,了解到特征选择算法优于特征提取算法,故而,将特征选择算法选为研究对象。为了选定研究目标,继续了解并分析研究对象"特征选择算法"的研究现状,找出其不足有两点:一是缺乏普遍适用的特征度量标准;二是单特征搜索算法不能有效剔除冗余特征,而特征子集搜索又会带来时间复杂度过高、效率过低的问题。进而,将研究目标定为提出普遍适用的特征选择度量标准并改进算法以提高效率。

这篇论文详细给出了密切相关文献的研究思路,从而确定了研究对象和研究目标。因此,文献检索及文献阅读是确定选题的必要步骤。

开题前进行文献检索与阅读需要注意以下方面:

第一,文献检索既要全面,又要准确。全面是指类型与语种兼顾,即期刊、图书、学位论文等各类型文献都要查阅,中文与外文文献都要查阅。准确是指对资料的来源和渠道应有所鉴别,对文章、书籍、网上资料信息和实际材料的占有量应有所分析,对能否得到外文资料并加以合理运用等情况应有所掌握。

第二,阅读文献要围绕研究方向领域或关键词来选择。所选文献要尽量权威和前沿,首选近五年的同类研究文献。对基础文献、经典文献要精读,而且要进行解释、评论和分析。对相关知识点、跨学科文献可以泛读。

第三,选题有科学性、创新性、可行性三个原则。科学性原则是指所选择的课题内容必须有科学理论支持。创新性原则是指选题在学术方面有创造性,即能开拓出新的知识、物质、对象领域。可行性原则是指主、客观条件能够满足研究工作的需要,经过努力可以达到预定的研究目标。

选好了题就可以撰写开题报告了。开题报告的基本内容包括理论与实践需求背景、文献综述、主要研究内容、研究基础与计划、参考文献。

翻转案例 5.5　理解开题报告检索策略

请分享你确定学位论文选题的检索策略以及为了撰写开题报告收集相关论文的检索策略。

3. 学位论文的论证、撰写与修改

通过开题报告答辩，与导师和专家一同确定了研究对象、研究目标和思路后，就进入论文的论证写作阶段了。一般应在论文总体框架下按“概念的提出、理论的论证、方法的选择、试验的观察、数据的处理与分析、结果的检验”的顺序，逐层分析与论证。

写论文的时候，可以按照提纲依次撰写，也可以先从容易把握的部分写起，如实验设计及数据收集与处理。

论文的修改一般有以下四个步骤：

第一步，修改论点。从全篇着眼，看论点是否成立、是否正确深刻，中心论点与各分论点之间的逻辑关系是否合理，表达是否准确等，针对问题加以修改。

第二步，调整结构。看全文层次是否清楚，各部分之间的联系是否紧密，段落安排是否合理，开头与结尾、前后部分是否照应，各部分之间是否衔接自然等，针对需要加以调整。

第三步，增删材料。根据论点的需要，如果发现材料不能说明论点或材料不足以说明论点，就要删节、调换或补充。

第四步，锤炼语言。主要看语言的表达是否准确、简练，把似是而非的用词改准确，把可有可无的字句删去。

5.3　学术交流方法与途径

在第 1 章我们学习的高等教育信息素养“新框架”的“体验探究式研究”（表 1.13）和“体验对话式学术研究”（表 1.14）中，分别提到“展现学识上的虚心（例如：承认个人知识或经验的局限）”和“清楚自己参与的是正在进行的学术对话，而不是已结束的对话”，这就要求我们在信息社会中要充分利用各种途径和手段，融入学术圈，与学界共同成长。另外，参加优秀期刊举办的论文写作培训班，对于论文的发表也会起到关键作用。

通常,最直接的学术交流途径就是面对面交流、发邮件交流或者通过其他社交网络交流,但这里更想推荐学术会议或培训班。尤其是学术会议,应该努力争取大会发言的机会。因为这类场合的专业性、学术性和前沿性都很高,能接触更多学术同行和本领域的前沿方向。如果在大会上发言,还能在第一时间得到反馈。

在与学术同行交流过程中,除了要尊重他人的学术观点外,也必须尊重他人的人格,避免精神伤害,杜绝人身攻击。尤其在回复审稿专家的意见前,必须经过充分的思考和准备,切不可仓促应答,更不可认为审稿专家的观点是错误的。任何时候,审稿专家的意见都必须得到尊重和重视。因为审稿专家的观点就是未来读者的意见,如果不能在发表前化解误解或弥补不足,则会影响论文的学术价值。

例 5.6　吉老师指导的论文《阅读影响下大学生学科知识结构自我完善意识和能力》的审稿专家质疑回应记。

事实上,由于该论文的选题是吉老师和李佳茜同学反复讨论的结果,我们对其"可研究性"深信不疑,同时认为其他人也应该直接认可。因此,当看到审稿专家的质疑时,他们第一时间就反思:引言部分的描述能否改进?如果确实如审稿专家所言,应该如何修改呢?

这个时候,吉老师发挥了其"透过现象看本质"的优势,反思"阅读推广"作为图书馆工作的核心工作中存在哪些不足,紧扣这些不足来阐明本研究对于缓解这些不足具有十分积极的意义。

而对"为什么不用调查问卷"的问题同样回归本质:问卷存在较强的主观性,且费时费力。最难的是,他们选择的时间窗口是已经毕业的两届学生,显然凭借吉老师和李佳茜两人很难把问卷发到他们的手上。

5.4　本 章 小 结

本章以学术论文写作过程为主线,介绍了学术诚信规范以及学术论文的写作方法和过程,目的在于为学术论文的写作提供有效的指导。

请思考以下问题:

(1) 学位论文选题的原则、方法与步骤是什么?

(2) 如何对待审稿专家的批评意见?

(3) 学位论文开题报告撰写的要求和技巧有哪些?

(4) 学位论文撰写中引用文献时需要注意哪些问题?

参考文献：

[1] 卜永强，刘琼阳，魏薇.大学生学术诚信教育调查与思考[J].赤峰学院学报(汉文哲学社会科学版)，2019，40(6)：127－129.DOI：10.13398/j.cnki.issn1673－2596.2019.06.034.

[2] 刘彦庆."十五"期间我国高校社会科学研究现状：基于国家社科基金项目的计量学分析[J].情报科学，2007，25(9)：1430－1435.

[3] 罗志敏.回顾与前瞻：研究生学术道德建设十年(2002—2012)[J].研究生教育研究，2012(5)：10－15.

[4] HIRSH J E. An index to quantify an individual's scientific research output that takes into account the effect of multiple coauthorship[J]. Scientometrics，2010，85(3)：741－754.